교회가 가르쳐주지 않는 기독교의 불편한 진실

기독교의 거짓말

기독교의

교회가 가르쳐주지 않는
기독교의 불편한 진실

거짓말

우리창

네가 여기 온 이유를 말해볼까?
그건 네가 뭔가를 알기 때문이야.
그게 뭔지 설명은 못 해. 하지만 느껴져.
사실 넌 평생 그걸 느껴왔어.
뭔가 잘못되었다는 걸 말이야.
그게 뭔지는 모르지만, 그건 분명히 있어.
그게 마음 한편의 가시처럼 너를 미치게 만들지.
너를 여기까지 오게 만든 건 그 느낌이야.

－영화〈매트릭스〉중에서

교회 안에서 발견한 기독교의 구조적 모순

어느 시대나 종교가 한 국가와 사회에 미치는 영향이 지대하다. 이건 우리나라에서도 예외일 수 없다. 기독교는 짧은 선교의 역사 속에서도 한국의 3대 종교 중 하나로 성장하여 한국 근대사에 큰 영향을 끼쳤다.

그러나 1980년대 이후 한국 기독교회가 급격히 성장하면서 서구 기독교 역사가 밟은 타락의 과정을 정확히 되풀이하는 듯하다. 현재 한국 기독교는 서구의 중세 제국주의와 근대 자본주의적 기독교가 결합되어 있으며, 근본주의를 고집하는 교리적 편견과 물질주의적 분위기 때문에 몇 년 사이 급격하게 지탄의 대상이 되고 말았다.

여기에는 분명 기독교의 오래된 문제점이 깔려 있다. 이는 기독교가 내부의 교인에게는 절대로 알리고 싶지 않은 진실을 감춘 채 기독교의 구조와 의식, 성서, 교리와 전통을 절대시하면서 그걸 고집하는 독선적 요인이 작동하고 있다는 것이다.

이로 인해 오늘날 한국 교회가 많은 문제를 겪으며 자성의 목소리가 없지는 않지만, 해결의 실마리를 찾으려는 진정성은 별로 보이지 않는다. 많은 기독교인이 기독교의 뿌리에 대한 역사적 진실을 담은 객관적 자료를 알아보기 꺼리며, 심지어 언급하기조차 두려워한다.

때마침《기독교의 거짓말》이란 책이 나왔다. 나는 저자가 보수적 기독교회에 오랫동안 몸담아오면서 진지하게 진리를 알아가고 추구하려고 몸부림친 흔적을 기억한다. 그는 그럴수록 기독교회의 교리와 구조의 모순을 명확하게 발견했다. 아이러니하게도 그가 이 책을 쓴 이유는 교회를 비판하려는 것이 아니라, 기독교를 제대로 믿어보려고 몸부림쳤기 때문이다.

그는 성직자도 아니고 신학이나 철학을 전공하지도 않은 평범한 구도자로서 이념적 편견이 없다. 그는 뭘 비판하려 한 게 아니라, 현재의 상황을 잘 파악하여 핵심적인 문제들에 대해서 객관적 사료를 토대로 알아보고, 그걸 정리했을 뿐이다. 따라서 독자들은 이 책을 읽어 내려가기만 해도 쉽게 공감하고 인정할 수밖에 없다. 게다가 요즘 보기 드물게 재미있다.

이 책을 읽고 나서 느낀 점은 저자가 단순히 기독교나 한국 교회를 비판하려는 게 아니라, 종교와 진리에 대한 담론의 장이 자유롭게 열리기를 기대한다는 점이다. 나도 이것을 기대한다.

김백기 목사

왜 이 책을 쓰게 되었는가

20년 전쯤, 저는 기독교와 예수에 대해 진지하게 알아보기 시작했습니다. 처음에는 무척 기뻐서 기독교와 성경의 가르침에 심취했습니다만, 어느 순간인가 뭔지 모르게 질식할 것 같은 느낌이 들었습니다. 시간이 가면 해결될 줄 알았는데, 시간이 갈수록 뭔가 잘못된 것 같았죠. 저는 기독교에 대해 본격적으로 알아보았습니다. 그런데 알아보면 볼수록 수많은 궁금증과 풀리지 않는 의문점들이 생겼습니다.

어떤 분은 "그냥 단순히 믿어라"라고 했지만, 저는 그러기 싫었습니다. 그분이 보기엔 단순히 '믿는' 사람이 모범적인 기독교 신자겠죠. 저도 그냥 믿으면 마음은 편합니다. 왜 그런 거 있잖아요. 자신이 이해가 안 되는 미지의 영역이 있을 때 '저건 하나님의 뜻'이라느니, 단순하게 '믿는 사람이 복이 있다'는 식으로 넘기면 당장 마음은 편하죠. 저는 이게 싫었습니다. 당당하게 믿고 싶었습니다. 기독교에 반대하는 사람들의 의견을 들어보고, 기독교라는 울타리 밖의 의견을 알아본 뒤에도 '이게 정말 맞다'는 확신을 가지고 믿는 게 진짜 믿음이라고 생각했습니다. 그런데 저를 아는 성직자들은 이런 모습을 곱지 않은 시선으로 보았습니다. 그래서 때로는 강하게 말리고, 때로는 은근히 두려움을 주는 말을 하기도 했습니다.

저는 그래도 알아보는 걸 멈추지 않았습니다. 먼저 기독교 안에서 알아보고, 밖에서 보는 기독교에 대해서도 알아보기 시작했습니다. 제 의문점 중 심각한 것들은 대부분 기독교 안에서 알아볼 때는 도저히 풀리지 않다가 기독교 밖의 책을 읽고 나서야 명쾌하게 풀렸습니다. 이건 마치 박스 안에 있는 사람과 같습니다. 박스 안에 있는 사람은 그 안에 뭐가 있는지 알 수 있지만, 자기가 지금 어느 박스 안에 있는지는 알 수 없습니다. 그건 그 박스 밖에서 볼 줄 아는 시각이 있어야 가능하죠.

진지하게 알아가다 보니 자연스럽게 기독교에 대한 수많은 진실을 알게 되고, 때로는 기쁘고 때로는 분노하기도 했습니다. 기뻐한 이유는 '역시 예수의 가르침은 내가 처음에 기대한 것처럼 훌륭하다'는 생각 때문이었습니다. 분노한 이유는 오랜 세월 동안 기독교 안의 신자들에게 가려지거나 왜곡돼온 수많은 진실 때문이었습니다. 그 과정을 거치니 제 눈에 기독교가 다시 보이더군요. 아이러니하게도 왜곡된 것을 알고 나니 올바른 게 뭔지 더 선명하게 알 수 있었습니다.

시간이 지나자 저에게 기독교를 제대로 이해하는 데 도움이 되는 책을 권해달라는 사람들이 생겼습니다. 그런데 제가 권할 수 있는 책은 그리 많지 않았습니다. 기독교 책은 대부분 박스 안에 갇힌 책이고, 박스 밖의 객관적인 시각을 견지한 몇몇 책은 유익하지만 지나치게 양이 많거나 지나치게 전문적이고 어려웠습니다. 한 권으로 쉽고 재미있게, 기독교를 객관적으로 이해할 수 있게 도와주는 책은 찾기가 쉽지 않았습니다. 그래서 이왕 알아본 김에 직접 이 책을 쓰게 되었습니다. 가능한 한 딱딱하고 어려운 단어는 빼고 누구나 알아들을 수 있는 쉬운 말로 쓴 책이죠.

우리나라 사람들은 세계 어느 민족보다 진리에 대한 열정이 강한 것 같습니다. 기독교만 해도 '서양 귀신이 들렸다'는 오해와 핍박을 받으면서도 진지하게 기독교 경전을 찾아보고 스스로 연구한 당시의 쟁쟁한 석학들을 통해 우리나라에 들어왔습니다. 아마도 전 세계에서 유례를 찾을 수 없을 겁니다. 진리에 대한 순수한 열정이 당시의 지식인들로 하여금 성리학 중심의 세계관을 넘어서 다른 것을 찾게 만들었죠. 저는 오늘날 우리나라 사람들 역시 마찬가지라고 생각합니다.

하지만 오늘날의 기독교 안에서는 처음 기독교가 들어올 때의 진지함과 순수함과 열정은 찾아보기 어려운 것 같습니다. 핍박을 감내하고 진리를 추구하는 기독교인이 아니라, 기득권에 길들여진 이들도 있습니다. 특히 요즘 들어 기독교에 반감을 드러내는 사람들을 자주 보고, 언론에서도 기독교의 잘못된 부분을 거론하는 걸 심심치 않게 접할 수 있습니다. 이런 문제는 막연히 기독교를 옹호한다고 해결되는 게 아닙니다. 표면적인 문제의 근원이 무엇인지 알아봐야 합니다. 그래야 모든 게 명쾌해질 테니까요.

소설《양철북》의 저자 그라스는 "여러분은 한 번이라도 무대를 뒤에서 본 일이 있는가? 무대를 뒤에서 본 사람은 무대 위에서 거행되는 어떤 마술에 대해서도 놀라지 않을 것이다"라고 했습니다. 여러분은 이 책을 통해 기독교에서 벌어지는 일들을 무대 뒤에서 볼 수 있을 겁니다. 그다음부터는 무대 앞에서 벌어지는 일에 놀라지도, 속지도 않을 겁니다.

지윤민

2부 | 꼼꼼하게 보는 구약성경

1. 구약성경 정직하게 들여다보기

2. 구약성경과 《삼국지》

3. 조로아스터교의 막강한 영향

3부 | 꼼꼼하게 보는 신약성경

1. 예수 탄생과 연관된 사실

2. 예수와 세례자 요한의 관계

3. 부활 이야기

4. 우리는 유대인과 달라요

5. 종말론과 하늘나라

6. 꼼꼼하게 보는 〈사도행전〉

4부 | 누가 어떻게 기독교를 왜곡했나?

1. 4세기의 왜곡

2. 왜곡은 이걸로 끝난 게 아니다

1부

—

꼼꼼하게 보는
기독교의
불편한 관행

—

사회주의 체제에서 벌어지는 6가지 놀라운 일

첫째, 모든 사람이 일자리가 있지만 아무도 일하지 않는다.

둘째, 아무도 일하지 않지만 모두 월급을 받는다.

셋째, 모두 월급을 받지만 그 돈으로는 아무것도 살 수 없다.

넷째, 아무것도 살 수 없는데 "모든 인민이 모든 것을 소유한다"고 한다.

다섯째, 모든 인민이 모든 것을 소유하는데도 모든 인민이 불만이다.

여섯째, 모든 인민이 불만이지만 선거 때는 모든 인민이 현 체제에 찬성투표를 한다.

1
좁고 불편한 길로

소크라테스가 왜 죽었을까? | 어느 날 소크라테스의 친구가 그리스의
델포이 신전에 가서 신탁神託을 구합니
다. 그가 "소크라테스보다 지혜로운 사람이 있느냐?"고 묻자, 그곳의
제사녀는 "소크라테스보다 지혜로운 사람은 아무도 없다"고 대답하죠.
친구는 기뻐하면서 소크라테스에게 이 얘기를 전했으나, 소크라테스
는 고민하기 시작했습니다. 많은 사람들이 소크라테스를 이성적인 사
람으로 생각하지만, 사실 그는 신앙이 매우 깊은 사람이기도 했습니
다. 소크라테스는 이 신탁을 받아들일 수도, 거부할 수도 없었습니다.
받아들인다면 자신을 이 세상에서 가장 지혜로운 자로 인정한다는 건
데, 소크라테스는 쉽게 수긍할 수 없었거든요. 그렇다고 신탁을 거부
하면 신을 거짓말하는 자로 만드는 꼴이 되죠.

소크라테스는 이 수수께끼를 풀기 위해 고민하던 어느 날, 손뼉을
치면서 기뻐합니다. "옳거니! 이 세상에서 나보다 지혜로운 자를 찾아

내기만 하면, 그거야말로 신탁을 겸손하게 방증하는 가장 좋은 방법일 거다"라고 말입니다. 이후 소크라테스는 자기보다 지혜롭다는 평판을 얻은 사람들을 찾아다닙니다. 당시 가장 지혜롭다는 평판을 듣는 사람들은 소피스트입니다. 이들을 찾아가서 계속 질문해본 결과 그들이 실제로는 모르면서 자신이 안다고 착각하고 있으며, 소크라테스는 최소한 자기가 모르는 것을 안다고 착각하지 않는다는 점에서 자신이 그들보다 지혜롭다는 사실을 발견합니다. 소크라테스는 오랜 여행 끝에 가장 높은 평판을 얻은 사람들이 거의 다 매우 어리석으며, 하찮게 여겨지는 사람들이 그들보다 지혜롭고 훌륭한 사람들이라는 역설도 발견합니다.

끊임없는 질문의 과정은 공개적으로 펼쳐졌으며, 이 과정에서 그들의 위선이 폭로되었습니다. 소크라테스는 의도하지 않았지만 이 과정을 지켜보는 아테네의 젊은이들은 기득권층의 위선이 폭로되는 것을 통쾌하게 느꼈고, 소크라테스의 인기는 하늘을 찌를 듯 높아집니다. 소크라테스가 아테네의 젊은이들을 지적인 위선에서 깨어나게 만든 겁니다. 소크라테스는 "나는 아무도 가르친 적이 없다. 그들이 생각하도록 만들었을 뿐이다"라고 말했죠.

그러나 소크라테스의 예리한 질문은 아테네의 기득권층을 점점 불안하게 만들었습니다. 소크라테스가 자신들의 기득권을 유지해주던 시스템에 대해서까지 근본적인 질문을 해댔고, 아무리 토론해도 그것의 정당성을 입증할 수 없었기 때문이죠. 결국 기득권 세력은 소크라테스를 고발합니다. 죄목은 '아테네 젊은이들의 마음을 타락시켰다'는 것입니다. 물론 이건 표면적인 이유고, 실제로는 자기들이 가진 걸 잃을지 모른다는 두려움이 컸죠. 소크라테스는 도망치라는 권유를 뿌리치고 독약을 먹습니다.

'대다수 사람들이 아무런 의심도 없이 따르는 그 무엇'에 질문을 제기하는 건 이렇게 위험합니다. 그게 아무리 잘못된 것이어도 말이죠. 그런데 소크라테스에게 벌어진 일과 비슷한 일이 약 500년 뒤 예루살렘에서 다시 한 번 벌어집니다.

한 청년이 일으킨 소동 | 아래 글은 신약성경 〈요한복음〉 2장에 나오는 예수의 일화를 거의 그대로 쓴 겁니다. 한 번 읽어볼까요.

2000년 전 어느 명절 즈음, 한 청년이 예루살렘의 성전에 들어가 다짜고짜 소동을 일으켰습니다. 양 떼와 소 떼가 여기저기 흩어져서 사람들이 잡으러 다니고, 비둘기들이 정신없이 날아다녔습니다. 청년은 돈이 쌓인 상까지 뒤엎어서 사람들이 몰려들어 그걸 줍느라고 난리였습니다. 청년은 많은 사람들 앞에서 서슴없이 외쳤습니다.

"내 아버지의 집을 장사하는 집으로 만들지 마라! 너희는 여기를 강도들의 소굴로 만들었다!"

위험하고 독설적인 발언이었습니다. 청년이 한 일은 종교라는 효과적인 도구를 이용해서 그동안 이익을 두둑하게 챙겨온 사람들, 특히 종교 지도자들에게 두려움을 주었습니다. 청년은 당시 일반 백성에게 인기가 많았기 때문에 더욱 위험한 인물이었습니다. 이런 사람을 제거하기 위해서는 치밀한 계획이 필요했습니다. 그들은 결국 '성전을 모독하고, 하나님을 모독했다'는 죄목으로 그 청년을 제거하는 데 성공했습니다.

오늘날 서울 한복판의 대형 교회에서 많은 사람들이 모인 시간에 한 청년이 이것저것을 뒤엎으며 "이곳을 장사하는 집으로 만들지 마시오! 여러분은 여기를 기도하는 집이 아니라 도둑놈 소굴로 만들었소이다!"라고 외쳤다면, 그는 미친 사람이나 이상한 사람으로 낙인찍혔겠지요. 그 청년을 보고 예수를 제대로 믿는 사람이라고 생각하는 사람은 없을 겁니다. 하지만 기독교인이 믿고 따르는 예수는 이런 인물입니다.

예수가 반대한 건 종교다 | 예수는 과연 무엇 때문에 소동을 벌였을까요? 분노에 휩싸여서 충동적으로 이런 일을 저질렀을까요? 많은 사람들이 이때 예수가 매우 감정적이고 충동적으로 행동했다고 생각하지만, 사실은 그렇지 않습니다. 예수의 모든 행동에는 분명한 의도가 있었습니다.

〈요한복음〉 2장을 잘 보면 예수는 의도적으로 많은 사람들이 모이는 명절로 일정을 잡았으며, 성전 전체를 눈여겨보고 어떤 상황인지 파악했습니다. 감정에 휩싸였다면 당장 뛰어들어서 다짜고짜 뒤엎었을 테지만, 예수는 앉아서 노끈으로 채찍을 만들었습니다. 예수가 분노에 휩싸였다면 닥치는 대로 아무 사람한테나 채찍을 휘둘렀겠지만, 이 채찍은 오직 양과 소를 쫓아내는 데 쓰였습니다. 소동이 벌어지고 사람들이 양과 소를 찾느라 정신없을 때 돈 바꾸는 사람들에게 가서 그들의 돈을 쏟고 상을 둘러엎었습니다.

이렇게 소란을 피워서 사람들의 주목을 끈 뒤 군중 속에서 "네가 무슨 권리로 이런 일을 하느냐? 무슨 기적을 우리에게 보여주겠느냐?"라는 질문이 나오자, 기다렸다는 듯이 답합니다. "이 성전을 허물어라. 그러면 내가 사흘 만에 다시 세우겠다." 마치 선문답처럼 느껴지는 엉뚱한 답변입니다. 아마도 예수는 이 부분에서 충격요법을 쓴 것 같습니다. 제자들은 나중에 때가 되어서야 예수가 한 말의 의미를 깨달았습니다. 성전에서 벌인 모든 행동과 대화는 의도된 것이고 계획된 연출이지, 충동에 사로잡혀서 저지른 게 아닙니다. 예수는 이 모든 행동에서 뭔가를 보여준 겁니다.

예수는 도대체 무엇에 반대했을까요? 예수가 반대한 건 단순히 성전에서 돈을 버는 사람이나 성직자가 아닙니다. 그는 사람에게는 한없이 자비로웠습니다. 보통 사람들에게 비판받거나 무시당하던 죄인도 예수는 차별하지 않고 받아주었습니다. 그러면 예수는 무엇을 위해 이런 소동을 벌이면서 상징적인 행동과 말을 했을까요? 성전에서 이득을 보는 행태에 반대한 걸까요? 그렇다고만 볼 수는 없습니다.

신약성경을 보면 예수는 유독 율법학자, 제사장, 서기관과 자주 갈등을 일으켰습니다. 이들은 모두 종교 지도자입니다. 예수는 당시 유대인의 모든 종교적 관습과 관행에 도전했습니다. 그는 가는 곳마다 종교적인 사람들과 갈등을 일으켰습니다. 예수가 반대한 건 유대인의 종교 시스템입니다. 성화에서 예수는 아이들이나 양들과 함께 있는 평화로운 이미지로 등장하지만, 성경을 보면 예수의 주변에 있던 사람들은 두 가지 극단적인 반응을 보였습니다. 어떤 사람들은 예수를 만나면 한없는 자유와 통쾌함을 경험했고, 어떤 사람들은 심기가 매우 불편했습니다. 후자에 속한 사람들이 주로 종교인입니다.

불편함에 익숙해지자 | 어떤 사람이 한 말에 대해 사람들이 불편해하는 이유는 그게 틀려서라기보다 익숙하지 않기 때문입니다. 아예 틀린 내용은 무시하면 그만이니 불편함을 느끼지 않습니다. 예를 들어 어떤 사람이 여러분에게 "너는 원숭이다"라고 했다고 불편해하고 고민하고 잠 못 잘 사람은 별로 없을 겁니다. 오히려 그 말을 한 사람이 이상한 사람이 되죠. 진실이 아니니까요. 하지만 진실이면서도 익숙하지 않은 것에는 큰 불편함을 느낍니다. 예수가 만든 불편함은 후자였을 겁니다.

사람들은 익숙하지 않은 것에는 거부감부터 표현합니다. '틀리다'는 '잘못되다'라는 뜻이죠. 많은 사람들이 '틀리다'와 '다르다'를 혼동하는데, 익숙한 것과 '다른' 것이 나타나면 일단 '잘못된' 것으로 여기고 거부하려고 합니다. 이게 사람이죠. 지동설을 두 번째로 주장한 조르다노 브루노는 재판까지 가서도 자신의 주장을 굽히지 않아서 결국 화형을 당했습니다. 지동설을 처음 주장한 코페르니쿠스는 살아 있는 동안 그 사실을 크게 떠들지도 않았습니다. 떠들면 위험하다는 걸 알았으니까요.

당시 사람들이 과학자를 박해한 이유는 이들이 주장한 내용이 자신들에게 익숙한 세계관과 '달랐기' 때문입니다. 지구가 태양 주위를 돈다는 주장은 사람들에게 충격적이었죠. 대다수 사람은 이런 것에 맞닥뜨리면 일단 거부하고 봅니다. 이건 누구나 그렇습니다. 단지 자신이 이러는 걸 아느냐 모르느냐의 차이죠. 자신이 이런다는 걸 아는 사람은 충격에서 벗어나 진위를 확인하려고 하지만, 자신이 이러는지 모르는 사람은 진실을 부인하고, 그래도 안 되면 강제적인 방법까지 동원해서 그 주장을 틀어막으려고 애씁니다.

이는 오늘날도 마찬가지입니다. 대다수 사람들은 익숙하지 않은 건 일단 거부하고 봅니다. 이 책에서 앞으로 다룰 내용 역시 어떤 사람에게는 천동설이 지동설로 바뀌는 것처럼 엄청난 패러다임의 전환을 요구할 겁니다. 어떤 사람들은 "아, 그랬구나!" 하면서 감탄하거나 통쾌함을 느낄지도 모르지만, 어떤 사람들은 "이런 책을 쓴 사람은 마귀의 자식"이라면서 화를 낼지도 모릅니다. 사람은 그동안 자신이 알고 믿어온 것들이 틀렸다는 증거가 나타나도, 그것을 믿고 싶어하는 경향이 있습니다. 인간은 습관의 동물입니다. 익숙한 것을 벗어버리는 일을 몹시 불편해하죠. 어릴 적부터 지독하게 반복해서 배우고 들은 것들이 있기 때문입니다.

히틀러의 세뇌 | 반복은 심리적으로 엄청난 효과를 만들어냅니다. 2차 세계대전이 발발하기 전에 히틀러는 독일 국민에게 "독일의 불행과 쇠퇴는 유대인 때문"이라고 수없이 반복했습니다. "유대인만 전멸되면 모든 문제가 사라진다. 유대인은 악의 뿌리다. 너희는 세계의 주인이며, 특별한 종족이다. 너희는 정복자로서 여기에 왔

다. 너희는 우두머리 민족이다"라고 말입니다. 처음에는 친구들조차 그의 말을 믿지 않았으며, 히틀러 자신도 100퍼센트 믿지 않았습니다. 명백한 거짓이기 때문이죠. 그러나 히틀러는 그것을 반복했습니다. 그는 대중의 심리를 꿰뚫고 있었습니다.

그가 이 주장을 계속하자, 차츰 그걸 믿는 사람들이 생겨나기 시작했습니다. 마치 세뇌되는 것처럼 말입니다. 그 모습을 보면서 히틀러의 믿음도 강해졌습니다. '이렇게 많은 사람들이 믿을 때는 분명 거기에 뭔가 진실이 있는 것이다'라는 식으로 말입니다. 친구들도 그 주장을 믿기 시작했습니다. 상호작용이 벌어진 겁니다. 그것은 집단 세뇌가 되어 결국 독일 전체가 그 속으로 빠져들었습니다. 왜 그랬을까요? 반복되는 정치 선전 때문입니다. 히틀러는 자서전 《나의 투쟁》에 거짓을 진실로 바꾸는 과정에 대해 적었습니다. 그게 뭔지 아십니까? "똑같은 내용을 반복하라"입니다.

독일 사람들이 히틀러에게 세뇌되었을 때 누가 "히틀러는 정신병자"라고 말했다면 이상한 사람 취급받았을 겁니다. 당시에는 대다수 사람들이 세뇌되어 히틀러를 지지했으니까요. 그 결과 600만 명이나 되는 유대인이 죽어갔습니다. 시체를 줄줄이 눕히면 서울과 부산을 열 번 왕복할 정도로 많은 사람들입니다. 이 끔찍한 일은 근거 없이 다수를 따라간 사람들과 그들을 이용할 줄 아는 소수 때문에 벌어졌습니다.

오늘날 우리는 다를까요? 그렇지 않을 겁니다. 많은 경우 사람들은 자신이 직접 알아보고 확인한 것을 토대로 판단하지 않고, 주변 사람들이 하는 대로 판단합니다. 우리는 그게 진짜로 그런지 고민하지 않고 '권위 있는 누가 그런다더라' '주변 사람들이 다 그러더라' '원래 그런 거야' 하면서 주변 사람들을 따라 사는 경우가 많습니다. 자크 라캉은 인간의 욕망은 대부분 다른 사람의 욕망이라고 했습니다. 자기가 뭘 원하는지 모른 채 주변 사람들이 원하는 걸 원한다는 얘기죠.

이런 경향은 종교인들이 특히 심합니다. 많은 기독교인이 목사님 말씀이라면 옳겠거니 하며 별생각 없이 따릅니다. 자신의 고민과 생각 없이 남이 만들어놓은 생각을 따라간다는 말이죠. 물론 간단한 물건을 살 때는 남들이 많이 산 물건을 고르는 게 도움이 될지도 모릅니다. 많은 사람들이 찾는 걸 선택하면 실패할 확률이 적죠. 하지만 인생이 걸린 문제에 이런 방식으로 대처하는 건 매우 위험합니다. 어쩌면 많은 사람들이 아무 생각 없이 가는 그 길이 가장 위험한 길인지도 모릅니다.

이것을 선명하게 가르친 인류의 위대한 스승이 있습니다. 예수는 "좁은 문으로 들어가거라. 멸망으로 이끄는 문은 넓고, 그 길이 넓찍하여서, 그리로 들어가는 사람이 많다. 생명으로 이끄는 문은 너무나도 좁고, 그 길이 비좁아서, 그것을 찾는 사람이 적다"《마태복음》7:13~14고 했습니다. 멸망으로 이끄는 넓은 문이 대다수 사람들이 별생각 없이 가는 길입니다. 넓은 문이 왜 멸망으로 이끌까요? 많은 사람들이 가는 길을 갈 때는 자신의 내면에서 나오는 소리를 듣기가 쉽지 않습니다. 자신이 생각한 상식적이고 합당한 이유와 내면에서 우러나오는 정직한 느낌에 귀 기울이지 않고 '묻지 말고 그냥 가. 다른 사람들도 그렇게 하잖아?'라면서 그 목소리를 무시하니까요. 본인의 주관 없이 여론에 몰려 이리저리 떠도는 개미 떼는 주식시장뿐만 아니라 종교에도 매우 많습니다.

좁은 길로 가라 | 생각해보면 예수야말로 좁은 길을 간 분입니다. 예수는 당시의 많은 사람들이 원하고 추구하는 길을 가지 않았고, 대세를 따르지도 않았습니다. 예수는 오늘날 대다수 기독교 신자들과는 달라도 아주 많이 다릅니다. 간디는 "나는 예수는 존경하지만 기독교인은 존경하지 않는다. 그들은 예수와 너무나 다르다"고 했습니다. 이런 얘길 들으면 불편해하는 사람들이 있을지도 모르죠. 이해합니다. 여러분이 불편한 건 익숙하지 않아서입니다. 사람이 익숙함의 힘에 굴복하지 않는 법을 배우면 삶이 훨씬 더 흥미진진하고, 풍요롭고, 다이내믹해질 겁니다.

사람들은 대부분 깊이 생각한 끝에 자신에게 유익하다고 여겨지는 것보다 익숙한 것을 선택합니다. 어떤 사람들은 '나는 내가 원하는 걸 선택하며 살고 있다'고 생각할지 모르지만, 실제로는 그렇지 않은 경우가 많습니다. 어떤 사람들은 '나는 사소한 결정에는 익숙한 걸 따라도 중요한 결정은 절대 그렇지 않아'라고 할지 모르지만, 잘 생각해봐야 할 문제입니다. 인간은 참으로 묘한 존재입니다. 대다수 사람들은 진실이나 자신에게 가장 좋은 것보다 습관적인 것, 이제까지 그래 온 것, 당장 편안한 것을 추구합니다.

여러분은 혹시 주변에서 이런 경우를 본 적 없습니까? 어릴 때 아버지에게 괴롭힘과 상처를 받은 딸이 지긋지긋하게 싫어하던 아버지와 비슷한 사람을 만나서 결혼하는 경우 말입니다. 어릴 때 어머니에게 괴롭힘과 상처를 받은 아들이 그렇게 싫어하던 어머니와 비슷한 사람과 결혼하기도 합니다. 왜 그럴까요? 익숙한 걸 추구하는 내면의 습관 때문입니다. 좋은 사람을 만나도, 그 사람이 나에게 잘해주어도 한편으로는 불편합니다. 어릴 적부터 아버지나 어머니에게 당해서 나름대로 익숙해진 것과 다르거든요. 마치 자기 몸에 맞지 않는 옷을 입은 듯 말이지요. 반면에 나를 괴롭히고 상처를 주는 사람은 괴롭지만, 한편으로는 잘 맞는 옷을 입은 것처럼 편안하기도 합니다. 마음 깊은 곳에서는 전자를 좋아하지만, 실제로는 후자를 선택하는 경우도 많습니다. 이 모든 것이 내면의 습관이 작동하기 때문입니다.

많은 사람들이 '인간은 행복을 추구한다'는 명제를 당연시하는데, 저는 의구심이 듭니다. 주위에 그렇지 않은 경우가 많거든요. 대다수 사람들이 행복을 추구하는 힘보다 익숙한 습관의 힘에 무릎을 꿇습니다. 이런 사람들에게는 '인간은 익숙한 걸 원한다'는 말이 더 맞을지도 모릅니다. 이는 개인뿐 아니라 사회 전체적으로도 마찬가지죠.

굳어진 관행 | 우스갯소리지만 다음에 나오는 이야기는 사람들이 '이게 왜 그렇지?'라는 질문을 던지면서 자신의 생각에 따라 사는 게 아니라, 별생각 없이 습관대로 사는 경우가 얼마나 많은지 보여줍니다. 소시지를 굽는 일 정도라면 큰 지장이 없겠지만, 인생이 걸린 일을 습관적으로 하고 있다면 큰 문제죠.

어떤 여자가 프라이팬에 소시지를 구울 때 항상 끝 부분을 잘라버렸습니다. 그 부분이 맛이 좋은데도 말입니다. 하루는 어린 딸이 여자에게 물었습니다. "엄마, 왜 소시지를 구울 때 항상 끝 부분을 잘라요?" 여자는 딸아이의 질문에 당황해서 머뭇거리다가 궁색한 답변을 했습니다. "어릴 적부터 네 할머니가 소시지를 구울 때 항상 그렇게 하시는 것을 봐왔기 때문에 나도 지금까지 따라 하는 거란다."

어린 딸은 이참에 확실히 알아봐야겠다 싶어서 할머니에게 전화를 걸었습니다. "할머니, 왜 소시지를 구울 때 항상 끝 부분을 잘랐어요?" 할머니도 이 질문에 당황했습니다. "어릴 적부터 네 증조할머니가 소시지를 구울 때 항상 그렇게 하시는 걸 봐왔기 때문에 나도 지금까지 따라 하는 거란다."

할머니의 답에도 만족하지 못한 딸은 증조할머니에게 전화를 걸었습니다. "증조할머니, 왜 소시지를 구울 때 항상 끝 부분을 잘랐어요?" 증조할머니의 답변은 간단했습니다. "그때 우리 집에 있던 프라이팬이 작아서 소시지 끝 부분을 잘라야 프라이팬에 들어갔거든. 아깝지만 하는 수 없었단다."

잘 살펴보면 종교인이 이런 경우가 많습니다. '왜 그런가?' 질문하지 않고 이전의 관행을 따르는 거죠. 어떤 것이든 오랫동안 되풀이되어 관행과 시스템으로 굳어지면 이런 양상을 보입니다. 모두 다 이상하다고 느끼는데도 정확히 뭐가 문제인지 모르고, 그걸 문제 삼는 사람이 위험한 사람으로 보입니다. 문제가 있다고 보기에는 너무나 많은 사람들이 그 길로 갔고, 지금도 가고 있기 때문이죠. 아무리 말이 안 돼도 계속 반복하면 진실이 되는 법입니다. 게다가 수많은 사람들이 그 길을 갔다면 완전한 진실처럼 보이죠. 심리학자들은 여러 연구를 통해 사람들이 합리적으로 결정하기보다 습관적·감정적으로 결정해놓고 나중에 이러저런 논리를 동원해서 자신의 결정을 합리화한다는 걸 밝혀냈습니다. 여기에서 빠져나오려면 많은 에너지가 필요합니다. 마치 인공위성이 중력권을 벗어나는 데 막대한 에너지가 드는 것처럼 말이죠.

오늘날 우리나라처럼 기독교의 문제가 곪아 터진 나라도 그리 많지 않을 겁니다. 이제까지 수많은 생각 있는 사람들과 언론, 매스컴이 이 병폐를 지적해왔습니다. 그럼에도 불구하고 기독교의 병폐가 쉽게 사라지지 않는 이유 중 하나는 기독교인이 오랫동안 반복돼온 관행을 '이게 하나님의 뜻'이라고 철석같이 믿기 때문입니다. 예를 들어 '십일조는 반드시 하나님께 바쳐야 한다' '목사님은 하나님이 보낸 사람이고, 목사님 말씀은 하나님의 말씀이다' '일요일에는 반드시 예배에 참석해서 설교를 들어야 한다'는 것을 한 번도 의심하지 않고, 하나님의 뜻이라고 생각하죠. 이런 걸 의심하면 그 사람은 당장 믿음이 없는 사람으로 간주됩니다. 뭐든지 오랫동안 반복되면 진실로 여겨지게 마련이니까요. 하여 이런 생각은 오랫동안 세뇌되었습니다. 이제 이 모든 것들이 근거 없는 얘기란 걸 기독교인이 철석같이 믿는 성경과 역사적 사실, 상식을 통해 알아보겠습니다. 십일조부터 시작하죠.

2

십일조는 신앙과 관계없다

십일조를 내라는 건 근거 없는 소리다 │ 오늘날 기독교인 중에는 십일
조를 꼬박꼬박 내는 사람들이
많습니다. 심지어 형편이 어려운데도 "하나님 것을 먼저 바쳐야 한다"
면서 돈이 생기자마자 10분의 1을 떼어놓는 사람들이 있습니다. 교인
뿐만 아니라 어느 교파 목사의 설교를 들어봐도 심심치 않게 십일조
얘기가 나옵니다. 그것도 "성경대로 살아야 한다"면서 성경의 여러 구
절을 인용해서 교인에게 십일조를 내라고 하죠. 이런 말은 신도의 착
하고 순종적인 마음에 호소하는 바가 큽니다. 그런데 한 번이라도 '십
일조는 어디에서 왔으며, 왜 생겼는지' 알아본 적이 있다면, 십일조가
성경적인 근거가 전혀 없다는 사실을 알 겁니다.

우선 신약성경에는 '십일조'라는 단어 자체가 거의 나오지 않습니
다. 예수가 십일조에 대해 언급한 적은 있지만, 그 맥락은 십일조를 내
라고 강조한 게 아니라 형식적으로 십일조를 내는 종교적인 사람들에

대한 예수의 통렬한 질타입니다.〈마태복음〉 23:23, 〈누가복음〉 11:42, 18:12 십일조
는 도대체 어디에서 나왔을까요? 구약성경에 따르면 이스라엘 민족에
는 열두 지파(부족)가 있었는데, 그중 한 지파가 레위 지파입니다. 이스
라엘 민족이 모세를 따라 이집트에서 나와 홍해를 건너고 가나안 땅을
정복해서 정착한 다음 다른 모든 지파는 자기들의 땅을 분배받았는데,
레위 지파는 땅을 받지 못해 생계 기반이 없었습니다. 이 지파는 성전
일, 오늘날로 치면 국가적이고 종교적인 부분을 전담했기 때문이죠.
그래서 나머지 지파들이 자신의 소출에서 십일조를 내야 했습니다. 십
일조는 이런 고대 이스라엘 민족의 특수한 상황을 배경으로 생겨난 제
도입니다.

구약시대의 특수한 상황 때문에 발생한 십일조 제도를 오늘날 기독
교인에게 적용할 수 있을까요? 이 질문에 "그렇다"고 하는 사람이 있
다면 그 뒤에는 상식적으로 심각한 문제들이 따라옵니다. 구약성경의
율법에는 '하라' '하지 말라'는 조항이 무수히 많으니까요. 십일조는
내라고 하면서 왜 구약성경에 나오는 다른 수많은 규정은 지키라고 강
요하지 않나요? 구약성경에 따르면 우리는 정기적으로 소와 양을 죽여
서 제사를 지내야 하는데, 이건 왜 강요하지 않나요? 바닷가재나 돼지
고기는 절대로 먹어서는 안 되는데, 이건 왜 강요하지 않나요? 오늘날
"나는 성경 말씀대로 살기 위해 절대로 삼겹살을 먹지 않겠다"는 사람
이 있다면 이상한 사람 취급받을 겁니다. 그러면 왜 구약성경의 수많
은 규정 가운데 유독 십일조는 지켜야 할까요?
　이 질문에 성경 자체의 논리를 가지고 답변하려면 먼저 구약과 신약

의 관계를 알아야 합니다. 우리가 흔히 쓰는 '구약old testament'이라는 말은 '옛 계약old covenant'이라는 뜻입니다. 이건 유대인과 그들을 보호하는 야훼 하나님 사이에 맺어진 특수한 계약입니다. 유대인은 이 계약이 성립되었다는 증표로 할례라는 의식을 행했습니다. 그러니 이 계약은 할례를 받은 유대인에게 해당되는 것이고, 할례를 받지 않은 오늘날의 기독교인에게는 해당되지 않습니다. 구약이 오늘날 기독교인에게도 적용된다면 십일조를 내는 것은 물론, 소와 양을 죽여서 제사도 지내야 하고, 돼지고기나 바닷가재를 먹어선 안 됩니다. 구약성경의 모든 계약은 신약에서 갱신되지 않는 한, 오늘날 기독교인에게 전혀 해당되지 않습니다(고든 D. 피 · 더글라스 스튜어트,《성경을 어떻게 읽을 것인가》). 신약성경에서 십일조가 갱신된 적은 한 번도 없습니다. 따라서 오늘날 기독교인에게 십일조를 내라고 강요하는 건 성경적인 근거가 없는 얘기입니다.

구약성경의 십일조는 오늘날의 세금이다 | 문제의 핵심은 이게 아니라 십일조 제도를 시행하는 목적입니다. 오늘날 십일조는 소득의 10분의 1을 말하는데, 구약성경의 십일조는 엄밀히 말하면 소득의 10분의 1을 바치는 게 아닙니다. 구약성경의 율법에서는 정기적으로 드리는 십일조가 세 가지 나오는데, 그중 하나는 3년에 한 번씩 드렸기 때문입니다. 그러니 정확히 말하면 10퍼센트가 아니라 23.3퍼센트입니다. '성경 말씀대로 살자! 이제부터는 십일조도 성경대로 하자!'고 결심하는 사람이 있다면, 종전처럼

10퍼센트를 내지 말고 구약성경에 나오듯이 2년은 20퍼센트, 3년에 한 번은 30퍼센트를 내든가, 매년 23.3퍼센트를 바치는 게 좋습니다. 훨씬 더 성경적으로 하려면 농축산물로 1년에 한 번 20퍼센트, 3년에 한 번은 30퍼센트씩 바쳐야 합니다. 물론 교회에서 돈 대신 이런 걸 받는 것에 대해 얼마나 좋아할지 모르겠지만 말입니다. 세 가지 십일조의 종류와 용도는 다음과 같습니다.

- 레위 지파 사람들을 위해 매년 바치는 십일조.〈레위기〉 27:30~33, 〈민수기〉 18:21~31
- 절기 행사를 위해 매년 바치는 십일조.〈신명기〉 14:22~26
- 땅도 없고 유산도 없는 가난한 사람, 고아, 과부를 위해 3년에 한 번씩 바치는 십일조.〈신명기〉 14:28~29, 26:12~13

당시 이스라엘의 상황은 오늘날과 달리 종교 자체가 국가 단위였습니다. 그러니 십일조 제도를 시행하는 목적은 국가 공무원인 제사장과 레위 지파 사람들의 생계비 지급, 공휴일과 국가적인 절기 행사에 들어가는 비용, 가난한 사람을 위한 사회보장 등이죠. 잘 살펴보면 구약성경의 십일조는 오늘날 많은 기독교회에서 강조하는 종교적인 기부금 제도라기보다 용도나 비율이 세금 제도와 비슷합니다. 구약성경의 이스라엘 백성에게는 십일조가 종교적인 기부금이라기보다 일종의 세금이었던 겁니다!

신약성경 시대의 헌금도 오늘날 같지는 않았다 | 성경을 조금 아는 사람들은 여기까지 읽으면 "구약성경의 '십일조'는 아니라도 신약성경에서 '연보' '헌금'이라는 말이 나오는데, 그러면 헌금은 성경적인 게 아닌가요?"라고 물을 겁니다. 이 질문에 대한 답 역시 그렇게 단순하지 않습니다. 기독교 초창기인 1세기 교회에는 통일된 방식이 없었습니다. 따라서 각 교회에 있던 관행과 문화는 '교회를 세운 사람이 누구인가?' '그 교회가 어느 지역에 있었는가?' 등에 따라 매우 다양했습니다.

이 시기의 교회는 오늘날 여러분이 생각하는 것 같은 교회가 아닙니다. 오늘날 기독교처럼 일주일에 한 번 특정한 장소에 모여서 종교의식을 치르는 것이 아니라, 오늘날의 공동체에 가까웠습니다. 공동체는 각 지역의 문화에 따라 형성되지요. 그러니 지역마다 공동체의 성격이 확연히 달랐습니다. 예루살렘 교회 공동체와 바울이 세운 공동체, 〈요한복음〉을 쓴 요한의 공동체도 매우 달랐습니다. 특히 바울이 세운 교회들은 구약성경의 율법과 단절을 요구했기 때문에 교인 중에는 '십일조'라는 용어조차 모르는 사람들이 많았을 겁니다. 당연히 '매주 혹은 매달' 자신의 소출이나 재물의 일부를 떼어서 바치는 건 이들에게 매우 생소한 이야기였습니다. 이런 방식은 구약성경의 율법에 나오는 것이니까요.

1세기 기독교인은 정기적으로 헌금을 하지 않았지만, 자기들의 돈을 모은다면 그 돈이 무슨 용도로 어떻게 사용되는지 분명히 알았습니다. 오늘날 대다수 사람들 역시 자기 돈을 쓰면 그 돈이 어디에 쓰이는지 알고, 자기가 낸 돈이 제대로 쓰였는지 꼼꼼하게 따지고 감시합니다.

그런데 유독 십일조는 자기 소득의 10분의 1이나 내면서도 '하나님께 바친다'는 식으로 애매모호하게 말하려고 합니다. 하나님께 바친 돈이 도대체 어디로 가는데요? 하나님이 있는 하늘로 붕 떠서 올라가나요? 아닙니다. 분명한 목적과 사용처가 있죠. 1세기 교회에서는 그게 훨씬 더 분명했습니다.

예루살렘 교회는 예수의 육신의 형제라고 알려진 야고보가 실제적인 리더 역할을 했습니다. 이 교회는 주변의 가난한 사람이나 도움을 받기 힘든 과부, 고아를 돕는 데 주력한 것으로 보입니다.〈야고보서〉 참고 반면 유대 밖의 지역에서 바울이 세운 교회들은 돈을 모을 때 좀더 특수한 목적이 있었습니다. 바울은 소아시아와 유럽의 나라에 다니면서 전도하고 교회를 세웠고, 제자인 디모데와 디도 같은 사람들도 자신처럼 돌아다니면서 전도하고 교회를 세우도록 훈련했습니다. 이런 '순회 사역자'는 자기 생계의 근원이 되는 고향을 떠나 기독교가 전해지지 않은 지방으로 여행을 해야 했기에 여비가 필요했고, 교회가 이걸 지원했습니다. 그나마 바울은 텐트 만드는 기술이 있었기 때문에 전도 여행을 하면서도 부지런히 일해서 번 돈으로 여비도 쓰고 생계를 유지했습니다.〈사도행전〉 18:3, 〈고린도전서〉 9장 참고

〈고린도후서〉 9장 6~7절도 오늘날의 십일조와 다른 얘기다

바울은 〈고린도후서〉 9장 6~7절에 "적게 심는 사람은 적게 거두고, 많이 심는 사람은 많이 거둡니다. 각자 마음에 정한 대로 해야 하고, 아까워하면서 내거나, 마지못해서 하는 일은 없어야 합니다. 하나님께서는

기쁜 마음으로 내는 사람을 사랑하십니다"라고 썼다. 설교자 중에는 이 구절을 가지고 십일조를 강조하는 경우가 많은데, 맥락이 다르다. 이건 유대 지방에 기근이 들어 유대 교회가 재정적으로 힘들 때 바울이 자기가 세운 교회들에게 헌금을 해서 그들을 돕자고 독려한 내용이기 때문이다. 맥락을 무시한 채 이 구절만 떼어놓고 매달 바치는 십일조인 것처럼 가르치는 목회자가 많은데, 이 경우만 놓고 모든 시대의 모든 사람에게 해당하는 진리인 양 가르치면 성경의 참뜻을 모른다고 봐도 무방할 것이다.

■■■■■■■■■■■■■■■■■■■■■■■■■■■■■■■■■■■■■

초기 교회에서는 헌금을 '이렇게 해야 한다'는 뚜렷한 방식이 없었고, 공동체 전체의 필요에 따라 그때그때 모아서 썼습니다. 당시 교회는 함께 모여서 먹고 마시는 일이 많았기 때문에 피를 나눈 공동체라는 의식이 강했지요. 오늘날 기독교에서 행해지는 '주의 만찬' '성 만찬'이라면 작은 컵에 담긴 포도주와 빵 조각을 먹는 엄숙한 종교의식을 연상하겠지만, 당시 그건 종교의식이 아니라 모여서 유쾌하게 교제하며 식사하는 것이었습니다. 교회는 종교 단체가 아니라, 한솥밥을 먹는 사이를 가리키는 식구食口라는 말이 훨씬 더 어울리는 공동체였습니다. 그들의 관계는 남달랐습니다. 당연히 그들은 피를 나눈 형제자매가 어려운 일을 당하는 걸 지켜볼 수만은 없었을 것입니다. 이런 삶의 방식은 그들 사이에 자연스럽게 요즘으로 치면 '사회보장 효과'를 낳았습니다. 누가 힘들어지면 나와 다른 사람들이 함께 돕고, 내가 힘든 상황이 되면 다른 사람들이 도왔으니까요. 당시 기독교인은 최소한 오늘날보다는 불쌍한 사람들을 많이 도운 모양입니다.

초기 기독교의 헌금 용도는 오늘날 교회에는 해당 무   초기 기독교에서 헌금의 목적은 주로 다음 세 가지로 정리할 수 있습니다.

1. 가난하거나 소외받는 사람들을 위한 도움.
2. 순회 사역자들이 다른 지역에 가서 교회를 세우고 전도하는 것을 재정적으로 지원.
3. 교인들끼리 어려울 때 서로 돕는 사회보장 효과.

그렇다면 신약성경에서 제기하는 헌금의 목적이 오늘날 얼마나 적용되는지 살펴볼까요?

1. 오늘날 재난을 당한 사람을 돕거나, 불쌍한 이웃을 위해 돈을 지불하고 싶다면 교회에 십일조를 바치기보다 투명하고 믿을 만한 구호단체에 정기적으로 기부하는 게 낫다고 생각합니다.

2. 순회 사역자를 위해 헌금을 한다고요? 지금 우리나라에는 기독교가 전파되지 않은 곳이 전혀 없다고 해도 과언이 아닙니다. 오히려 싫어하는데도 너무 많이 전파되어 부작용이 있다면 모를까, 기독교에 대해 듣지 못해서 생기는 문제는 없을 거라는 말이죠. 오늘날 이런 사람은 거의 없습니다. 그나마 바울 같은 사람은 교회에 짐을 지우지 않으려고 직접 일해서 생계를 꾸렸습니다. 그러니 오늘날 이런 목적으로 헌금할 일이 많지는 않을 겁니다.

3. 사회보장의 측면을 위해서도 교회에 십일조를 바치기보다 보험을

들거나, 믿을 만한 친구들과 '계'를 붓는 게 효과적일 겁니다. 초기 기독교 헌금의 세 가지 목적 역시 오늘날 교회에 십일조를 바치는 것과는 무관합니다.

이제 오늘날 십일조의 목적에 대해 살펴볼 차례입니다. 다들 아시다시피, 오늘날 기독교에서 십일조는 거의 대부분 두 가지 목적으로 쓰입니다. 하나는 교회 건물을 짓는 비용이고, 다른 하나는 성직자에 대한 사례비입니다. 물론 사용처가 투명하며 건전하고 유익한 목적으로 쓰는 교회도 있을 것이고, 반대로 말도 안 되는 용도로 불투명하게 쓰는 교회도 있을 겁니다. 제 말은 대체로 이렇다는 거죠.

하지만 아쉽게도 교회 건물과 성직자 사례비 모두 1세기 기독교인은 듣지도, 보지도 못한 것들입니다. 1세기 교회에서는 종교 건물도, 성직자도 없었기 때문입니다. 예수는 성직자와 성전에 대해 혹독하게 비판했습니다. 오늘날 예수를 따르는 사람들이 이 두 가지를 위해 자기 소득의 일부를 바치는 현실은 정말 아이러니죠. 그것도 하나님을 사랑하는 순수한 마음으로 말입니다.

십일조는 기독교의 원래 정신을 심각하게 파괴한다 | 이런 질문을 하는 사람도 있을 겁니다. "성경적인 근거가 없다고 문제가 되나요? 좋은 마음으로 하나님께 바치는 십일조가 도대체 뭐가 문제죠?" 하지만 십일조는 기독교의 원래 정신에 위배되며, 사람들에게 주는 폐해도 심각합니다.

• 서민에게

소득의 10분의 1은 당장 먹고살 일이 빠듯한 서민에게 상당히 부담되는 액수죠. 주변을 잘 살펴보면 십일조를 내야 하는 부담감으로 교회에 나가지 못하는 사람들도 있고, 교회에 나가기는 하지만 십일조를 제대로 바치지 못해서 마치 집세가 밀린 듯 찜찜한 마음과 죄책감에 시달리는 사람들도 많습니다. 가뜩이나 힘든 사람들에게 하나님이라는 이름으로 짐을 하나 보탠 셈이죠.

이것만이 문제가 아닙니다. 우리가 정직하다면 교회에서 십일조를 많이 내는 사람을 치켜세우면서 상대적으로 십일조를 적게 내는 사람을 얕보는 분위기도 있고, 이런 분위기가 역겨워 교회에 나가지 않는 사람도 많다는 사실을 인정할 겁니다. 원래 기독교는 가난한 서민과 사회적 약자에게 환영받던 종교입니다. 하지만 오늘날은 그렇지 않아 보입니다. 신도가 많고 권세 있는 교회도 유독 서울의 '부자 동네'에 몰려 있습니다. 돈 잘 벌고 열심히 활동해서 교회에 여러모로 기여할 수 있는 젊은 사람들이 환영받고, 나이 들어 돈 벌 능력이 떨어지는 노인은 찬밥 신세가 되는 게 오늘날 기독교의 현실입니다. 노인 중에서도 어디 가나 환영 받는 사람은 대개 돈 많은 노인입니다. 뭔가 잘못된 게 아닐까요?

• 부자에게

부자에게 소득의 10분의 1은 생계에 허덕이는 가난한 사람에 비해 그리 부담스러운 액수가 아닙니다. 게다가 부자 중에는 월급쟁이가 많지 않습니다. 실제 재산은 수십 수백억이고, 매달 버는 돈도 수천만 원인데, 명목상 아주 적은 것으로 되어 있는 사람도 많습니다. 이런 사람들은 10분의 1이 아니어도 양심의 가책을 덜 받습니다. 물론 많이 내는 사람도 있죠. 이런 사람들은 돈을 많이 내면서 우월감을 느낍니다. 이런 사람들이 우월감을 느끼고 계속 교회에 다니도록 만드는 게 전략이라면 어쩔 수 없지만, 우월감은 반드시 다른 사람에 대한 멸시로 발전합니다.

예수는 자신이 옳다고 믿고 다른 사람을 멸시하는 사람을 자주 경계했습니다.〈누가복음〉 18:9~14 오늘날 기독교 안에 흐르는 미묘한 우월감과 열등감이야말로 기독교를 지탱하는 중요한 요소인지 모르겠습니다만, 이런 우월감에 익숙지 않은 사람들은 강한 거부감을 표현하게 마련이죠. 게다가 돈을 많이 내는 사람들의 비위를 맞추기 위해 "많이 내면 복을 받는다"는 기복적인 가르침도 많습니다. 하지만 예수는 "부자가 하나님의 나라에 들어가는 것보다 낙타가 바늘귀로 지나가는 것이 더 쉽다"〈마가복음〉 10:25고 가르쳤습니다.

• 비기독교인에게

십일조는 기독교를 믿지 않는 사람에게 하나님에 대한 왜곡된 이미지를 만들어냅니다. 일반인이 보기에 십일조를 강조하는 기독교의 하나님은 '돈 달라고 요구하는 하나님', 심하게 말하면 '구걸하는 하나님'입니다. 성경에는 하나님은 아무것도 받을 필요가 없다고 나오는데〈시편〉 50편 십일조라는 제도는 '사람들한테서 무엇을 받고 싶어 안달이 난 하나님'으로 만들어버립니다. 이 얼마나 왜곡된 일인가요?

입시철이 되면 많은 교회에서 새벽 기도가 시작되고, 십일조 액수도 늘어납니다. 어떤 사람이 한 말이 기억에 남습니다. "시험을 잘 보려면 새벽같이 나가서 기도하거나 돈을 갖다 바칠 게 아니라 열심히 공부를 해야지, 저게 뭐 하는 짓이래. 쯧쯧……." 그 사람 눈에 비친 기독교의 하나님은 어떤 이미지일까요? 열심히 노력한 사람이 좋은 결과를 얻는 자연법칙을 무시하고 '하나님의 자녀'라는 이유만으로 특혜를 주는 하나님으로 비치지 않을까요? 과연 일반인에게 기독교의 하나님은 공정하고 합리적인 분으로 보일까요?

재미있는 건 기독교인이 이렇게 요란을 떨면서도 다른 종교가 하는 일에는 미신이다, 뭐다 하면서 매우 비판적이라는 사실입니다. 입시철에 붐비면서 십일조니 뭐니 자꾸 갖다 바치고, 그 대가로 복을 받으려는 기독교 신자나 뒤뜰에 나가 조용히 정화수 떠놓고 기도하는 것이 뭐가 다를까요? 후자가 요란스럽지도 않고 훨씬 순수한 모습이 아닐까요? 과연 예수가 하나님께 무엇을 바쳐서 그 대가로 뭔가 받는 삶, 하나님과 거래하는 삶을 가르쳤을까요? 예수가 자신의 이기적인 목적을 위해 하나님을 이용했을까요? 하나님이 이런 걸 진짜 좋아할까요? 절대 아닙니다.〈이사야〉 1:11~14 참고 결론적으로 십일조는 부자건 가난한 사람이건, 믿는 사람이건 믿지 않는 사람이건 모든 이들에게 그다지 도움이 되지 않습니다. 아 참! 제가 잊었군요. 십일조로 유익을 보는 부류가 하나 있습니다.

십일조를 내야 할 사람은 성직자다 | 대다수 기독교인은 교회에서 십일조에 대한 설교를 할 때 구약성경 〈말라기〉 3장을 인용하는 것을 들은 적이 있을 겁니다. 다음 구절입니다.

> 사람이 하나님의 것을 훔치면 되겠느냐? 그런데도 너희는 나의 것을 훔치고서도 '우리가 주님의 무엇을 훔쳤습니까?' 하고 되묻는구나. 십일조와 헌물이 바로 그것이 아니냐! 너희 온 백성이 나의 것을 훔치니, 너희 모두가 저주를 받는다. 너희는 온전한 십일조를 창고에 들여놓아, 내 집에 먹을거리가 넉넉하게 하여라. 이렇게 바치는 일로 나를 시험하여, 내가 하늘 문을 열고서, 너희가 쌓을 곳이 없도록 복을 붓지 않나 보아라. 나 만군의 주의 말이다. 〈말라기〉 3:8~10

이 구절을 인용하면서 "십일조를 안 내는 건 하나님의 것을 훔치는 것과 같다" "십일조를 내면 하나님이 복을 주신다. 온전한 십일조를 바쳐라" "온전한 십일조를 바쳐서 하나님을 시험해봐라. '하나님을 시험하지 말라'는 말씀도 있지만, 이건 예외다. 이런 시험은 좋은 시험이다"라고 합니다. 이런 말을 들으면 십일조를 내지 않는 게 도둑질처럼 느껴져서 착한 신도는 죄책감에 시달리죠. 다른 한편으로는 십일조를 내면 복을 받을 거라는 은근한 기대, 더 나아가서 '나도 시험 삼아 하나님께 바치고 나중에 얼마나 돌아오나 볼까?'라는 일종의 사행심 비슷한 마음까지 듭니다. 이 짧은 구절을 가지고 죄책감과 욕심을 모두 건드릴 수 있기 때문에 효과가 좋지요. 설교에서 이런 내용이 나오면 바로 십일조 금액이 쑥쑥 늘어납니다. 하지만 이 구절이 진정으로 말하고자 하는 게 뭔지 알면 이런 생각은 싹 사라질 겁니다.

이 구절을 주의 깊게 읽어보면 일반적으로 설교자들이 풀어주는 것과 달리, 십일조를 '내지 않은 것'에 대한 질타가 아니라 하나님의 창고에서 십일조를 훔친 것에 대한 질타임을 알 수 있습니다. 그러면 누가, 어떻게 십일조를 도적질할까요? 이 구절 앞부분을 보면 힌트가 나옵니다.

> 내가 너희를 심판하러 가겠다. 점치는 자와, 간음하는 자와, 거짓으로 증언하는 자와, 일꾼의 품삯을 떼어먹는 자와, 과부와 고아를 억압하고 나그네를 학대하는 자와, 나를 경외하지 않는 자들의 잘못을 증언하는 증인으로, 기꺼이 나서겠다. 나 만군의 주가 말한다. 〈말라기〉 3:5

여기 거론된 심판받을 사람이 어떤 부류인가요? 점치는 자는 유대교 사회의 시대적인 특수성을 감안할 때 오늘날에는 적용하지 않아도 될 것이고, 간음은 개인의 문제라 십일조와 별 관련이 없을 테니 제외하고, 중요한 건 '거짓으로 증언하는 자, 일꾼의 품삯을 떼어먹는 자, 과부와 고아를 억압하고 나그네를 학대하는 자'입니다. 이 사람들과 십일조를 도적질하는 것이 무슨 관계가 있을까요? 앞에서 가난한 사람, 과부, 고아를 위해 3년에 한 번씩 바치는 십일조가 있다는 걸 이야기했습니다. 이 구절에는 십일조를 걷어서 불쌍한 이를 위해 쓰지 않은 당시 사람들에 대한 예언자의 질타가 담겨 있습니다.

십일조를 걷어서 집행하는 사람이 누굴까요? 일반 백성이 아니라,

나라를 이끄는 지도층입니다. 예언자가 과격하게 질타한 대상은 십일조를 내지 않은 백성이 아니라, 십일조를 써야 할 곳에 쓰지 않고 횡령한 지도층입니다. 오늘날로 치면 국민의 혈세를 걷어 이런저런 꼼수를 써서 자기와 자식과 친인척의 주머니에 슬쩍 넣어버린 권력자에 대한 질타지, 세금을 내지 못한 국민에 대한 질타가 아닙니다. 이 구절을 오늘날에 적용하면 '하나님께 십일조를 잘 바쳐야 한다'는 내용이 아니라, '지도층이 공금을 횡령하지 말고 어렵고 소외된 사람을 잘 돌봐야 한다'가 될 겁니다. 십일조(세금)가 올바로 쓰여야 나라가 제대로 굴러가고, 그런 나라는 당연히 하늘에서 넘치도록 복을 받겠죠. 여러분은 교회에서 이 성경 구절을 인용하며 십일조 잘 내라고 설교할 때 전후 구절과 그 맥락까지 설명하는 걸 들어본 적이 있나요?

오늘날 많은 사람들이 세금에 대한 부담 때문에 세금을 가급적 덜 내려고 애쓰고, 세금을 줄일 수 있는 온갖 방법에 관심이 많습니다. '세稅테크'라는 말도 흔한 용어가 되었습니다. 특히 '유리 지갑'으로 불리는 서민 월급쟁이는 한 푼도 에누리 없이 세금을 내야 하죠. 그런데 오늘날 우리나라에는 세금을 한 푼도 내지 않는 특혜를 누리는 직업이 있습니다. 바로 성직자입니다. 아이러니하게도 십일조(세금)를 잘 내라고 강조하는 사람이 성직자입니다. 정작 십일조를 내야 할 사람은 성직자입니다!

3
교회 건물, 문제 많다

기독교는 원래 건물이 없는 종교였다 | 오늘날 많은 사람들이 '교회' 하면 건물부터 떠올립니다. 어떤 경우 '성전'이라고 부르기도 하고, 어떤 경우 '하나님의 집'으로 부르기도 합니다. 과연 하나님이 거기 사시는지 잘 모르겠지만 말입니다. 특히 우리나라 기독교에서 건물은 매우 중요한 위치를 차지하지요. 유명한 대형 교회들은 예외 없이 화려하고 위엄 있는 건물을 자랑합니다.

하지만 기독교는 원래 건물이 없는 종교였습니다. 1세기 기독교인이 타임머신을 타고 온다면 오늘날의 예배 순서, 목사, 강대상, 신도용으로 만든 긴 의자나 극장식 의자, 성가대, 설교 등을 보고 "저게 도대체 뭐 하는 것들이에요?"라며 의아해할지도 모릅니다. 초기 기독교에는 예배당뿐만 아니라 성직자와 제사 의식도 없었으니까요. 이 부분은 다음 단원에서 자세히 짚어볼 겁니다.

그러면 초기 기독교인은 어디에서 모였을까요? 그들은 오늘날의 교회처럼 특별한 종교 건물이 아니라, 가장 자연스럽고 편안한 장소인 집에서 모였습니다. 그들은 오늘날 가까운 친지나 지인들처럼 집에 모여서 함께 얘기하고 밥을 먹었습니다. 기독교인 자체가 공동체를 지향하며 살았으니, 특별하게 엄숙한 분위기를 내는 장소가 필요하지 않았습니다. 가족에게는 종교 시설이 아니라 집이 필요합니다. 종교 시설이 필요해진 건 기독교가 종교로서 제도화된 다음의 이야기죠.

초기 기독교인은 집에서 모였다

바울이 기독교로 개종하기 전에 기독교인을 찾아서 핍박한 건 유명한 얘기다. 이때 그는 기독교인을 찾기 위해 '집집마다' 쳐들어가서 남자나 여자나 가리지 않고 끌어낸 다음 감옥에 넘겼다.〈사도행전〉8:3 신약성경에는 '아굴라와 브리스가와 그 집에 모이는 교회'〈고린도전서〉16:19라는 표현이 있다. 초기 기독교인이 집에서 모였다는 데는 이외에도 수많은 역사적인 증거들이 있다.

기독교 건물은 왜 생겼을까? | 그러면 기독교의 건물은 언제, 왜 생겼을까요? 콘스탄티누스 1세가 기독교 건물을 세운 장본인입니다. 그는 로마인이 멸시하던 기독교를 로마제국의 국교로 끌어올렸고, 이 과정에서 기독교를 체계화하려고 애썼습니다. 그는 기독교가 아닌 다른 종교(기독교에서는 흔히 '이교'라고 하죠)

의 전통에 따라 제사장과 성전을 만듭니다. 그는 특별한 의식도 없이 집에서 모이는 것보다 화려하고 위엄 있어 보이는 성전에서 눈부신 옷을 입은 성직자가 엄숙한 의식을 치르는 게 기독교의 권위를 세우는 데 적합하다고 생각한 모양입니다.

기독교는 콘스탄티누스 1세에 의해 가족적인 공동체에서 서서히 제도화되고 국가적인 종교 체계로 바뀝니다. 거룩하게 보이는 로마 이교도의 복장을 한 성직자들이 거룩해 보이는 건물에서, 거룩해 보이는 절차에 따라 종교의식을 행했습니다. 여러분이 일요일에 기독교회에서 보는 광경은 대부분 이교의 관행에서 온 것입니다. 오늘날 '이교도' 하면 가장 치를 떠는 게 기독교인이란 점을 생각하면 아이러니죠. 기독교 건물은 이처럼 여러 이교의 영향을 받아 생겨났고, 원래 기독교의 가르침과는 전혀 관련이 없습니다. 하지만 언제나 그래 왔듯이 종교적인 사람들은 건물에 집착하는 경향을 보입니다.

예수와 제자들은 건물 중심의 종교와 대립했다 | 예수 당시의 유대인은 성전, 즉 건물 중심의 신앙이 있었습니다. 그들은 성전과 예루살렘(시온)을 중요하게 여겼고, 이곳이야말로 하나님이 계신 곳이라고 생각했습니다. 20세기에도 '시오니즘'이라는 이름 아래 유대인이 결집해서 팔레스타인 원주민을 강제로 쫓아내고 국가를 만들었으니 말 다했죠. 유대인이 스데반을 죽인 결정적인 이유도 그가 "지극히 높으신 분께서는 사람의 손으로 지은 건물 안에 거하지 않으십니다"〈사도행전〉 7:48라고 외쳤기 때문입니다. 여

기에서 '지극히 높으신 분'은 하나님이고, 이는 유대인에게 매우 과격하고 불경스러운 말이었습니다. 번뜩이는 통찰력을 갖춘 사람이 하는 말은 처음에는 불경스러워 보이게 마련입니다. 유대인은 격분했고 급기야 스데반을 돌로 쳐 죽였습니다.

예수 역시 건물 중심의 사고방식을 깨뜨리려고 무척이나 노력했습니다. 신약성경을 아무리 뒤져봐도 거룩한 장소가 있다고 가르치는 부분을 찾을 수 없습니다. 예수는 당시 사람들이 자주 모여서 얘기할 수 있는 지극히 평범한 장소에서 제자들과 사람들을 가르쳤지, 특정한 장소를 구별하지 않았습니다. 예수는 '하나님을 만나기 위해서는 정기적으로 특정한 장소에 가야 한다'는 고정관념을 깨뜨리려고 노력했습니다. 예수도 스데반처럼 유대인에게 "이 성전을 허물어라. 그러면 내가 사흘 만에 다시 세우겠다"〈요한복음〉 2:19~21는 과격한 말을 했고, 격분한 무리에 의해 죽었습니다. 그들이 나중에 예수를 재판해서 사형으로 몰고 갈 때 항상 논란의 중심에 있는 건 '성전 모독 죄'였습니다.〈마태복음〉 27:40, 〈마가복음〉 14:58, 15:29

신앙은 특정하게 구별된 장소가 필요하지 않다
예수가 '하나님을 만나기 위해서는 정기적으로 특정한 장소에 가야 한다'는 당시 사람들의 고정관념을 깨뜨리고자 한 대표적인 가르침은 〈요한복음〉 4장에 있다. 우물가에서 만난 사마리아 여자가 "어디에 가서 예배해야 하는가?"라고 물었을 때 예수는 "너희가 아버지께, 이 산에서 예배를 드려야 한다거나, 예루살렘에서 예배를 드려야 한다거나, 하지 않을 때가 올 것이다. ……하나님은 영이시다. 그러므로 하나님께 예배를 드리는 사람은 영과 진리로 예배를 드려야 한다"〈요한복음〉 4:21~24고 답한다.

이 구절에 따르면 하나님은 영이다. 영은 육(물질)과 반대되는 개념이다. 영은 물질이 아니기 때문에 질량이 제로(0)다. 물질은 시간과 공간의 제약을 받지만, 질량이 없으면 아무런 시간의 제약도 받지 않는다. 이는 아인슈타인도 상대성이론으로 증명한 과학적 사실이다. 따라서 영은 시간과 장소에 제한을 받지 않는다. 그런 존재를 찾거나 만나기 위해 특정한 장소에 가야 한다고 생각하는 건 하나님을 잘 모른다는 말이나 다름없다.

예수와 사마리아 여자가 어떤 무대를 배경으로 이야기했는지도 살펴볼 필요가 있다. 사마리아 여자는 정기적으로 '야곱의 우물'에 물을 길러 왔다. 이는 하나님을 예배하는 종전의 방식을 상징한다. 그런데 예수는 이 여자에게 "이 물을 마시는 사람은 다시 목마를 것이다. 그러나 내가 주는 물을 마시는 사람은 영원히 목마르지 아니할 것이다. 내가 주는 물은 그 사람 속에서 영생에 이르게 하는 샘물이 될 것이다"〈요한복음〉 4:13~14라고 가르친다.

예수는 '물'을 비유로 해서 정기적으로 특정한 장소에 와야 영적으로 채움 받는 게 아님을 암시한다. 더 나아가 영적인 물은 외부의 어느 곳이 아닌 '그 사람 속에' 있다는 걸 가르친다. 즉 영적으로 채움 받는다거나 하나님을 만나는 건 사람의 내면에 달린 문제지, 어느 장소에 모여 어떤 종교 행사를 하는가와 상관이 없다. 〈요한복음〉 4장은 기독교 설교의 단골 메뉴인데, 이 부분만 제대로 봐도 오늘날 기독교의 관행과 예수의 가르침이 많이 다르다는 걸 알 수 있다.

건물 집착증 | 앞서 읽은 내용은 성경을 조금 아는 사람이라면 대개 알 만한 내용이죠. 그래서인지 가난한 개척 교회 목사들은 처음에 "우리는 건물을 중요하게 생각하지 않는다"는 말을 많이 합니다. 하지만 여러분이 조금만 관심을 가지고 그 목사를 꾸준히 지켜보면 재미있는 현상을 관찰할 수 있을 겁니다. 교세가 확장되고 점점 교인이 늘어나고 돈이 많아지면 건물을 중요하게 생각하지 않는다던 목사가 슬그머니 건물을 하나 짓습니다. 교인이 힘겹게 모은 돈에 빚까지 내서 말이죠. 나중에는 보란 듯이 더 크고 위세 있는 건물을 지으려고 합니다. 이는 교인도 마찬가지입니다. '새 성전' '더 큰 성전'을 짓는 데 열심인 교인이 많습니다. 마치 이런 게 하나님을 잘 섬기는 길이라도 되는 양 말입니다. 건물에 대한 집착은 중독성이 있는지 쉽게 가라앉지 않는 것 같습니다.

성경에 이토록 분명하게 나와 있는데, 왜 종교인은 건물에 집착할까요? 단순히 돈 때문일까요, 다른 교회들과 외적인 경쟁심 때문일까요? 물론 중요한 이유입니다만, 이게 전부는 아닙니다. 그 이유 중 하나는 인간의 종교성입니다. 인간은 눈에 보이지 않는 신을 자신의 눈에 보이고 느껴지게 만들고 싶어하는 경향이 있습니다. 거룩해 보이는 특정한 장소에서, 스테인드글라스의 화려하고 영롱한 빛과 파이프오르간의 엄숙한 소리와 신비로운 분위기에서 거룩한 절차를 거쳐 예배를 드리면 신에게 다가갈 수 있다고 생각합니다. 게다가 수많은 사람들이 모여서 "믿~습니다!" "아멘!"을 외쳐대거나, 울면서 소리를 지르고 기도하는 분위기에 있으면 하나님을 만난 것 같고, 불신이 사라지고 확신이 생긴 것 같은 기분이 듭니다. 이런 분위기를 연출하려면 반드시 특수한 공간이 필요합니다. 이런 인간의 종교성이 건물을 끌어온다는 말이죠.

그렇다고 제가 신비한 분위기를 반대하는 건 아닙니다. 어떤 면에서는 이런 것도 필요합니다. 신비한 분위기는 진리의 실체를 가리키는 안내판 역할을 합니다. 달을 가리키는 손가락 같은 역할이죠. 문제는 신비로운 분위기가 촉매가 되어 인간의 궁극적인 실체를 찾아가려고 노력하는 계기로 삼으면 좋을 텐데, 그 분위기에만 머물러서는 곤란하다는 거죠. 달을 가리키는데 달은 안 보고 손가락만 보면 안 된다는 말입니다.

뭔가를 확신하는 사람에게는 요란스러운 분위기가 필요하지 않습니다. 예를 들어 '지구는 둥글다'는 것처럼 분명한 사실에는 확신 있는 듯 보이는 분위기를 만들 필요가 없습니다. 그냥 알면 끝나는 거지, 이걸 가지고 정기적으로 모여서 그게 맞다는 설교를 듣고 "지구는 둥글다!"고 외치면서 요란스러운 분위기를 만들 필요는 없다는 얘기입니다. 이렇게 요란스러운 분위기를 만들 필요가 있다는 주장이 오히려 의구심이 들죠.

이런 심리에 대해 카를 융은 "확신은 의구심에 대한 보상작용이다"라고 했습니다. 정확한 표현이죠. 융은 분석심리학자이면서도 영성이 깊은 것으로 알려졌습니다. 그는 말년에 인터뷰할 때 기자에게 "당신은 하나님을 믿느냐?"라는 질문을 받았습니다. 융은 이 질문에 "대답하기 어렵군요. 나는 하나님을 압니다. 믿을 필요가 없죠. 알고 있으니까요"라고 답했습니다. 진짜 하나님을 알고 만난 사람은 이렇게 확신이 느껴지는 분위기나 특수한 공간이 필요 없습니다. 하나님을 만난

적이 없고 아는 게 없으니까 그것에 대한 보상작용으로 자꾸 뭔가 확신 있는 분위기를 느껴보려고 하는 거죠. 최소한 제가 아는 기독교의 위대한 신앙인 중에는 요란을 떨거나 이런 분위기를 조장하는 사람은 없습니다.

물론 이런 이유만 있는 건 아닙니다. 기독교 집회 특유의 분위기를 좋아하는 사람도 많으니까요. 열광적으로 몰입하고, 눈물도 흘리고, 웃었다 울었다 하는 사람들 많잖아요. 그런데 이런 사람들은 콘서트나 연극을 볼 때도 똑같습니다. 이런 건 분위기를 즐기는 거지, 신앙심이니 뭐니 하면 안 된다는 말이죠.

좌우지간 이런 여러 가지 요인 때문에 기독교의 건물은 참으로 오랫동안 지속됩니다. 중세에는 하늘을 찌를 듯한 고딕 양식이 유행했습니다. 그런 건물 안에 있으면 하나님을 만나기라도 할 것처럼 말이죠. 하지만 신앙은 건물과 별개입니다. 아무리 성경을 읽어봐도 예수가 제자들을 따로 거룩한 장소에서 가르친 적은 없습니다. 특별하고 거룩하고 엄숙하거나 요란스러운 분위기에서 하나님께 다가갈 수 있다고 가르친 적도 없죠. 1세기 기독교인 역시 건물을 세운 적이 없습니다. 모이기 좋다는 이유 때문에 이미 세워진 건물을 활용한 예는 있을지 몰라도, 그들 스스로 종교 건물을 지을 생각은 없었습니다. 기독교가 오늘날처럼 화려한 건물을 가진 것은 콘스탄티누스 1세 이후입니다. 그리고 많은 사람들은 이때를 기독교가 결정적으로 타락하기 시작한 시점으로 꼽습니다.

종교 건물은 위선적인 삶을 부추긴다 | 이런 질문을 하는 사람들이 있을 겁니다. "종교 건물이 뭐 그리 문제가 되죠? 문제가 되는 건 사람이지, 건물은 도구에 불과하지 않은가요?" 맞는 말 같지만, 실제로는 그리 간단하지 않습니다. 교회 건물은 기독교의 정신을 심각하게 훼손합니다. 건물을 중심으로 한 시스템이 위선적인 삶을 부추기기 때문입니다.

대다수 기독교 신자들은 일주일에 한 번씩 특별한 장소에 갑니다. 새로운 장소에 가면 공기부터 다릅니다. 엄숙하고 신비로운 분위기가 조성되죠. 이때 그 사람은 평소와 다른 사람이 됩니다. 아니, 그렇게 되어야 합니다. 일요일 아침에 아내와 싸우고, 아이들한테 버럭 소리 지르다가도 일단 교회 건물에 들어서면 온화한 미소를 짓는 것이 많은 기독교 신자들의 모습입니다. 진짜 자신의 모습이 아니라, 주변 사람들이 기대하는 대로 연기하는 거죠. 성경에서 '위선'이라는 말의 어원은 '가면을 쓰고 연기한다'는 뜻입니다. 대다수 신자들은 '일요일 예배 장소에서 모습'과 '평소의 모습'이 매우 다르죠. 오늘날 많은 기독교인이 '선데이 크리스천'이라고 조롱을 받는 것도 당연한 일입니다. 종교 안에서 그 사람과 실제 그 사람의 차이, 이게 바로 기독교라는 종교의 문제입니다.

초기의 기독교는 공동체인데다 자기들이 사는 집에서 모이다 보니 위선적인 분위기가 많지 않았을 겁니다. 예수나 그 제자들이 엄숙한 분위기에서 엄숙한 의식을 치렀을까요? 제자들이 예수와 함께 지낼 때 평소와 달리 마음을 다잡고, 말끔한 옷을 입고, 곱고 거룩하게 말했을까요? 그렇지 않습니다. 오히려 성경에는 제자들의 적나라한 모습이 그대로 노출됩니다. 예수의 수제자로 알려진 베드로만 봐도 스승한테 꾸지람 받고 스타일 구겨지고, 창피당한 적이 한두 번이 아닙니다.〈마가복음〉 8:33, 14:27~31, 14:66~72 베드로뿐만 아니라 많은 제자들이 예수와 함께 있으면서 어떤 사람인지 적나라하게 드러났습니다. 여러분이 성경이나 다른 역사를 통해서 1세기에 벌어진 일들을 전혀 모른 채 타임머신을 타고 가서 관찰했다면 예수의 제자들은 천박하고 세속적인 사람이고, 바리새인과 같은 종교인은 고매하고 존경스러운 사람이라고 생각했을지도 모릅니다.

종교적이고 위선적인 사람은 죄인이나 신분이 천한 사람을 꺼리는 경향이 있지만, 예수는 오히려 그런 사람을 더 좋아했습니다. 예수를 비방하는 사람들은 "보아라, 저 사람은 마구 먹어대는 자요, 포도주를 마시는 자요, 세리와 죄인의 친구다"〈마태복음〉 11:19라고 말했습니다. 예수가 가르칠 때는 죄인들도 그걸 들으려고 거리낌 없이 가까이 몰려들었죠.〈누가복음〉 15:1 예수의 주변에는 엄숙하게 폼 잡는 위선적인 사람들이 아니라 허물없이 웃고 즐기는 무리가 있었습니다.

저는 예수의 가르침이 매우 재미있고, 듣는 이들에게 기쁨과 웃음을 선사했을 거라고 장담합니다. 대중은 아무리 논리적이고 맞는 말이라도 재미가 없으면 별로 좋아하지 않죠. 기독교에서 만든 엄숙하고 거룩한 이미지만 보면 예수는 죄인과 멀리 떨어진 하늘에 있는 것 같지만, 실제로 예수와 가장 먼 사람은 위선자입니다. 그리고 가장 큰 위선자는 당시의 종교 지도자죠. 그들은 속으로 곪았으면서도 절대로 드러내지 않으려고 했습니다. 하지만 예수는 그들의 위선을 까발렸고, 종교 지도자들은 그런 예수를 점점 더 증오했습니다. 예수와 종교 지도자들의 사이는 갈수록 멀어졌습니다.

오늘날 기독교의 모습은 어느 쪽에 가까운가요? 예수와 주변에 있는 사람들의 모임과 같은가요, 예수가 비판한 종교인의 모습과 가까운가요? 어떤 사람이 쓴 얘기가 생각납니다.

한 여자가 추잡한 죄를 짓고 괴로워하고 있었습니다. 그 여자를 보다 못한 주위 사람이 한마디 했습니다. "교회에 가보시는 건 어때요?" 그러자 그 여자가 펄쩍 뛰면서 말했습니다. "미쳤어요? 더 상처 받으라고요?" 이게 오늘날 기독교의 현실입니다.

기독교는 죄책감을 해결하는 게 아니라 조장한다 | 다른 한편으로는 이게 바로 기독교의 은밀한 전략입니다. 위선은 반드시 다른 사람들 눈에 비친 외적인 자신과 내면의 진짜 자신 사이에 괴리감을 유발하고, 또다시 죄책감을 낳죠. 정도의 차이는 있지만, 기독교라는 종교를 떠받치는 중요한 기둥이 죄책감입니다. 대개 사람들은 자신이 죄가 있다고 느껴져야 기독교를 찾습니다. 기독교 많은 종파의 예배 분위기 역시 엄숙하고 무거워서, 그 분위기에 속하면 없던 죄책감도 생길 정도죠. 교인이 죄책감에 시달리지 않는다면 일요일에 교회를 찾는 사람들은 엄청 줄어들 겁니다. 기독교는 '죄' '회개' '죄에 대한 완전한 용서'를 강조합니다만, 사람이 죄의 문제가 완전히 해결되어 죄책감까지 없어지거나, 죄가 다 폭로되거나 죄의 대가를 다 치렀거나, 죄를 고백하고 용서받아 죄책감에서 자유로워지면 기독교는 많이 위축될 겁니다.

그래서인지 기독교는 쉽게 해결되지 않고 죽을 때까지 가져가야 할 것들을 죄로 삼는 경우가 많습니다. 심지어 성욕, 더 정확히 말하면 음탕한 생각만 해도 죄라고 합니다. 이런 걸 죄라고 정의하면 아침에 눈 떠서 저녁에 잠들 때까지 죄짓지 않을 틈이 없죠. 남자들은 더 그렇고요. 이 죄책감과 찜찜함을 해결하기 위해 교회를 찾습니다. 교회에 가면 다시 죄책감이 들고, 죄짓지 말아야겠다고 결심하다가도 그다음 주에 살아보면 그게 쉽지 않으니까 또 죄책감이 들고 교회에 갑니다. 누군가 "성직자와 포르노 업자는 동업자다"라고 했는데, 일리 있는 말입니다. 건물로 시작되는 종교적이고 위선적인 분위기는 결국 이런 방식으로 기독교의 존립을 돕습니다.

부동산에 집착하는 기독교 | 서울의 야경을 보면 어딜 가나 십자가가 엄청나게 많다는 걸 새삼 느낄 수 있습니다. 그만큼 기독교 건물이 많다는 증거죠. 이것만 보면 기독교야말로 부동산에 가장 집착하는 종교가 아닌가 하는 생각이 듭니다. 다른 종교와 비교하는 게 불편할지 모르지만, 다른 종교들은 이렇게 건물이 많지 않습니다. 돈으로 치면 아마 천문학적인 숫자가 될 겁니다. 이 어마어마한 돈을 다른 데 쓰면 안 될까요?

　예수의 제자 중 한 사람이 성전 건물을 보고 그 위용에 감탄하자, 예수는 다짜고짜 "너는 이 큰 건물들을 보고 있느냐? 여기에 돌 하나도 돌 위에 남지 않고 다 무너질 것이다"〈마가복음〉 13:1~2라고 말했습니다. 오늘날 많은 사람들이 교회의 건물을 보고 감탄할 수 있습니다. 그러나 예수는 건물로 상징되는 종교를 반대했습니다. 예수를 믿는 사람들이 종교 건물에 집착하는 건 아이러니죠. 예수가 오늘날 서울에 온다면 화려하고 웅장하고 천문학적인 비용이 들어간 수많은 교회 건물을 보면서 무슨 말을 할까요? 기뻐할까요? 아마 그렇지 않을 겁니다. 혹시 2000년 전에 한 말과 똑같은 말을 하지 않을까요?

"너는 이 큰 건물들을 보고 있느냐? 여기에 돌 하나도 돌 위에 남지 않고 다 무너질 것이다."

4

설교와 성직자 제도, 문제의 온상이다

오늘날과 같은 방식의 설교는 성경적인 근거가 없다 | 제목을 보고 놀
라는 사람도 있

을 것입니다. 일요일마다 전국의 예배당에서 설교가 행해지고, 심지어
TV를 켜도 아무 때나 들을 수 있는 게 설교니까요. 그런데 기독교의
설교는 성경적인 근거가 하나도 없습니다. "어? 성경 여기저기에 설교
가 나와 있잖아요" 하는 사람도 있겠지만, 성경에 있는 설교는 오늘날
의 설교와 완전히 다릅니다.

　오늘날 기독교의 설교는 세 가지 특징이 있습니다. 매주 정기적으로
한다는 점, 소수의 정해진 설교자가 한다는 점, 수동적인 청중을 향해
설교한다는 점입니다. 성경에 나온 설교는 이 세 가지 특징에 해당하
는 게 하나도 없습니다. 성경에서 설교는 정기적으로 하지 않았고, '정
해진 원고' 없이 '당면한 문제'에 대해 자신의 진심 어린 목소리를 낸
것뿐입니다. 오늘날처럼 종교의식 가운데 하나가 아니었다는 말이죠.

특히 구약성경의 예언자들은 국가의 이슈에 대해 문제점을 경고하고, 청중을 각성시키기 위해 설교한 경우가 많습니다. 대개 원고를 미리 만들지 않고 즉석에서 진행했죠. 청중 역시 중간에 질문도 하고, 반대도 했습니다. 오늘날처럼 앞사람 뒤통수를 보며 가만히 앉아서 듣는 수동적인 사람들이 아니었죠. 어느 때는 치열한 갑론을박이 오가고, 청중이 연설자를 끌어내리기도 했으며, 심지어 청중의 감정이 격해져서 연설자를 죽이는 경우도 있었습니다.

예수에게 종교적이라고 지탄을 받은 유대인의 회당도 이런 면에서 매우 비슷했고, 유대 회당의 이런 방식을 예수나 바울도 자주 이용했습니다.〈누가복음〉 4:16~30, 〈사도행전〉 13:14~48 참고 이걸 오늘날로 치면 예배 시간의 딱딱한 설교보다 토론이나 좌담회에 가까울 겁니다. 청중이 질문하고, 찬성과 반대도 표시하면서 적극적으로 참여할 수 있으니까요.

예수가 가르친 방식 역시 오늘날 기독교의 설교와 다릅니다. 예수는 특정한 장소나 거룩한 분위기가 풍기는 장소에서 가르치거나 정기적으로 설교하지 않았죠. 오히려 예수는 공개된 장소에서, 많은 사람들에게 둘러싸여 있었습니다. 장소는 중요하지 않았습니다. 가르침은 길을 가는 도중에 나올 수도 있고, 식사 자리에서 자연스럽게 나오기도 했거든요. 모인 사람 중 누구라도 자유롭게 끼어들어 반대 질문을 하기도 하고, 감탄하기도 하고, 딴죽을 걸 수도 있었습니다. 오늘날 기독교 설교를 이런 식으로 하면 무슨 일이 벌어질지 궁금합니다.

첨단 미디어가 발달한 오늘날에도 많은 사람들이 연극과 콘서트 등을 보러 갑니다. 직접적으로 만나는 매체는 생동감 있고, 청중이 함께 참여할 수 있기 때문이죠. 감동과 영감을 주지 못하는 연극이나 콘서트는 금방 관중에게서 잊히고 사라집니다. 그런데 기독교의 예배와 설교는 감동과 영감은커녕 지루함만 주더라도 사라지지 않습니다. '매주 설교 말씀을 들어야 한다'는 메시지를 교인에게 끊임없이 주입한 결과입니다.

성경에도 나오지 않는 오늘날의 설교 방식은 도대체 어디에서 비롯되었을까요? 바로 '소피스트'입니다. 소크라테스에게 망신을 당한 사람들이죠. 이들은 직업 연설가입니다. 돈이 많은 집에서는 저녁 파티 때 이들을 초청하는 걸 좋아했으며, 이들은 뛰어난 언변으로 군중을 재미있게 해주었습니다. 오늘날에도 형태는 다르지만, 이런 식으로 사람들을 재미있게 해주는 엔터테인먼트가 많죠. 소피스트가 기독교회에 유입되면서 사람들은 점점 기교가 화려한 연설을 듣고 즐기기 시작했습니다. 이게 오늘날까지 이어진 겁니다.

초기 기독교 공동체에서는 화려한 설교가 없었습니다. 삶을 나누고 진심으로 교제하며, 각자 배우고 깨달은 점을 공유했을 뿐입니다. 진심으로 좋아하는 사람들이 모이면 엔터테인먼트가 없어도 즐겁습니다. 사랑하는 연인에게는 엔터테인먼트가 필요 없습니다. 엔터테인먼트가 없어도 재밌고 좋아서 시간 가는 줄 몰라야 진짜 연인이죠. 예수의 가르침이나 초기 기독교에는 말의 기교나 화려한 언사는 없었고, 오히려 투박하고 단순해 보일지 몰라도 그 안에 능력이 있었습니다.

바울은 자신이 "말주변도 변변치 못하다"〈고린도후서〉 10:10라든지, "내가 말에는 능하지 못하다"〈고린도후서〉 11:6는 말을 자주 했습니다. 초기 기독교에서는 머리가 좋고 말 잘하는 것보다 그 사람의 됨됨이와 삶이 중요했습니다. 가족 같은 공동체에서 서로 훤히 아는 상황이었으니, 됨됨이와 삶이 엉망이면서 말만 잘하는 사람은 아무런 권위나 영향력이 없었을 겁니다. 오늘날 많은 기독교 지도자들이 설교를 하는데, 이들이 초기 기독교의 공동체에서 살았다면 과연 몇 명이나 지도자가 되었을지 매우 궁금합니다.

목사와 신학교 역시 성경적 근거가 없다 | 여기에서 중요한 문제를 짚고 넘어가겠습니다. 오늘날 우리는 목회자, 즉 목사가 있는 것을 당연하게 생각합니다. 하지만 성경에는 '목사'⟨에베소서⟩ 4:11라는 말이 한 번밖에 나오지 않고, 그 뜻도 오늘날의 목사와 다릅니다. 이 말은 오늘날 목사라고 불리는 '직업으로서 성직자 혹은 설교자'보다 교회의 신도를 돌아보는 '목자'가 정확할 겁니다. 교회가 가족이라면 목사는 가장의 위치였죠. 어떻게 불리든 오늘날의 설교자가 아니었다는 건 분명합니다.

말이 나온 김에 신학교도 살펴봅시다. 예수의 제자들을 생각해보죠. 과연 그들이 신학교를 나왔을까요? 그들이 신학교에 가서 딱딱한 교리를 배웠을까요? 그들은 커리큘럼과 강의 시간을 정해놓고 스승에게서 지식을 전수한 게 아닙니다. 오히려 그들은 예수와 함께 다니며 평소 생활 속에서, 여기저기에서 벌어지는 사건과 논쟁과 어려움 속에서 스승의 모든 것을 배웠습니다. 이건 오늘날 신학교에서 가르치는 내용과 매우 다르죠.

그러면 목사를 포함한 성직자 제도는 도대체 어디에서 왔을까요? 이 역시 콘스탄티누스 1세에게서 온 것입니다. 콘스탄티누스 1세는 기독교를 로마의 국교로 정하면서 전임 성직자 계급을 만들었습니다. 그 전에 성직자는 각자 자기 일을 하면서 모임이 있을 때 참석자들에게 영감을 나눠주는 사람이었습니다. 전임 성직자가 아니었다는 말이죠. 모임도 나눔의 형식이었기 때문에 영감 있는 참석자들이 적극적으로 참여했습니다. 그러나 콘스탄티누스 1세 이후 전문 사제들이 이 역할을 맡아서 다른 사람은 못 하게 되었습니다.

　'일주일에 한 번 좋은 말씀 듣는 것이 얼마나 좋은데…… 성직자와 설교가 뭐가 문제야?'라고 생각하는 사람들이 있을지 모르지만, 성직자와 설교는 기독교인의 신앙을 가장 심하게 망가뜨립니다. 왜 그러냐고요? 성직자와 평신도를 구분하면 신도는 진정으로 하나님을 찾는 노력을 기울이지 않습니다. 자신이 직접 하나님을 찾기보다 성직자가 하나님을 만난 내용을 나눠주는 걸 들으면 되니까요. 그게 진짜 하나님이건, 가짜 하나님이건 상관없이 말이죠. 이렇게 연애하는 사람 보셨습니까? 대리인이 애인을 만나고, 나는 일주일에 한 번씩 대리인에게 얘길 듣는 거죠. 이런 식으로 연애해서 과연 결혼까지 갈 수 있을까요? 성직자의 존재는 기독교의 평신도를 '구경꾼'으로 만듭니다.

　예부터 사람들은 스스로 하나님을 찾고 만나려 하기보다 대리인이나 중재자를 세우기 좋아했습니다. 구약성경에 따르면 이스라엘 민족은 이집트를 빠져나온 뒤 광야에서 금송아지 우상을 세우고 그걸 자기들의 신이라고 생각하며 기뻐했고, 가나안 땅에 정착해서는 눈에 보이는 왕을 세우려고 애썼습니다. 이는 하나님의 진노를 샀죠.〈출애굽기〉 20장,

〈사무엘상〉 12:17, 〈사도행전〉 7:40~42 구약성경만 해도 전임 제사장이 존재합니다. 하지만 신약성경에서는 일반 신도가 "왕과 같은 제사장"〈베드로전서〉 2:9이라고 가르칩니다. 제사장이 뭐 하는 사람입니까? 하나님과 사람 사이를 연결해주는 사람, 즉 자신이 직접 하나님을 만나고 영적인 능력을 발휘하는 사람입니다. 이 구절은 믿는 자들이 제사장이라고 분명히 말하고 있습니다. 하지만 오늘날 현실을 생각해보십시오. 여러분은 기독교 예배에서 제사장입니까, 아니면 구경꾼입니까? 오늘날 특정한 소수 성직자만 거룩한 일을 담당하고 몇몇은 뒤치다꺼리를 하며 대부분 구경을 하는데, 이는 신약성경의 가르침에도 위배됩니다.

서로 기생하게 만드는 시스템 | 그렇지만 이건 종교 시스템을 유지하는 데 매우 효과적인 전략입니다. 사실 성직자 중에는 신도가 하나님을 직접 만나는 걸 별로 좋아하지 않는 사람이 많습니다. 사람이 하나님을 직접 만나면 중개인이 필요 없어지니까요. 신도가 '나는 하나님을 직접 만날 수 없는 죄인이라, 신이 내린 특별한 중개인이 반드시 필요하다'고 생각해야 종교 시스템과 성직자가 들어설 자리가 생기죠. 사실은 신도가 성직자를 필요로 하는 게 아니라, 성직자가 신도를 필요로 합니다. 성직자 제도가 있는 한, 대다수 기독교 신도는 수준이 낮은 채로 머무르게 마련입니다. 더 정확히 말하면 신도가 성직자보다 수준이 낮아야 그 시스템이 유지됩니다.

비유를 들어보죠. 어느 부모에게 아들이 있었습니다. 부모는 아들이 자신들에게 의존하는 걸 보고 매우 기뻐했습니다. 아들이 부모에게 의존하는 한 자신의 존재감을 강하게 느낄 수 있으니까요. 그런데 어느 순간 아들이 "부모님, 어른이 되었으니 바깥세상으로 나가서 제 힘으로 살아보겠습니다!"라고 말합니다. 부모는 두렵고 불안해서 말합니다. "너는 아직 어린애야. 우리의 도움이 절대적으로 필요하단다." 아들은 용기 있게 반대하지만, 부모는 다시 결정타를 날립니다. "바깥세상은 너에게 너무나 위험해!" 결국 아들은 부모의 의지를 꺾을 수 없었고, 어린아이로 남았습니다. 부모가 자신들의 존재감을 느낄 수 있도록 하기 위해서 말이죠. 사실은 부모 역시 바깥세상으로 나가본 적이 없는 사람들입니다. 아들이 부모를 필요로 하는 게 아니라, 부모가 아들을 필요로 한 거죠.

기독교 역시 마찬가지입니다. 성직자가 있는 한 신도는 영적인 아이로 남아야 하고, 성직자는 영적인 부모가 되어야 합니다. 신도가 영적인 아이로 남아야 성직자에게 의존하고, 성직자가 존재감을 느낄 수 있기 때문입니다. 이를 의존성의 문제라고 하죠.

심리학자와 정신과 의사는 의존성dependence을 '누군가 나를 돌봐주고 인정해주고 지지해준다는 확신 없이는 제대로 살아갈 수 없는 상태'라고 정의합니다. 의존성이 있는 사람은 누군가 나를 사랑해주지 않을 것 같은 불안감이 들기 시작하면 정신적으로 불안정해지고 우울해지며 고통을 경험합니다. 이는 대다수 사람들이 겪는 심리죠. 그런데 정도가 심한 사람들은 변함없이 나를 사랑해줄 사람을 찾으러 다닙니다. 그게 어떤 사람이라도 상관없습니다. 심지어 나에게 상처 주고 해를 끼치거나 사기꾼 같은 사람이라도 말입니다. 나를 사랑해줄 것 같은 느낌만 받으면 되니까요. 이런 정신 상태가 큰 폐해를 가져옵니다.

기독교 신도를 보면 어딘가에 기대고 싶어하는 사람들이 많습니다. 홀로 서지 못하고 항상 누군가 의존하고 싶어하는 사람들이 유달리 많습니다. 기독교에서 사랑이 많아 보이는 개인이 드러나고 인기가 있는 것은 사람들이 변함없이 자신을 사랑해줄 것 같은 느낌을 받고 싶어하기 때문입니다. 다른 말로 하면 의존적이라는 거죠. 가끔 매스컴에서 성직자가 비리 등으로 큰 문제를 일으켰는데도 신도들이 그를 열렬히 지지하는 모습을 볼 수 있는데, 여기에는 이런 이유도 작용합니다. 의존적인 사람은 누군가 나를 사랑해주고 위로해주고 지지해줄 것 같으면 무척 좋아하니까요.

신도를 위하는 성직자라면 그들이 자신에게 의존하도록 만들 게 아니라, 홀로 설 수 있도록 도와야 합니다. 자식을 사랑하는 부모가 때로는 자식을 냉정하게 거친 세상으로 내몰아야 하는 것처럼 말이죠. 이게 진짜 사랑입니다. 진정한 사랑에는 반드시 성장이 따라옵니다.

성직자 제도를 유지하기 위한 전략 | 성직자 제도에서는 신도 가운데 성직자를 뛰어넘는 영성이 있거나, 성직자보다 영향력이 있는 사람이 나오면 성직자가 곤란해집니다. 그래서 성직자는 영성이 뛰어난 신도를 별로 좋아하지 않습니다. 똑똑해서 잘 따지고, 바른 말 잘하는 신도 역시 마찬가지입니다. 앞으로 더 알아보겠습니다만, 중세에는 영성이 깊거나 똑똑한 사람에게 이단이니 마녀니 색깔을 입혀서 죽였습니다. 성직자의 권력이 하늘을 찌르는 시대였으니, 이런 일을 저지르기 쉬웠죠. 성직자에게 불리한 얘기를

하는 사람은 이단이고, 위험한 사람으로 치부됩니다. 성직자가 정해놓은 울타리 밖으로 나가는 것도 차단합니다. '기독교의 범주를 넘어서는 바깥세상은 이단이 판치는 위험한 세상'이라는 논리죠.

성직자가 원하는 이상적인 신도는 '쉽게 통제할 수 있는 사람'입니다. 그렇다고 덜떨어진 사람들만 있어도 안 됩니다. 너무 수준이 떨어지면 바깥의 사람들이 보기에 매력이 없으니까요. 결국 성직자가 원하는 신도는 적당히 영성이 있으면서 성직자보다 수준이 낮은 사람, 성직자에게 의문을 제기하지 않을 정도로만 똑똑한 사람, 성직자의 통제를 잘 따르는 사람, 성직자가 '이 바깥은 위험하다'고 그어놓은 선 밖으로는 한 발짝도 나갈 생각을 하지 않는 사람, 그러면서도 십일조를 꼬박꼬박 내는 사람입니다.

이런 방법까지 썼는데도 성직자의 권위가 떨어질 수 있죠. 요즘처럼 정보가 빠르고 쉽게 공유되는 시대에는 더더욱 그렇습니다. 그래서 성직자를 특별한 사람처럼 느껴지게 만들려고 애씁니다. 로마가톨릭교회에는 '교황 무오설papal infallibility', 즉 교황의 결정에는 아무런 오류도 없다는 교리까지 있습니다. 성직자는 일반인과 뭔가 다른 사람처럼 만들려는 시도는 기독교에도 많습니다. 보통은 예배당의 분위기 자체가 성직자를 특별하게 만들어 강대상은 아무나 올라가는 자리가 아니라는 인상을 줍니다. 때에 따라 복장이 특별하기도 하고, 강대상을 신비스러운 분위기가 느껴지게 만들려고 애씁니다.

하지만 성경을 아무리 봐도 예수가 거룩한 예배 분위기나 거룩해 보이는 복장으로 자신을 특별한 사람처럼 느껴지도록 한 예는 찾을 수가 없습니다. 예수와 제자들은 평범한 옷을 입었고, 엄숙하고 거룩하게 보이는 것들과 별 상관없이 살았습니다. 오히려 지나가면서 들꽃을 보고 "온갖 영화로 차려입은 솔로몬도 이 꽃 하나와 같이 잘 입지는 못하였다"《마태복음》 6:29고 가르쳤습니다. 더 나아가서 예수는 "율법학자들을 조심하여라. 그들은 예복을 입고 다니기를 원하고, 장터에서 인사 받는 것과 회당에서 높은 자리와 잔치에서 윗자리를 좋아한다"《누가복음》 20:46고 경고했습니다. 하지만 성직자와 평신도를 구분하는 제도에서 허물없이 일반인 사이에 섞여 살면서 '세리와 죄인의 친구'라는 말을 듣는 예수와 같은 사람이 나타나기는 쉽지 않아 보입니다.

신자들이 성직자가 정해놓은 울타리 밖으로 나가지 않도록 만드는 효과적인 방법이 하나 더 있습니다. 신자들을 바쁘게 만들어서 깊이 생각할 시간을 주지 않는 겁니다. 예전 군대에서 '일이 별로 없으면 병사들이 생각이 많아져서 삐딱하게 나가고 사고 친다'는 논리로 필요하지도 않은 일을 만들어서 병사들을 계속 바쁘게 한 것과 비슷하죠. 오늘날 기독교회에 정식으로 등록한 신자들 역시 무슨 모임이다, 무슨 행사다 하면서 여기저기 끌려다닙니다. 몸이 바빠도 교회에서 인정받고 소속감을 누리고 싶으면 어쩔 수 없죠. 그러다 보니 차분하게 생각할 시간이 줄어들고, 자신의 신앙이 과연 맞는지 고민하고 여러 책이나 사상을 폭넓게 접할 기회가 없어집니다.

설사 시간이 있어도 목사가 추천해주는 책은커녕 하나님의 말씀이라고 떠받드는 성경조차 읽지 못했는데, 다른 책을 읽는다는 건 현실적으로 쉽지 않죠. 막상 성경을 읽으려 해도 처음에는 얼마나 어렵습니까? 성경을 읽다 보면 졸려서 '에이, 나는 교회 활동이나 열심히 해야겠다'고 생각하기 쉽습니다. 신앙은 활동과 별개입니다만, 기독교의 분위기는 '교회 활동을 열심히 하는 사람=신앙이 좋은 사람'으로 되어 있죠. 기독교 시스템의 박스에 갇혀서 살 수밖에 없는 구조입니다. 그러다 보니 10년, 20년이 지나도 왜 교회에 다니는지, 왜 예수를 믿어야 하는지, 하나님이 진짜 계신지 등 근본적인 질문을 하면 정확히 설명해줄 수 있는 사람이 많지 않습니다.

교인에게 자유롭게 생각할 수 있는 분위기를 만들어주는 성직자도 많지 않습니다. 어떤 성직자는 이렇게 보이지만, 이는 자신이 만들어 놓은 틀 안의 것만 받아들이는 분위기를 만든 뒤에나 벌어지는 일이죠. 교인이 기독교를 비판한 책을 읽고 "이런 부분에 대해서 진지하게 알아보고 토론도 해보자"고 하면 흔쾌히 받아들이는 성직자 역시 많지 않습니다. 이건 웬만한 담력이 아니면 힘든 일이죠.

성직자 제도는 성직자 자신에게도 문제가 된다 | 성직자와 평신도를 나누는 제도는 성직자에게도 문제가 됩니다. 기독교인은 기본적으로 어느 종교인보다 성직자에 대한 의존도가 높습니다. 어느 종교에서도 기독교처럼 '우리 목사님, 우리 목사님' 하며 절대적인 신뢰를 가지고 따르는 광경을 보기란 쉽지 않습니다. 목회자가 신자의 집을 방문하는 '심방'이나 새벽 기도, 시도 때도 없이 특별 예배나 행사를 진행하는 걸 보면 보통 사람이라도 정신없을 것 같습니다. 이로 인해 순수하고 열정이 있는 성직자는 쉽게 지치고 고갈됩니다. 기독교에서 잘 보면 목회를 도중에 그

만두는 사람들이 오히려 순수하고 양심적이고 열정적인 경우가 많습니다. 한 사람이 수많은 사람들의 영적인 필요를 책임져야 한다면, 그 사람이 고갈되지 않을 리 없습니다.

이뿐만 아닙니다. 성직자 제도는 목회자에게 봉급을 주면서 그들을 전문 직업인으로 만듭니다. 이런 제도에서는 아무리 순수한 동기로 시작한 사람이라도 얼마 지나지 않아 변질되기 쉽죠. 이들은 자신에게 봉급을 주는 사람들을 기쁘게 하려고 애쓸 수밖에 없으니까요. 아이러니하게도 신약성경에 나타난 전임 성직자에 대한 근거는 희박합니다.

■■

전임 성직자는 성경적 근거가 매우 희박하다

봉급을 받으면서 일하는 전임 성직자의 존재가 성경적이라고 주장하는 사람들이 흔히 주장하는 성경 구절이 "잘 다스리는 장로들은 두 배로 존경을 받아야 합니다"〈디모데전서〉 5:17라는 부분이다. 여기에서 '존경'이라는 단어 아래의 성경 각주를 보면 '보상' '보수'라는 뜻이 있다. 그래서 이들은 원래 뜻이 '잘 다스리는 장로들을 두 배나 존경해야 한다'는 게 아니라, '잘 다스리는 장로들에게는 보수를 두 배나 줘야 한다'고 해석한다. 그러나 원어의 뜻과 전체 맥락을 참고하면 '존경'이라는 뜻이 훨씬 우세하다. 더 연구해볼 사람은 프랭크 비올라의 《1세기 관계적 교회》를 참고하기 바란다. 게다가 성서학자들에 따르면 〈디모데전서〉는 바울이 쓴 게 아니라 후세의 위작이라는 주장이 우세하다. 봉급을 받으면서 일하는 전임 성직자가 성경적이라는 주장은 이토록 근거가 희박하다.

■■

오늘날 수많은 사람들이 신학교에 들어갑니다. 솔직히 많은 이들이 순수한 동기와 열정보다, 사회적 지위가 높고 보수도 괜찮은 직업이기 때문에 성직자가 되려고 합니다. 교단에서도 다른 교단과 경쟁하는 의식이 강하다 보니, 수준 높은 신앙인을 만들기보다 자기 교단 소속 신학생을 대량으로 배출하려는 경우가 많습니다. 막말로 '쪽수가 많으면 힘도 세진다'고 생각하는 모양입니다.

이렇게 수많은 사람들이 각기 다른 이유로 신학교를 졸업하고 신학대학원까지 마쳐서 목회자가 됩니다. 이런 과정을 거친 젊은 목회자들은 자신의 삶과 신앙을 더 수준 높게 만들려는 생각보다 빨리 교회를 부흥하고 교세를 확장하는 데 관심을 기울일 수밖에 없습니다. 겉으로는 '하나님을 위해서'라고 말하지만, 밑바탕에 깔린 건 돈입니다. 목회자는 헌금을 많이 내는 교인을 놓칠지도 모른다는 두려움 때문에 그들을 기쁘게 하고, 그들의 비위를 건드리지 않으려고 애씁니다. 요즘 기독교의 전반적인 메시지는 예수가 외친 것처럼 기득권층이 불안을 느낄 정도로 과격하고 혁명적인 메시지가 아니라, 오히려 기득권층에게 잘 보이기 위한 메시지입니다. 나중에는 처음의 순수한 동기도 대부분 변질될 수밖에 없습니다.

설상가상으로 대다수 '전문 설교자'는 세상에 나가서 할 수 있는 일이 없습니다. 이건 목회자에게 목회가 아니면 생계를 감당할 수 없다는 두려움을 마음에 깔아줍니다. 고로 웬만한 용기가 아니면 한번 발을 들여놓은 시스템에서 빠져나갈 수 없습니다. 이런 성직자 제도에서는 불이익이나 죽음도 마다하지 않고 진리를 외친 예수나 바울, 스데반 같은 사람이 나타나기 어려울 겁니다. 이게 과연 누구를 위한 시스템인가요?

바울은 "마음이 썩고, 진리를 잃어서, 경건을 이득의 수단으로 생각하는 사람 사이에 끊임없는 알력이 생깁니다"〈디모데전서〉6:5라고 경계했습니다. 초기 기독교 신자에게는 불이익이라면 모를까 이익은 별로 없었으니, 아마도 이들의 신앙은 오늘날보다 순수했을 겁니다. 당시에도 이런 일이 있었다면, 오늘날에는 더 심하지 않을까요? 오늘날 일부 대형 교회를 둘러싸고 벌어지는 이권 다툼에 대한 이야기를 보면 두 손 두 발 다 들 정도입니다.

예수는 성직자 계급 구조를 경계했다 | 'hierarchy'라는 단어는 요즘 그리 좋은 뜻으로 쓰이지 않습니다. "하이어라키가 강한 조직이다"라는 말은 수직적이고 강압적인 조직이라는 뜻이죠. 이건 원래 성직자의 계급 구조를 가리키는 말입니다. 그런데 예수는 이런 게 생기지 않도록 강하게 경계했습니다. 죽음이 가까워오면서 예수는 제자들에게 '하늘나라의 원리'를 가르칩니다. 그건 제자들이 앞으로 만들어갈 공동체의 원리입니다. '하늘나라에서는 자신을 낮추고 섬기는 자가 높아진다'는 아주 간단한 원리죠.

〈마태복음〉에서는 이 가르침이 두 부분에서 두드러지게 등장하는데, 하늘나라와 반대되는 방식을 구체적으로 지목하고 강하게 경계합니다. 이 가르침이 처음 나오는 〈마태복음〉 20장 25~28절에서 경계할 대상으로 지목된 건 이방인, 즉 당시 로마제국의 집권 방식입니다. 다른 하나는 〈마태복음〉 23장 1~12절인데, 이때 경계할 대상으로 지목된 건 유대교 지도자들의 방식입니다. 당시 유대 사회에서 영향력을 행사하는 것은 이방인인 로마제국의 지배 구조와 유대 종교 지도자들의 지배 구조입니다.

로마의 지배 구조와 유대교의 지배 구조는 매우 비슷합니다. 로마의 지배 구조에서는 최고 결정권자인 집권자(통치자)가 있고, 그 밑에 대인(고관)들이 있습니다. 최고 결정권자는 많은 권한이 있고, 그 밑의 사람들은 그보다 적은 결정 권한이 있습니다. 이런 방식을 '계급 구조' '피라미드 구조'라고 부르는데, 동서고금을 통틀어 군대 조직과 오늘날 기업도 거의 이런 구조입니다. 이 구조가 상명하달 방식에서 매우 효율적이기 때문입니다.

두 번째 가르침에 나오는 유대교의 지배 구조 역시 비슷합니다. 예수는 "율법학자들과 바리새파 사람들은 모세의 자리에 앉은 사람들이다" 《마태복음》 23:2라고 지적했는데, 구약성경의 모세도 이스라엘을 피라미드 구조로 조직했습니다. 어떤 사람 위에 십부장이 있고, 십부장 위에는 오십부장, 오십부장 위에는 백부장, 백부장 위에는 천부장, 맨 위에 모세가 있는 구조입니다. 예수는 피라미드 구조의 맨 위 모세의 자리를 떡하니 차지하고 앉은 종교 지도자들을 지적한 겁니다. 특히 그들이 높은 자리와 백성의 존경을 바라는 점, 자기희생은 없으면서 백성의 희생을 강요하는 점을 질타했습니다. 계급 구조는 이렇게 가기 쉽죠.

예수는 "너희는 높고 낮음이 없이 모두 형제자매들이다"라고 가르쳤습니다. 낮아지고 섬기는 사람이 높아지는 곳, 이것이 예수가 말한 하늘나라의 원리입니다. 이와 대조적으로 로마나 유대교의 계급 구조는 높아질수록 더 많은 권세와 존경을 받습니다. 구약성경의 모세는 이런 구조로 갈 수밖에 없는 분명한 이유라도 있었습니다. 이스라엘이 가나안 땅으로 가서 전쟁을 치르기 전이었으니까요. 오늘날 성직자 제도는 전시도 아닌데 이런 구조입니다.

성직자 계급 구조는 기독교 문제의 온상이다

예수가 강하게 경계했건만 사람들은 계급 구조를 만들기 시작했고, 4세기부터 기독교가 본격적으로 제도화되면서 계급 구조는 고착화되었습니다. 아직도 지구상의 많은 곳에서는 종교 지도자들이 '하나님의 대리인'으로 강력한 권세를 누립니다. "여러분은 택하심을 받은 족속이요, 왕과 같은 제사장들이요, 거룩한 민족이요, 하나님의 소유가 된 백성입니다"〈베드로전서〉 2:9라든지 "너희는 모두 형제자매들이다"〈마태복음〉 23:8라는 기독교의 가르침은 간데없고, 예수가 우려하던 성직자 계급 구조만 고스란히 남았습니다.

성직자 계급 구조가 끈질기게 살아남은 이유는 종교 시스템을 이끌어가는 사람들이 이런 계급 구조의 특혜를 받는 이들이기 때문입니다. 예수가 지적한 대로 이들이 '높은 자리에 앉는 걸 좋아하는' 사람들이기 때문입니다. 그리고 오늘날 우리나라 기독교의 현실을 보면 높은 자리를 좋아하고 자신의 이익을 추구하는 사람들이 너무나 많습니다.

"피라미드 구조라도 있어야 나를 잘못된 가르침에서 보호해주지 않을까요?" "집안에서 아이들이 싸우면 어른이 해결해주듯, 각 교회나 교회 위에도 더 높은 권위 구조가 있어야죠"라고 말하는 사람도 있습니다. 하지만 이런 계급 구조가 있다고 해서 교회의 잘못이 바로잡히는 것도 아닙니다. 이건 어쩔 수 없습니다. 대다수 회사가 피라미드 구조인데, 이런 구조는 더 높은 자리를 차지하려는 (자아가 매우 강한) 사람들의 갈등을 야기하게 마련입니다. 오늘날 기독교에서 보고 듣기 민망할 정도로 목사들끼리 치고받고 싸우고, 교회들끼리 분열을 거듭하며, 심지어 마치 기업이 다른 기업을 인수하는 것처럼 교회와 신도를 사고파는 기이한 장면까지 나타납니다.

계급 구조는 성경 안에서도 찾을 수 없다

교회 안에 계급 구조가 있어야 한다고, 그게 성경적이라고 주장하는 사람들이 흔히 드는 예가 〈사도행전〉 15장이다. 안디옥(고대 시리아의 수도로 원래 이름은 안티오크, 현재 이름은 안타키아다) 교회에서 생긴 문제를 그 '위의 교회'인 예루살렘 교회로 가져가서 상의하고, 사도들이 모여서 회의한 끝에 결정을 내려주었다는 것이다. 즉 어떤 교회 위에 상위 구조가 있어서 그 교회에서 해결할 수 없는 문제를 대신 결정해주었다는 얘기다.

얼핏 보면 맞는 말 같지만, 사건 전후의 맥락을 보면 적절한 해석이 아니다. 〈사도행전〉 15장의 문제는 유대에서 온 사람들 때문에 발생했다. 그러니 그 문제의 발상지인 유대의 예루살렘 교회에 가서 해결해야 했다. 이 문제가 갈라디아 지역의 교회에서 생겼다면 갈라디아 지역의 교회로 가서 해결했을 것이다. 신약성경에서 어떤 교회 위에 상부 조직이 있어서 그 교회의 일을 좌지우지한 예는 찾아볼 수 없다. 유독 이 경우만 놓고 계급 구조가 필요하다고 주장하는 건 성경적이지 않다.

성직자 계급 구조는 기독교를 보호하는 게 아니라 망칩니다. 피라미드 계급 구조는 '지시하고 감독하고 감시하고 통제하는 데' 효과적일지 모르지만, 사람들이 뭔가를 자유롭게 알아가는 면에는 방해가 됩니다. 오늘날 기업들은 수직적인 계급 구조에서 수평적인 구조로 바뀌려고 몸부림치고 있습니다. 기업도 이러는 판국에 예수를 따른다는 사람들이 고착화된 계급 구조 아래 머물러 있습니다. 아무런 성경적 근거도 없는데 말이죠.

원래 기독교는 예수나 바울처럼 위대한 스승이 깊은 통찰력으로 제자들을 가르쳤고, 예수가 비판한 유대교조차 영감이 있는 예언자나 학자들이 백성을 깨우쳤습니다. 하지만 오늘날 우리나라에서 영향력 있는 대형 교회의 성직자들은 대부분 영감 있는 스승이나 예언자, 통찰력이 깊은 학자가 아니라 노회한 대기업의 회장이나 재벌 같은 이미지를 풍깁니다. 심지어 성직을 세습하려는 모습이나, 문어발식으로 여러 곳에 지교회를 세운다든지, 편법을 써서라도 자식에게 재산을 물려주려고 애쓰는 것까지 매우 비슷합니다. 뭔가 바뀌어야 하지 않을까요?

5
기독교의 전도와 선교, 문제 있다

신약성경에서 일반인에게 전도하라는 구절은 하나도 없다 | 여 러 분 은 길 거 리 에
서 작은 쪽지나 전단지를 건네주며 예수를 믿으라거나, 집집마다 다니면서 교회에 나오라고 권유하거나, 지하철에서 큰 소리로 "예수 천국 불신 지옥!"을 외쳐대거나 찬송가를 부르는 걸 들은 적이 있을 겁니다. 오늘날 개신교의 많은 교회나 선교 단체가 전도를 강조하기 때문이죠. 그런데 정작 성경에는 예수의 사도들이나 순회 사역자를 제외하고 일반 교인에게 전도하라고 가르치는 구절이 없습니다. 요즘 진정한 의미의 순회 사역자는 거의 없으니, 전도를 성경적이라고 볼 근거를 찾기가 힘듭니다.

이런 주장을 하면 성경을 조금 안다는 사람이나 전도에 열심인 사람들에게 다음과 같은 질문이 나올 수 있다. 몇 가지 예를 들어보자.

Q 예수가 "모든 족속으로 제자를 삼으라"〈마태복음〉 28:19~20, 〈마가복음〉 16:15
고 명령하지 않았나요?

A 이 말은 예수가 제자들에게 한 말이다. 이 구절을 일반인에게 적용한다면, 예수가 명령한 "앓는 사람을 고쳐주며, 죽은 사람을 살리며, 나병 환자를 깨끗하게 하며, 귀신을 쫓아내어라"〈마태복음〉 10:8는 구절도 일반 신자에게 적용해야 할 것이다. 이 구절 역시 예수가 제자들에게 한 말이니까. 이 구절을 모든 기독교 신자에게 적용하려면 그들은 의사가 되고, 죽은 사람을 살리는 기적을 일으켜야 하고, 귀신을 쫓는 퇴마사가 되어야 한다. 이런 식으로 논리를 펼치면 성경을 사용해서 어떤 논리건 만들어낼 수 있다. 나중에 더 살펴보겠지만, 성경 구절을 문맥 안에서 원래 뜻과 상관없이 자기 마음대로 인용하는 건 문제가 있다.

Q 〈사도행전〉 1장 8절에는 "너희는…… 예루살렘과 온 유대와 사마리아에서, 그리고 마침내 땅끝에까지 이르러 내 증인이 될 것이다"라고 나오지 않나요?

A 이 구절 역시 예수가 제자들에게 한 말이다. 게다가 이 구절은 주의 깊게 살펴볼 필요가 있다. 이는 제자들에게 "너희가 앞으로 나의 증인이 될 것이다(You will be my witnesses)"라는 뜻으로 한 말이다. 그러니까 일종의 예언이지 명령이 아니다.

Q 바울의 편지를 보면 전도에 대한 명령〈디모데후서〉 2:2, 4:1~2, 4:5이 많잖아요?
A 이 역시 편지를 받은 주인공이 전도자, 즉 교회를 세우는 일을 하는 순회 사역자들이다. 나머지 교회에 보낸 편지, 특히 여러 교회가 돌려서 읽으라고 강조한 편지에는 일반 신도가 전도해야 한다는 명령이 전혀 나오지 않는다.

■■■■■■■■■■■■■■■■■■■■■■■■■■■■■■■■■■■■■■■

예수의 제자가 아닌 일반 신도에게 적용될 수 있는 거의 유일한 예는 베드로가 쓴 편지에 있습니다. "다만 여러분의 마음속에 그리스도를 주님으로 모시고 거룩하게 대하십시오. 여러분이 가진 희망(소망)을 설명하여주기를 바라는 사람에게는, 언제나 답변할 수 있게 준비를 해두십시오."〈베드로전서〉 3:15 직접적으로 전도하라는 얘기는 아니지만, 이것이 성경에서 말하는 가장 효과적인 전도 방법일 겁니다. 즉 주변 사람들이 예수를 믿는 사람의 삶이 무척 다르고 소망스러워서 그 이유를 물어볼 때 답변해줄 말을 준비하는 정도만 하라는 얘기입니다.

전도하려 들지 말고 본인이 소망스럽게 살면 됩니다. 그들의 존재 자체가 예수와 닮으면 억지로 여기저기에서 사람들을 끌어모으지 않아도 자석에 끌린 것처럼 사람들이 몰려들 겁니다. 예수 믿으라고 외치지 말고 본인들이 예수처럼 살면 됩니다. 이렇게 되면 전도는 아예 필요하지 않습니다. 더구나 오늘날에는 전도의 필요성이 훨씬 덜합니다. 인터넷과 소셜 네트워크 등이 발달한 오늘날에는 콘텐츠가 좋으면 요란한 광고 같은 게 없어도 다들 찾아오니까요.

기독교는 삶으로 자연스럽게 전해진 종교다 | 볼프강 짐존은 《가정 교회》라는 책에서 초기 기독교가 사람들에게 그토록 관심을 끈 이유에 대해 흥미로운 연구를 했습니다. 그 첫째 이유는 '호기심'입니다. 당시 기독교인의 삶이 일반인과 매우 다를뿐더러, 그들이 그것을 자기들끼리 간직하고 외부에는 잘 드러내지 않아 호기심을 유발한 거죠. 이렇게 그들의 삶이 다르면 굳이 전도하고 예수 믿으라고 외치지 않아도 자연스럽게 사람들의 호기심과 관심을 이끌어냅니다.

예수는 하늘나라는 겨자씨와 같아서 처음엔 매우 작지만 나중에는 큰 나무가 된다고 했고, 누룩과 같아서 조금만 넣었는데도 나중에는 그게 밀가루를 부풀게 한다고 비유로 설명했습니다. 겨자씨와 누룩의 특징은 왕성한 생명력입니다. 아주 작아서 보일락 말락 한 겨자씨, 전체 밀가루 양에 비하면 턱없이 적은 누룩. 하지만 별것 아닌 듯 보이는 그것들이 전체를 바꿉니다. 왕성한 생명력이 있으면 굳이 인위적인 노력을 기울이지 않아도 자연적으로 점점 증식하죠.

초기 기독교는 전도다 뭐다 해서 인위적인 노력을 하지 않아도 엄청난 관심을 끌었습니다. 그 안에 생명력이 있었기 때문이죠. 교인을 끌어모으기 위해 인위적인 노력을 기울인다는 건 그 안에 생명력이 없다는 방증 아닐까요? 기독교는 인위적이고 요란한 활동을 내려놓고 원래의 생명력을 되찾는 일부터 해야 합니다.

게다가 요즘 기독교의 전도는 그 방법에도 문제가 많습니다. 기독교에서 전도하는 것을 보면 진지하게 진리를 알아가려는 사람들이 자발적으로 찾아오도록 만드는 방식이 아니라, 여러 프로그램을 활용해서 아무나 설득 혹은 애원해서 데려오는 방식이죠. 어떻게 보면 오늘날의 기독교는 궁금하지도 않고 질문도 없는 사람들에게 뻔한 정답을 귀에 못이 박히도록 알려주어 오히려 사람들의 호기심만 없애는 게 아닌가 싶습니다.

요즘 기독교에서 전도하는 사람들을 만나면 접근 방식이 영업 사원과 크게 다르지 않아 보입니다. 예를 들면 "우리 교회 예배에 오시면 이런 혜택, 저런 혜택도 누릴 수 있으니 오세요" 식으로 권하는 경우죠. 미끼 상품으로 호객 행위를 하는 것과 비슷합니다. 요즘 품질이 좋은 상품을 파는 영업 사원은 '사지 않으면 너만 손해'라는 마음가짐으로 자신 있게 팔지, 구걸하듯이 "상품은 시원치 않지만, 이것저것 많이 끼워드릴 테니 한 번만 사주세요" 하지 않습니다. 자신이 파는 제품에 자부심이 강한 사람의 모습입니다. 기독교의 전도 방식은 일반 기업의 영업 방식보다 훨씬 낮은 수준이라고 볼 수밖에 없습니다.

이런 방식이 바뀔 수는 없을까요? 요란하게 전도하거나 강요하지 않고 묵묵히 우리 사회에 필요한 일을 하면 안 될까요? 다른 사람들한테 예수를 믿으라고 강요하지 말고 본인들이 예수처럼 살면 안 될까요?

예수나 바울은 기적을 보이고도 떠벌리지 않았다 | 기독교에 관심을 기울이는 사람 중에는 방언이나 병 고침, 기적, 신비한 체험 등에 솔깃한 경우가 많습니다. 이것 역시 기독교가 교인을 모으는 전략 가운데 하나입니다. 하지

만 예수나 바울은 이렇게 떠벌리지 않았습니다.

예수는 기적을 보인 뒤 자신이 한 일을 아무에게도 말하지 말라고 경계했지만, 더욱더 널리 퍼집니다.〈마가복음〉 7:36 바울 역시 기적을 떠벌리지 않았습니다. 바울이 편지에 신비한 체험을 쓴 일이 한 번 있는데, 그것마저 "자랑함이 나에게 이로울 것은 없으나, 이미 말이 나왔으니"〈고린도후서〉 12:1라면서 조심스럽게 언급했습니다. 요즘 유행어로 바꾸면 '부끄럽구요······'라고 말문을 열었을지도 모릅니다. 신비한 능력이 무슨 벼슬이라도 되는 양 떠벌릴 게 아니란 얘기죠. 바울이나 예수는 그게 달을 가리키는 손가락 정도의 역할을 한 거지, 달이 아니라고 생각한 겁니다. 요즘 기독교에서 환상적인 체험을 엄청나게 부풀려서 떠벌리는 사람들이 귀담아들어야 할 얘기입니다.

기독교에서 "사람을 보면 그 사람의 마음을 그대로 읽을 수 있다"고 말하는 사람도 있고, 영안靈眼이 있어서 사람의 영적인 상태가 모두 보인다고 말하는 사람도 있습니다. 대다수 사람들은 이런 말을 들으면 그 사람에게 속내를 들킬까 봐 긴장하고 조심하며, 점점 그 사람에게 잘 보이려고 애쓰죠. 이런 마음이 쌓이면 나중에는 무슨 말을 하건 그 사람 편을 들고, 더 나아가서 그 사람을 열광적으로 지지합니다. 이런 게 도가 지나치면 큰 문제가 될 수 있습니다. 본인이 의도하든, 그렇지 않든 사람들을 통제하는 거죠. 예수나 바울은 자신의 능력을 이런 식으로 사람들을 통제하는 데 쓰지 않았습니다. 진짜 신비한 능력이 있는 사람이라면 그 능력을 조용히 다른 사람들을 유익하게 하는 데 쓰지 않을까요? 성숙함과 분별력이 없는 사람에게 능력만 있다면 아이에게 칼을 쥐여준 거나 마찬가지죠.

우리가 또 하나 알아야 할 것이 있습니다. 방언이나 병 고침, 기적은 기독교의 전유물이 아니라, 거의 모든 종교에 있다는 사실입니다. 멀리 갈 필요도 없이, 우리나라에서 나온 종교인 동학만 해도 이런 기적이 많았죠. 다른 종교에서 기적이 벌어지면 마귀가 한 일이고, 기독교에서 기적이 벌어지면 하나님의 은혜라고 말하는 건 난센스입니다.

성경은 은사에 대해 그리 긍정적이지 않다

일부 기독교 교파에서 방언이나 병 고침 같은 신비한 능력(은사)을 강조하지만, 바울은 은사에 대해서도 긍정적이지 않았다. 그는 오히려 은사 때문에 공동체가 시끄러워지고 분열되는 것을 경험했다. 특히 바울은 〈고린도전서〉 12장에서 은사에 따른 문제점과 주의 사항을 먼저 밝힌 다음, 유명한 13장에서 사랑에 대해 언급한다. "내가 사람의 모든 말과 천사의 말을 할 수 있을지라도, 내게 사랑이 없으면, 울리는 징이나 요란한 꽹과리가 될 뿐입니다. 내가 예언하는 능력을 가지고 있을지라도, 또 모든 비밀과 모든 지식을 가지고 있을지라도, 또 산을 옮길 만한 모든 믿음을 가지고 있을지라도, 사랑이 없으면, 아무것도 아닙니다."〈고린도전서〉 13:1~2

기독교인이 아니라도 다 아는 "사랑은 오래 참고, 친절합니다. 사랑은 시기하지 않으며, 뽐내지 않으며, 교만하지 않습니다. 사랑은 무례하지 않으며, 자기의 이익을 구하지 않으며, 성을 내지 않으며, 원한을 품지 않습니다. 사랑은 불의를 기뻐하지 않으며, 진리와 함께 기뻐합니다. 사랑은 모든 것을 덮어주며, 모든 것을 믿으며, 모든 것을 바라며, 모든 것을 견딥니다"〈고린도전서〉 13:4~7라는 구절도 이 맥락에서 나온 말이다.

이 뒤에 바울은 다음과 같이 썼다. "사랑은 없어지지 않습니다. 그러나 예언도 사라지고, 방언도 그치고, 지식도 사라집니다. 우리는 부분적으로 알고, 부분적으로 예언합니다. 그러나 온전한 것이 올 때에는, 부분적인 것은 사라집니다. 내가 어릴 때에는, 말하는 것이 어린아이와 같고, 깨닫는 것이 어린아이와 같고, 생각하는 것이 어린아이와 같았습니다. 그러나 어른이 되어서는, 어린아이의 일을 버렸습니다."〈고린도전서〉 13:8~11

이 맥락을 보면 은사는 부분적인 것이고, 온전하지 못한 것이다. 은사니 뭐니 하는 것보다 사랑할 줄 알고, 제대로 말하고 깨닫고 생각하는 어른으로 성숙하는 게 훨씬 중요하다는 말이다. 사랑할 줄 모르고 미성숙한 사람이 은사를 받은 건 아이 손에 쥐어진 칼처럼 골칫거리다. 신비한 능력이 있는 사람들이여, 제발 그 능력을 떠벌리지 말고 고이 간직해서 깊은 사랑과 성숙과 배려 가운데 다른 사람을 유익하게 하는 일에 쓰기 바란다!

'영접'은 대량생산 시대의 산물이다 기독교에서 전도하는 사람들이 전도 대상자 가운데 예수를 믿기 원하는 사람을 만나면 대개 잠시 눈을 감고 "예수를 제 마음에 모셔들이겠습니다"라고 기도하게 합니다. 기도를 마치면 "당신은 이제 구원받았습니다!"라고 말합니다. 이걸 '영접'이라고 하죠. 그런데 성경 어디에도 이런 식으로 예수를 믿었다는 얘기는 없습니다.

이는 성경에 나온 게 아니라 미국의 유명한 전도자 D. L. 무디가 짧은 시간에 많은 사람을 구원 받게(?) 하려고 고안한 방법입니다. 설교한 번으로 '수천 명이 회개하고 예수를 믿었다'는 뉴스를 만들고 싶은데, 그러려면 신속한 절차가 필요했죠. 그래서 복잡한 절차 모두 빼고 '간단히 눈감고 기도하면 끝!'인 형태를 만든 겁니다. 이거야말로 산업화 시대가 낳은 '대량생산 문화'의 결과입니다. 미국의 기독교는 이와 같이 '대량생산 된' 신자들로 구성되었습니다. 대량생산은 빠른 시간에 많이 생산하는 면에서 효율적인지 모르지만, 수많은 문제를 야기하죠. 오늘날 미국의 기독교가 그걸 여실히 보여줍니다.

■■■

'영접'의 허구

많은 교회에서 전도할 때 거의 마지막 단계에 가면 다음 두 구절을 인용한다.

> 그러나 그를 맞아들인(영접하는) 사람들, 곧 그 이름을 믿는 사람들에게는, 하나님의 자녀가 되는 특권을 주셨다. 〈요한복음〉 1:12

> 보아라, 내가 문밖에 서서, 문을 두드리고 있다. 누구든지 내 음성을 듣고 문을 열면, 나는 그에게로 들어가서 그와 함께 먹고, 그는 나와 함께 먹을 것이다. 〈요한계시록〉 3:20

이 구절을 인용하여 전도하는 모습은 대개 다음과 같다. "예수께서 네 마음 문을 두드리신다. 예수께 네 마음의 문을 열어드려라. 그러면 예수께서 네 안에 들어가시고, 너는 하나님의 자녀가 되는 것이다"라고 설명한 뒤 전도 대상자에게 잠시 눈을 감고 "이제 예수를 제 마음에 모셔 들이겠습니다"라고 기도하게 한다. 그런데 성경에 대해 잘 모르는 사람이라도 조금만 관심을 기울여 두 구절을 읽어보면, 그런 뜻이 아니라는 것을 금방 알 수 있다.

〈요한복음〉1장 12절의 전후 문맥을 보면 예수가 자기 땅에 왔는데 그를 배척한 유대인과 그를 받아들인 사람들을 대조한 것이다. 요지는 "이들은 혈통에서나, 육정에서나, 사람의 뜻에서 나지 아니하고, 하나님에게서 났다"는 13절에 있다. 〈요한복음〉의 저자가 이걸 쓸 당시에 혈통, 육정, 사람의 뜻으로 기독교인이 된 것으로 착각하는 사람들이 많았으리라는 것을 엿볼 수 있다. 저자는 혈통이 아니라 자신이 직접 예수를 받아들여야 진정한 기독교인이라는 것을 강조했다. '영접'이라는 단어는 단순히 '받아들이다'라는 뜻이다. 영접이라는 단어가 오늘날 많은 교회에서 주장하는 것처럼 "영접하기만 하면 구원 받는다"면서 눈을 감고 하는 그 기도라고 하기는 매우 힘들다.

〈요한계시록〉3장 20절도 마찬가지다. 이 구절은 믿지 않는 사람에게 '예수를 영접하라'는 뜻으로 쓰인 게 아니라 라오디게아 교회, 즉 믿는 사람을 대상으로 쓰인 것이다. 일반적으로 어떤 책을 읽더라도 문맥을 떠나 책의 한 부분만 떼어놓고 생각하지 않는데, 오늘날 교회에서 성경을 해석할 때는 이런 일이 비일비재하다. 〈요한복음〉과 〈요한계시록〉의 저자들은 오늘날 기독교인이 자기가 쓴 구절을 인용해서 '영접'이라는 희한한 행위를 한다는 걸 알면 의아해할지도 모르겠다.

6

교회사, 이제는 말할 수 있다

역사는 승자의 역사? | 역사가 윌 듀랜트는 기독교의 역사를 냉철하게 고찰한 뒤 명언을 남겼습니다. "기독교는 1600년 동안 두 부류의 사람들을 핍박했다. 한 부류는 그리스도를 따르지 않는 사람들이고, 다른 부류는 그리스도를 따르는 사람들이다." 이 말을 잘 보면 기독교가 유일하게 핍박하지 않은 부류는 그리스도를 따르지도, 거부하지도 않은 '회색 지대'에 속한 사람들이라는 걸 알 수 있죠. 저는 이 말에 깊이 공감합니다. 기독교 역사를 제대로 연구해보면 여러분도 동일한 결론에 도달할 거라고 확신합니다. 실제로 기독교에서 핍박한 사람들은 대부분 둘 중 하나, 즉 예수를 믿지 않는 이교도나 예수를 제대로 믿고 따르는 사람들이기 때문입니다.

여러분이 교회사 중에서도 '정통'이라고 자부하는 기독교 교파의 교회사를 읽었다면, 여러분은 왜곡된 사실을 알고 있다고 봐도 맞을 겁니다. 특히 초기 기독교의 역사에 대한 왜곡은 이보다 심한데, 이 이야기는 오늘날 기독교의 성격을 규정하는 데 중요하여 이 책의 뒷부분에서 다룰 것입니다. 여기에서는 재침례파와 로마가톨릭교회의 마이클 몰리노스를 대표적인 예로 들겠습니다.

재침례파 | '정통' 기독교 교파에서는 재침례파를 대부분 '급진적인 이단'으로 설명합니다. 왜냐하면 수많은 저자들이 이들에 대해 편견과 오류에 가득 찬 설명만 기록했고, 후대 사람들은 이 기록을 있는 그대로 믿었기 때문입니다. 그러다가 20세기에 들어와서야 이들을 재인식하는 움직임이 나타나고 있습니다. 그나마 이런 저작들은 '정통파'라고 불리는 대다수 기독교 교파의 무관심 때문에 주목받지 못했습니다.

윌리엄 에스텝 교수는 《재침례교도의 역사》에서 재침례파를 새롭게 조명했습니다. 다수파에 의해 '급진적인 이단'이라고 불린 그들은 성직자가 가르친 그대로 지키며 살려 하지 않고, 직접 성경을 연구하여 알고 확신한 대로 살려는 사람들입니다. 그들은 성경을 연구하다가 다음과 같은 결론에 도달했습니다.

- 우리는 성경을 연구하고 성경대로 순종한다.
- 우리는 엄격한 윤리 기준에 따라 산다.
- 우리는 전통이 아니라 성경을 근거로 판단한다.
- 우리는 '정의로운 전쟁'이라 해도 강압과 무력을 사용하는 것에 반대한다.

• 유아세례는 성경적이지 않다. 세례는 믿음이 있는 사람에게 주는 것이지, 태어나면 자동적으로 주는 것이 아니다. 그러므로 성인이 되어서라도 다시 세례를 받아야 한다.

오늘날 이런 신앙고백을 한다면 환영받을지언정 핍박받지는 않을 것 같은데, 당시는 달랐습니다. 특히 세례에 대한 그들의 신념은 유아세례 전통과 반대였고, 이 때문에 많은 박해를 받았습니다. 개신교 신자 가운데 로마가톨릭교회에서만 교회 권력을 이용하여 박해한 줄 아는 사람이 많은데, 사실은 그렇지 않습니다. 재침례파를 반대하고 핍박한 사람 중에는 루터, 칼뱅, 츠빙글리 등 개신교 신자도 있으니까요. 재침례파의 주장을 접한 당시 '기독교인'의 반응은 이랬습니다. '우리가 받은 세례도 거짓 세례인가?' '그러면 우리도 다시 세례를 받아야 하는가?' 지도자들 역시 자신들이 그동안 가르친 권위가 무너지고, 기득권이 침해될 것을 두려워했습니다. '정통 기독교인'은 분노했습니다. 그들의 말은 속이 뒤집히지만, 잘 따져보면 맞는 말이라 반박하기 힘들었으니까요.

그들은 마침내 결론을 내립니다. '그래, 너희가 그렇게 침례를 받고 물에 잠기고 싶으면 실컷 잠기게 해주마!' 그리고 이들을 대부분 수장과 화형으로 처형했습니다. 마이클 잿틀러는 로마가톨릭교회 신부인데 재침례교도의 가르침을 접하면서 이들 편에 섰다가 당국에 붙잡혀서 끔찍한 고문을 받은 뒤 화형 당했고, 그 아내는 이틀 뒤 강물에 수장되었습니다. 이들은 훗날 '재침례파Anabaptist'라고 불렸습니다. 이는 당시 '정통 기독교'의 종교 지도자들이 이들의 신념이 퍼져나갈 것을 우려해서 붙인 혐오스러운 이름입니다. 물론 재침례파 중에도 일부 무리는 나중에 순수함을 잃고 이상한 짓을 했습니다만, 대다수 사람들은 순수하게 성경을 따라 살려고 했습니다. 이들은 지금까지 많은 교회사에서 '급진적인 종교개혁운동의 일부' '급진적인 이단'으로 분류되고 있습니다.

마이클 몰리노스의 생애 | 17세기 로마에서 활약한 마이클 몰리노스는 스페인 출신 로마가톨릭교회 신부입니다. 그는 신학 박사이며, 로마에서 영향력 있는 인물이었습니다. 여러 추기경과 절친한 사이였고, 가르침이 깊어서 그를 따르는 사람이 많았습니다. 몰리노스의 가르침에 매료된 사람들이 로마를 비롯한 여러 도시에서 몰려들어 그의 인기는 날로 치솟았죠. 그가 쓴 《영성 깊은 그리스도인》의 인기는 폭발적이어서 6년 안에 서부 유럽의 대다수 언어로 번역 출간되었습니다. 한때 나폴리에서는 이 책을 가지고 모임을 여는 사람들이 2만 명을 헤아렸다고 합니다. 그런 몰리노스가 결국 '이단자'라는 오명을 쓰고 감옥에 갇혀 죽었고, 그의 책에는 가톨릭 역사상 가장 많이 불타 없어진 책이라는 기록이 붙었습니다. 가톨릭 역사에서 정상급 지도자가 이단으로 몰려 처형된 경우는 몰리노스 외에 찾아보기 힘듭니다.

그 이유는 몰리노스의 가르침과 책의 내용 때문입니다. 당시 사람들은 경건한 그리스도인의 삶이 가톨릭의 여러 의식을 통해 이루어진다고 믿었습니다. 그런데 몰리노스는 그런 것들은 경건과 아무런 상관이 없고, 경건한 삶은 오직 우리 속에 사는 그리스도와 교제하는 데 달렸다고 했습니다. 외적으로 경건해 보이는 것은 오히려 그리스도에게서 우리를 멀어지게 하는 요소라고 설파했죠. 처음 몇 년 동안 몰리노스를 걸고넘어진 사람은 없었습니다. 교황이나 다른 가톨릭 지도자도 문제를 제기하기는커녕 그 책을 읽으라고 권고했고, 그 내용을 가르쳤으며, 그 책을 다른 언어로 번역한 추기경도 있습니다. 그들도 몰리노스의 신앙에 동의했다는 증거입니다.

그런데 프랑스 루이 14세의 사주를 받은 한 추기경이 시비를 걸기 시작했습니다. 몰리노스의 친구인 교황은 진퇴양난에 빠져 고민하다가 압력에 굴복하고 말았습니다. 예나 지금이나 누가 좀 뜬다 싶으면 기득권 세력이 위협을 느끼고, 이런저런 이유로 올가미를 씌워 묵사발을 만드는 경우가 허다합니다. 몰리노스는 《영성 깊은 그리스도인》을 쓴 지 10년 만에 전격 구속되었습니다. 종교재판소에서는 그가 여자들과 추문이 있는 것처럼 증인들을 만들어서 조작했고, 사실관계를 알지 못하는 대중은 일방적인 소문만 듣고 몰리노스에게 실망했습니다. '몰리노스는 다른 줄 알았는데 비슷한 사람이었구나'라고 말이죠.

온갖 억측과 소문이 무성한 가운데 몰리노스에 대한 기억은 사람들에게서 점점 사라졌습니다. 몰리노스의 적들은 이걸 노린 모양입니다. 증거와 재판에 문제가 있으니 사건 자체가 흐지부지되어 사람들의 기억에서 사라지고, 논란이 되지 않기를 바란 것이지요. 논란이 가라앉았을 즈음인 2년 뒤 몰리노스의 골수 추종자 200여 명도 신속히 구속 수감했습니다. 그리고 유럽 전역에서 그의 책을 모조리 압수하여 불태웠습니다. 누구든지 그의 책을 소지하면 교회에서 파문된다는 종교재판소의 명령과 함께.

구속되어 감옥에 갈 때까지 재판관의 심문 과정에서 몰리노스는 침묵으로 일관했습니다. 수많은 누명에도 변명 한 마디 하지 않았습니다. 평소에 그가 가르치고 강조한 대로 묵묵히 십자가의 길을 따라간 것입니다. 이상한 것은 '몰리노스가 구속되어 종교재판소에서 재판을 받고 유죄가 인정되어 종신형에 처해졌다'는 결과만 발표되었을 뿐, 재판의 내용은 오늘날까지 전혀 공개되지 않았다는 점입니다. 1687년 8월 28일, 65세의 몰리노스는 종신형을 선고받고 깊숙한 데 있는 독방에 갇혔습니다. 죄목은 '불경건한 교리를 가르치고 실행함'이었습니다. 몰리노스는 이후 한 번도 햇빛을 보지 못하고 그 안에서 죽었습니다(마이클 몰리노스, 《영성 깊은 그리스도인》).

이 책에서는 몰리노스 한 사람만 알아봤지만, 기독교 역사에서 영성이 깊은 사람을 이단으로 몰아간 예는 일일이 열거하기 힘들 정도로 많습니다. 대중에게 널리 알려져서 지지 기반이 확고한 사람이 아니면 대부분 이단으로 몰아서 가두거나 죽였습니다. 교회와 성직자들이 이런 일을 벌인 이유는 분명합니다. 영성 깊은 사람의 가르침이 널리 퍼져서 기독교인이 진정으로 하나님을 알고 만나면 성직자의 권위와 교회의 존속에 심각한 타격이 올 수 있으니까요. 기독교인이 무지한 채로 남아서 계속 성직자와 교회에 의존하도록 만들어야 자신들의 기득권에 침해가 되지 않죠.

역사는 승자의 역사입니다. 그리고 역사 기록을 좌지우지하는 위치에 있던 사람들은 자신의 이익에 도움이 되지 않는다고 생각되는 기록은 철저히 말살하거나, '이단'이라는 꼬리표를 붙였습니다(E. H. 브로우드벤트,《순례하는 교회》). 관심 있는 독자는 기독교의 역사에 대해 객관적으로 알아보기 바랍니다.

자기기만의 덫 | 역사를 보면 비슷한 패턴이 반복됩니다. 구약성경에 나오는 예언자들 역시 권력자인 왕과 종교 지도자들에게 바른 소리 하다가 핍박을 당하거나 죽음에 이른 경우가 많습니다. 예수도 종교 지도자들에게 반대하다가 죽었습니다. 스데반도 종교적인 유대인에게 경고하다가 죽었습니다. 이들은 귀를 막고 화가 머리끝까지 나서 스데반을 돌로 쳐 죽였습니다. 이들에게 스데반은 이단의 우두머리 정도 되는 사람이었나 봅니다. 지금은 누구나 비상식적인 일이라고 생각하는 중세의 여러 불합리한 관습, 예를 들면 '면죄부'를 반대한 사람들도 핍박을 당했습니다. 당시 주류파 기독교인의 주장을 오늘날 들어보면 대부분 불합리한 것들입니다.

역사상 전통을 거부하고 진리를 따르려던 사람들이 종전 세력에게 출교되고, 고문을 받고, 추방되고, 심지어 사형을 당했습니다. 핍박을 당한 쪽은 옳다고 믿는 바를 따라 살려는 열정 있는 사람들이 대부분이고, 핍박한 쪽은 '자신이 다수파고, 정통이고, 옳다고 믿는' 사람들이었습니다. 보통 사람 같으면 하기 힘든 일도 하나님의 이름으로는 서슴지 않고 할 수 있었습니다. 파스칼은 "인간은 종교적 신념을 가지고 행할 때일수록 기쁨에 넘쳐, 철저하게 악을 행한다"고 했습니다.

우리는 다른 사람을 박해한 사람들이 우리와 매우 다른 사람이라고 생각하고 싶어합니다. 하지만 이건 사람들의 공통적인 심리입니다. 마음속에서는 찜찜하고 아닌 것 같은데도 핍박한 이들은 최소한 처음에는 고통스럽고 양심에 걸렸을 겁니다. 이런 때 인간은 두 가지로 반응합니다. 하나는 고통에 직면하려는 방향이고, 다른 하나는 고통을 회피하려는 방향이죠.

전자는 고통스러운 양심의 소리를 직시하고, 그걸 자기 잘못과 책임으로 인정하고 돌이키면서 다시는 그런 일을 하지 않으려는 방향으로 나아갑니다. 후자는 고통스러운 양심의 소리를 무시하려고 하지만, 자신이 결정한 것은 되돌리기 힘들죠. 이때 고통을 줄이는 방법 중 하나는 자신이 내린 결정을 정당화하는 겁니다. 이들은 흔히 자신이 죽이거나 핍박한 사람이 뭔가 문제가 있다는 논리를 만들어냅니다. "거봐라, 저들은 죽어도 싼 사람들이다!"

자신이 한 행위로 유익을 얻었다면, 예를 들어 사람들을 핍박한 대가로 귀족의 지위나 재물을 얻었다면 이들의 마음에는 고통과 두려움이 자리 잡습니다. 자신의 잘못이 드러나면 그동안 누리던 이익이 없어질지 모른다는 두려움이 억지 논리를 쓰더라도 자신의 행동을 정당화하고, 자신이 핍박한 사람에게 색깔을 입히는 쪽으로 고집하게 만듭니다. 이런 과정을 통해 자신과 주변 사람들에게 '그때 내가 한 결정은 정당한 것이었어!'라고 점점 더 강도 높게 세뇌합니다. 이것을 '자기기만self deception'이라고 하죠.

자기기만이 오래 지속되면 최소한 표면적으로는 죄책감의 고통에서 벗어날지도 모릅니다. 물론 속으로는 골병이 들지요. 나중에 가면 더 뻔뻔스럽고 고집스러워지는 경우도 많습니다. 자신이 내린 결정을 합리화할 수 있다면 뭐라도 좋습니다. 그래야 죄책감과 자괴감에서 벗어날 수 있고, 최소한 자존심을 확보할 수 있거든요. 서양처럼 기독교 문화가 오래된 곳에서는 평생 자기기만적으로 살다가 죄를 회개하지 않으면 지옥에 갈 것 같은 두려움 때문인지 죽기 직전에야 고백하는 경우도 많죠. 이렇듯 자기기만은 평생의 덫이 됩니다.

이단과 빨갱이 | 우리 역사에도 자기기만의 예가 많습니다. 예를 들어 이승만 대통령은 한국전쟁이 발발하기 전에는 "전쟁이 나면 아침은 서울에서, 저녁은 평양에서 먹겠다"며 남측의 승리를 호언장담했는데, 막상 전쟁이 발발하자 가장 먼저 도망쳤습니다. 서울 시민에게 "국군이 의정부를 탈환했으며, 지금 북진 중이다"라고 거짓 방송을 해놓고 말이죠. 도망치면서도 곱게 간 게 아니라, 한강 다리까지 폭파시켰습니다. 이 때문에 무고한 시민이 1000명 넘게 희생되었습니다. 정부의 발표를 믿지 않고 발 빠르게 피란길에 오른 시민은 한강 다리가 끊기기 전에 남쪽으로 도피했고, 대다수 순진한 서울 시민은 정부의 발표만 믿고 서울에 남았습니다. 나중에 전말을 안 사람들은 이승만 대통령의 행동에 분개했습니다.

석 달 뒤 돌아온 이 대통령은 사과하기는커녕 "서울 시민 중에서 석 달 동안 북측에 도움을 제공한 부역자를 색출하라"는 명령을 내렸습니다. 그렇게 해서 붙잡힌 사람들에게 '빨갱이'라는 꼬리표를 붙여 죽였고, 나중에는 그 가족까지 사회적으로 불이익을 받도록 억압했습니다. 하지만 진짜 공산당에게 협조하는 마음으로 부역한 사람들은 공산군과 함께 북으로 올라간 상태였으니, 이때 빨갱이로 몰려서 죽은 부역자들은 대부분 힘없는 시민입니다. 서울 시민은 이승만 대통령을 비난할 겨를도 없이 무지막지한 빨갱이 사냥에서 피하느라 급급했습니다. 이게 바로 이 대통령이 노린 점인지 모릅니다. 이 대통령은 자신의 졸렬한 행위를 정당화하고, 이참에 자신을 비난할 가능성이 있는 사람과 증인들까지 없애고 싶었는지도 모릅니다.

이승만 정권은 이후에도 친일파를 청산하려 한다든지, 권력에 대해 바른 소리를 하는 사람들이 나타나면 교묘하게 여론 몰이를 하거나 거짓 증거를 조작하는 방법으로 이들을 빨갱이로 몰아서 죽이거나 억압했습니다. 이승만 대통령 역시 자신의 잘못된 행동을 뉘우치는 양심의 소리를 듣고 그 행동을 고치는 방향으로 살기보다는 자신이 내린 결정을 합리화하기 위해 자기기만에 빠지는 선택을 한 사람이지요.

이런 역사는 특히 기독교에 무수히 많습니다. 어떤 사람들은 이단으로 몰린 이들에게 가르침을 받고, 호의를 입고, 심지어 그들의 도움으로 목숨까지 건진 뒤 그들을 배반하고, 그들의 은신처를 알려주고, 당국에 넘겨 죽음에 이르게 한 경우도 많습니다. 이들 역시 고통스러운 양심의 소리를 무시하고 자기기만에 빠져서 자신의 행위를 정당화했습니다. 이들 역시 이승만 대통령이 무고한 시민에게 빨갱이라고 색깔을 입힌 것과 비슷한 방법을 썼습니다. 바로 '이단'이죠.

뭐가 이단인가요? 이단이라는 말은 '정통'이 뭔지 정의되었을 때 상대적으로 성립됩니다. 그런데 기독교의 정통이 정립되었나요? 이건 오늘날에도 알기 어렵습니다. 사람들이 정통이라고 주장하는 것이라고 해봐야 세력이 강하고, 신도 수가 많다는 것뿐입니다. 아무리 문제가 되는 가르침이라도 신도 수가 많고 권력이 있거나, 권력자와 가까운 사람들은 이단으로 몰려서 죽지 않습니다. 죽거나 핍박받은 이들은 대부분 소수거나 권력이 없는 사람들입니다. 이런 기준에서 보면 예수야 말로 이단이었습니다. 소수인데다 당시 권력을 잡은 사람들과 동떨어져 있었으니까요.

마녀사냥이 나온 배경 | 아이들에게 동화책을 읽어주다 보면 가끔 마귀할멈이나 마녀 이미지가 나오는데, 그런 거 볼 때 마음이 편하지 않습니다. 마귀할멈이나 마녀라는 이미지는 중세 서양의 마녀사냥에서 온 겁니다. 우리는 이 참혹한 사건이 단순한 광기나 무지에서 비롯되었다고 생각하지만, 미국의 문화인류학자 마빈 해리스는《문화의 수수께끼》에서 마녀사냥이 단순한 광기나 무지가 아닌 정치·사회적인 목적으로 자행된 사건이라고 주장했습니다.

배경은 이렇습니다. 중세는 국가 전체를 성직자들이 좌지우지하던 시절이죠. 일반 대중은 대부분 농노였습니다. 피땀 흘려서 죽어라 농사를 지어도 굶어 죽지 않을 정도만 남기고, 나머지는 모두 영주와 교회에 수탈당했습니다. 그런데 인노켄티우스 8세가 교황이던 시절에 흑사병이 돌았습니다. 엎친 데 덮친 격으로 기근이 심해졌고, 종교전쟁도 오래되다 보니 유럽의 경제는 파탄 지경에 이르렀습니다. 물론 피해를 본 건 농노뿐이고, 영주와 귀족과 성직자는 잘 먹고 잘살았죠.

십자군 전쟁이 실패로 끝나면서 교황의 권위는 더욱 추락했습니다.

로마교황청은 이렇게 힘든 때 하필 산피에트로대성당을 증축한답시고 면죄부를 팔기 시작했고, 이것에 반대하는 소리가 나왔습니다. '이렇게 힘든 때 하필'이 아니라, '이렇게 힘든 때니까 더더욱'이었을 겁니다. 힘든 때일수록 신과 교황의 권위를 세울 필요가 있으니까요. 문제가 별로 없고 화목한 가정에서는 가장이 일부러 권위를 내세우지 않아도 자연스럽게 권위가 생기지만, 문제가 많은 집안은 '그러기 때문에 더욱' 가장이 권위 있어 보이려고 애쓰는 것과 비슷하죠. 권위주의와 권위는 다른 말입니다.

이런 상황에서 고통 받는 농노는 자신의 불행을 한탄했습니다. 먹고 살기도 빠듯한데 전염병이 돌고, 기근까지 닥쳐서 삶이 무척 힘들었거든요. 불평불만에 대한 중세 성직자의 일반적인 답변은 "하나님의 뜻이다"입니다. 모든 걸 하나님의 뜻으로 돌리면 분노가 있어도 구체적인 대상이 없는지라 분노를 구체적으로 표현하기 힘들어집니다. '물타기' 전략이죠. 여기에서 더 나아가면 "너희가 하나님께 신실하지 못하고 죄를 지었기 때문에 벌이 내린 것이다. 그러니 너희 죄를 회개하라"고 합니다. 순진한 사람들은 이런 말을 들으면 울면서 자기 죄를 회개하고, 열심히 고해성사를 합니다. 이런 식으로 가면 대다수 사람들이 자신이 겪는 고통의 근본적인 이유가 사회의 구조적인 문제에 있다는 생각을 하지 못하죠.

이 불행이 점점 커져서 한계점을 넘고 면죄부 판매에 반대하는 종교 개혁의 움직임이 발생하자, 성직자와 지도층은 우려하기 시작합니다. 대중이 불행의 근본 원인이 사회구조, 특히 백성을 수탈해온 교회와 귀족이라는 것을 알아차리면 이런 분노가 구체적으로 자신들을 향할 수도 있다는 생각 때문이죠. 그들은 이게 가장 두려웠습니다. 불평이 작을 때는 애매하게 "저기 하늘에 있는 하나님의 뜻이다"라고 하면 되지만, 불평이 클 때는 이런 방식도 잘 통하지 않거든요.

이때 활용한 게 '마녀'입니다. '다른 방식의' 물타기인 셈이죠. 눈으로 보이는 구체적인 대상(마녀)을 만들어서 대중이 불만을 쏟아버릴 수 있는 방법을 고안한 겁니다. 고통이 있는데, 그 고통이 어디에서 오는지 도무지 모르는 상황이라 칩시다. 이때 충분히 생각할 시간을 주면 대중은 고통의 근본 원인이 사회구조에 있다는 데 생각이 미칠 수 있습니다. 하지만 마녀사냥 열풍이 불면 생각할 시간이 없어지죠. 눈앞에 보이는 대상이 나타나면 너나없이 그 대상에 주목하고, 마을에서 누가 진짜 마녀인지 재판해서 자백을 받아내는 데만도 많은 시간이 드니까요. 이런 때는 대중이 사건의 근본 원인을 알아차리기 힘듭니다. 마녀사냥은 영악한 정치 감각에서 비롯되었습니다.

그들은 그동안 일부 무지한 마을에서 행해지던 '마녀' 논란을 조직적이고 체계적으로 활용합니다. 그들은 일단 '마녀=악마'라는 이미지를 만들어냈습니다. 그들이 주장하는 마녀는 이상한 마술을 쓰고, 이상한 약을 만들어서 마을 사람들을 미치게 하고, 전염병을 퍼뜨리는가 하면 빗자루를 타고 하늘을 날아다니고, 다른 사람의 속마음을 읽어낼 줄 아는 '위험한' 사람입니다. 그들 가운데 위험한 사람이 있기 때문에 전염병도 돌고, 기근도 온다는 얘기죠.

이런 논리에는 구약성경의 한 에피소드가 힘을 실어주었습니다. 〈여호수아〉7장에는 야훼 하나님께 죄를 범한 아간 때문에 이스라엘 백성이 전쟁에서 패하고 고통을 당했는데, 아간을 찾아내어 죽인 다음부터 승승장구한 이야기가 나옵니다. "너희 가운데 그런 자들이 있기 때문에 너희가 고통을 겪는 거다. 그런 자들이 죽으면 좋아질 것이다"라는 논리죠. 말도 안 되는 얘기처럼 들리지만, 당시에는 그렇지 않았습니다. 분명하고 구체적인 저주의 대상이 나타나자, 고통 받고 분노한 대중은 애꿏은 마녀에게 모든 저주를 퍼붓습니다. 마을에 전염병이 돈다거나 흉년이 든다거나 뭔가 좋지 않은 일어나면 어디에선가 "마녀가 우리 마을을 해치려 한다"는 소문이 났고, 마을 전체가 마녀사냥 열풍에 휩쓸렸습니다.

광란의 마녀사냥 | 마녀사냥을 당해서 죽은 건 여자, 빈민, 과부, 노인 등 대부분 힘없는 백성입니다. 특히 돈 없고 배경 없는 여자와 과부가 마녀로 몰릴 확률이 높았습니다. 한 통계 자료에 따르면 처형된 사람의 77.7퍼센트가 젊은 여자라고 합니다. 마녀의 대상이 대부분 여자인 데는 성경도 한몫했습니다. 성경에는 '여성 폄하 발언'으로 볼 수 있는 구절이 꽤 있거든요. 대표적인 예가 "여자는 조용히, 언제나 순종하는 가운데 배워야 합니다. 여자가 가르치거나 남자를 지배하는 것을 나는 허락하지 않습니다. 여자는 조용해야 합니다. 사실, 아담이 먼저 지으심을 받고, 그다음에 하와가 지으심을 받았습니다. 아담이 속임을 당한 것이 아니라, 여자가 속임을 당하고 죄에 빠진 것입니다"〈디모데전서〉 2:11~14라는 구절이죠. 오늘날 이런 말을 하면 지탄 받겠죠. 그런데 그들은 성경의 이런 구절을 활용해서 여자는 불

안하고, 부정하고, 도덕적으로 확고하지 않으며, 믿음이 부족해서 악마의 유혹에 빠지고 마녀가 되기 쉽다고 주장했습니다. 그리고 이런 말도 안 되는 논리가 의외로 잘 먹혔습니다!

정신 질환이나 장애가 있는 여자들은 거의 다 마녀 취급 받았습니다. 지도층의 입장에서도 이런 사람은 국가의 생산성을 높이는 데 도움이 안 되니 죽어도 별 상관없었겠죠. 지나치게 똑똑해서 바른 소리를 하던 여자들 역시 마녀로 몰렸습니다. 이참에 싹 쓸어버리고 싶었겠죠. 민간요법을 잘 아는 사람들도 마녀로 몰렸습니다. 이런 사람들의 집에는 약병과 약초가 많아서 잘 모르는 이들에게 두려움을 자아냈기 때문에 '이 사람이야말로 마녀'라고 뒤집어씌우기 좋았을 겁니다. 유달리 예쁜 여자들 역시 마녀로 몰리기 쉬웠습니다. 이런 여자들은 마을 여자들의 시샘과 남자들의 야릇한 충동을 자극하니 마녀로 몰리기 좋았겠죠. 과부 역시 마녀로 몰리기 쉬웠습니다. 가족이 별로 없으니까 죽여도 가족의 원망이 크지 않을 테니까요. 특히 죽은 남편에게서 많은 재산을 물려받은 과부는 첫째 표적이었습니다. 마녀로 몰려서 죽으면 그 재산이 교회로 흡수되었거든요.

마녀 식별법 역시 엽기적입니다. 이들은 1486년 《마녀 소추 지침 Malleus Maleficarum》이라는 책까지 정식으로 출간했습니다. 이 책에 따르면 마녀는 빗자루를 타고 하늘을 날 만큼 몸이 가볍기 때문에, 저울로 몸무게를 측정하여 정상인보다 가벼우면 마녀라고 했습니다. 이 논리라면 요즘 늘씬한 여자들은 대부분 마녀로 몰렸을 겁니다. 비슷한 논리로 마녀는 몸무게가 가벼워 물에 뜬다고 했는데, 손발을 끈으로 묶어서 강물에 집어넣고 떠오른 여자는 마녀임이 확증되어 처형당했고, 떠오르지 않은 여자는 그대로 익사하게 만든 경우도 있습니다. 어느 쪽이건 죽긴 마찬가지죠.

마녀는 마법을 쓰기 때문에 신체 중 어느 부위는 찔러도 아프거나 피가 나지 않는다고 해서, 여기저기를 칼로 찔렀습니다. 피의자의 옷을 모두 벗기고 수백 군데를 찔러봤다는 기록도 있습니다. 몸에 사마귀나 반점이 있으면 마녀라고 판단하기도 했습니다. 독방에 가둬놓고 거미나 쥐가 피의자의 방향으로 가면 마녀라고 판단하기도 했습니다. 더 말도 안 되는 것도 많습니다. 사흘간 금식하고 하나님께 "이 여자가 마녀인지 아닌지 알려달라"고 거룩한(?) 기도를 드린 다음, 고발당한 여자의 손과 빨갛게 달궈진 쇠를 함께 천으로 둘러쌉니다. 사흘 뒤 붕대를 풀었을 때 하나님의 기적적인 도움으로 화상을 전혀 당하지 않았다면 그녀는 무죄로 판명되었습니다! 그래도 애매한 경우가 많았겠죠. 그때 거룩한 교황의 사절이라는 사람이 한 말이 참으로 기가 막힙니다. "의심 가는 사람은 한 사람도 남김없이 죽여라. 마녀가 아니면 하나님이 기적을 일으켜서라도 구해주실 테니까!"

1484년 교황 인노켄티우스 8세는 교서를 통해 '온갖 방법을 써서' 마녀를 처벌하라고 했습니다. 마녀라는 자백을 받아내기 위해서는 고문도 필요하다고 권한 셈이죠. 《마녀 소추 지침》에는 마녀를 고문하는 방법이 자세히 나와 있는데, 우선 고문 도구를 보여주거나 옆방에서 고문 받는 사람의 비명을 들려줍니다. 그러다 고문이 시작되면 점차 강도를 높입니다. 고문실로 끌고 가 옷을 벗긴 뒤에 채찍질, 손가락 조이기, 매달아 올리기, 매달았다가 떨어뜨리기, 뼈 부수기, 기구에 묶어

놓고 허리를 뒤로 꺾기, 많은 물을 한 번에 먹이기, 손톱 밑을 바늘로 찌르기, 다리 비틀기, 발바닥 태우기 등을 했습니다. 고문이 너무 잔혹해서 일단 붙잡히면 마녀가 될 수밖에 없었죠. 억지 자백을 받아낸 뒤 마녀는 당연히 처형하고, 마녀의 자녀도 그 영향을 받았다는 이유로 처형하고, 마녀의 재산은 모두 교회가 가져갔습니다.

이런 식으로 15세기 말부터 수백 년 동안 유럽에서 마녀로 판정받아 처형된 사람이 지금까지 남아 있는 기록만 10만 명이고, 최대 900만 명에 이른다는 설도 있습니다. 참으로 불행한 역사가 아닐 수 없습니다. 건전한 상식이 통하기보다 종교적인 열심만 많은 시대에는 어느때나 이런 비극이 비일비재합니다.

아마도 마녀로 몰려 죽은 사람 중 가장 유명한 인물이 잔 다르크일 겁니다. 잔 다르크는 전쟁 도중 적국 영국에 붙잡혀 재판을 받습니다. 재판의 명목은 그녀의 이단성 여부였지만, 실질적인 이유는 지극히 정치적인 것이었습니다. 교회 역시 그녀를 제거하고 싶어했는데, 그 이유는 잔 다르크가 성직자가 아닌데도 신과 직접 소통했다고 주장함으로써 교회의 위계질서를 위협했기 때문입니다. 그들은 코숑 주교에게 이 재판을 맡겼는데, 그는 마치 요즘 우리나라에서 볼 수 있는 일부 악랄한 검찰처럼 조그마한 꼬투리라도 잡기 위해서 치밀한 준비에 들어갔습니다. 사실 이 재판은 시작하기도 전에 결정된 정치재판입니다.

당시 법정에 참석한 관리들은 잔 다르크에게 불리하게 작용하도록 증거를 조작한 경우가 많았고, 갖은 회유와 압력을 받은 상태에서 재판을 진행했다고 나중에 실토했습니다. 이에 비해 잔 다르크에게 자문

해주는 사람이나 변호인은 아무도 없었습니다. 읽을 줄도, 쓸 줄도 모르는 이 순진무구한 시골 처녀가 법률과 신학에 박학다식한 성직자, 검찰관, 자문관으로 구성된 재판관들이 제기하는 복잡 미묘한 질문에 제대로 답변할 수 있으리라고 생각한 사람은 아무도 없었죠. 재판이 벌어지자 잔은 침착하게 의표를 찔렀고, 오히려 재판부가 흥분하거나 당황하는 일이 벌어졌습니다. 그러나 결국 그들은 잔을 마녀로 몰아 화형에 처하는 데 성공했습니다. 그들은 잔을 죽이는 것으로 성이 차지 않았는지 잔의 시체를 세 번이나 불태워서 잿더미로 만들었고, 그것을 센강에 뿌렸습니다. 당시 잔의 나이는 18세였습니다.

그나마 잔 다르크는 재평가를 받았고, 20세기 들어 성인으로 추앙되었습니다. 그러나 역사상 이단으로 몰려서 죽은 수많은 사람들은 아직도 이단이라고 낙인찍힌 상태고, 왜곡된 역사도 그대로 남아 있습니다 (박원순, 《내 목은 매우 짧으니 조심해서 자르게 : 세기의 재판 이야기》 참조).

예수의 이단 감별법 | 뭐가 이단인가요? 뭐가 잘못된 가르침인가요? 신약성경을 보면 예수는 잘못된 가르침이 어떤 것인지 분별하는 데 선명한 기준이 있었습니다.

거짓 예언자들을 살펴라. 그들은 양의 탈을 쓰고 너희에게 오지만, 속은 굶주린 이리들이다. 너희는 그 열매를 보고 그들을 알아야 한다. 가시나무에서 어떻게 포도를 따며, 엉겅퀴에서 어떻게 무화과를 딸 수 있겠느냐? 이와 같이, 좋은 나무는 좋은 열매를 맺고, 나쁜 나무는 나쁜 열매를 맺는다. 좋은 나무가 나쁜 열매를 맺을 수 없고, 나쁜 나무가 좋은 열매를 맺을 수 없다. 좋은 열매를 맺지 않는 나무는, 찍어서 불 속에 던진다. 그러므로 너희는 그 열매를 보고 그 사람들을 알아야 한다. 〈마태복음〉

7:15~20

오늘날 기독교에서는 이단을 감별하기 위해 수많은 교리와 논리를 동원합니다. 이단을 전문적으로 감별하는 사람들까지 있습니다. 하지만 예수는 교리와 논리를 언급하지 않았습니다. '이런 말을 하면 잘못된 것이고, 여기까지는 아니고, 여기부터는 의심해야 한다'는 식으로 복잡하게 말하지도 않았죠. 매우 간단합니다. 그들의 열매를 보고 판단하라는 거죠. 열매가 뭘 말하는 걸까요? 씨만 봐서는 그게 무슨 씨인지 잘 모릅니다. 심어놓고 어떤 열매가 나오는지 봐야 그게 무슨 씨인지 확실히 알 수 있죠. 열매를 보면 봄부터 여름, 가을까지 농부가 얼마나 정성을 쏟았는지 알 수 있습니다.

흔히 '부모가 어떤 사람인지는 자녀들을 보면 안다'는 얘기를 합니다. 자녀야말로 부모의 열매거든요. 열매란 모든 것의 총체적인 결과입니다. 잘못된 가르침 역시 마찬가지입니다. 어떤 것이 잘못된 가르침인지 아닌지는 그 가르침이 여러 사람들에게 심기고 자라서 최종적으로 맺은 삶의 결과를 보면 됩니다. 잘못된 가르침인지 아닌지 분별하는 건 이처럼 간단합니다. 우리 주변에서 뭐가 잘못된 가르침이고 뭐가 올바른 가르침인지는 잠깐 속을지 몰라도, 길게 보면 절대 속을 수 없습니다. 삶의 총체적인 결과를 보면 되니까요.

수천 년 동안 이단 논쟁을 통해서 기독교가 이단 사냥, 마녀사냥을 하고 사람들을 핍박하려 할 때 그들이 예수의 단순하면서도 명쾌한 잣대를 기준으로 삼았다면 얼마나 많은 학살이 줄었을까요? 예수의 이 가르침을 적용하면 다른 사람을 핍박하는 이들이야말로 '억울한 박해'라는 가장 나쁜 열매를 맺은 사람들이 아닐까요? 오늘날도 수많은 사람들이 어디는 이단이니, 어디는 아니니 갑론을박합니다. 하지만 그 가르침이 심긴 결과 나온 삶의 총체적인 결과를 보면 쉽게 구별할 수 있습니다. 오늘날 기독교, 특히 대형 교회 지도자들의 모습을 보면서 예수의 말이 떠오르는 건 과연 저뿐일까요?

"거짓 예언자들을 살펴라. 그들은 양의 탈을 쓰고 너희에게 오지만, 속은 굶주린 이리들이다."

예수를 죽인 건 침묵으로 동의한 다수다 | 상식적으로 보면 어처구니 없는 일이 왜 별다른 무리 없이 진행될 수 있었을까요? 권력에 침묵하는 군중이 있었기 때문입니다. 심리학자 스탠리 밀그램은 '권위에 대한 복종' 실험을 통해 대다수 사람들이 권위 있어 보이는 사람이 시키면 별로 저항하지 않고 그대로 복종한다는 사실을 밝혀냈습니다. 그게 아무리 끔찍한 일이라도 말입니다.

대다수 사람들의 악에 대한 소극적인 태도와 침묵은 끔찍한 악을 초래합니다. 우리는 20세기의 광기 어린 역사를 통해 자기 판단 없이 '위에서 시키는 대로' 복종하는 사람이나 '주변 사람들이 하는 대로' 사는 사람이야말로 가장 위험하다는 걸 생생하게 봐왔습니다. 히틀러의 명령을 듣고 유대인 수백만 명을 죽음으로 내몬 사람들이 이런 유형입니다. 이런 사람들이 많아질 때 광기 어린 독재가 유행할 토양이 생성됩니다.

밀그램 실험

1961년 예일대학교의 심리학과 조교수 스탠리 밀그램은 권위에 대한 복종을 연구하던 중 사람들이 파괴적인 복종에 굴복하는 이유가 성격보다는 상황에 있다고 믿고, 설득력 있는 상황이 생기면 아무리 이성적인 사람이라도 윤리적·도덕적인 규칙을 무시하고 명령에 따라 잔혹한 행위를 저지를 수 있다고 주장했다. 밀그램은 '징벌에 따른 학습 효과'에 대한 실험이라고 공고하여 4달러를 대가로 피험자를 모은 뒤 이들을 교사와 학생 역할로 나누었다. 그러나 학생 역할을 하는 피험자는 배우였다. 교사 역할을 맡은 피험자에게는 학생을 테스트할 문제가, 학생 역할을 하는 배우에게는 암기할 단어가 주어졌다. 그리고 교사에게 학생들을 테스트한 뒤 틀릴 때마다 15볼트부터 450볼트까지 한 번에 15볼트씩 높여서 전기 충격을 가하라고 지시했다.

밀그램이 주시한 것은 '교사들이 전압을 높이는 과정에서 보이는 태도'다. 밀그램은 4달러의 대가로 교사들이 과연 15볼트에서 450볼트까지 전압을 높일지 관찰했다. 실험자는 흰 가운을 입고 전압을 올릴지 말지 고민하는 교사들에게 "모든 책임은 내가 진다"며 전압을 올릴 것을 강요했다. 밀그램은 고작 0.1퍼센트 정도의 피험자가 450볼트까지 전압을 올릴 것이라고 예상했다. 그러나 실험 결과는 충격적이었다. 65퍼센트에 이르는 피험자가 450볼트까지 전압을 올린 것이다(스탠리 밀그램,《권위에 대한 복종》).

여기에서 중요한 포인트 중 하나가 '권위 있어 보이는 흰 가운'이다. 사람들은 권위 있어 보이는 사람들이 지시하면 잘 따르는 경향이 있다. 사기꾼이 양복을 즐겨 입는 이유도 이와 일맥상통한다. 대다수 사람들은 어릴 적부터 양복을 입은 사람이 권위 있는 위치에 있는 걸 봐왔다. TV의 뉴스 아나운서도 양복을 입고, 대통령도 양복을 입는다. 성직자 역시 특별한 예복을 입는다. 이런 것들이 무의식적으로 각인되어 격식 있는 복장을 한 사람들의 설명이나 지시에는 비교적 잘 따르는 경향이 있다. 따라서 사기꾼이 양복을 차려입으면 성공할 확률이 높아진다. 예수가 평범한 옷을 입었다는 걸 잘 생각해볼 필요가 있다. 실제 영향력은 사람의 내면에서 나오지, 외모에서 나오지 않는다. 외모를 갖춰야 한다는 건 내면이 부실하다는 뜻인지도 모른다.

예수의 시대도 비슷했습니다. 예수가 예루살렘에 입성할 때, 많은 사람들이 자기의 겉옷을 벗어 길에 펴고 나뭇가지를 깔고 환호하면서 맞이했습니다.〈마가복음〉 11:8~10 그런데 얼마 지나지 않아 언제 그랬냐는 듯이 예수를 죽이려는 재판이 벌어집니다. 이들은 예수의 죄목에 대해 구체적인 증거를 찾지 못했고, 증인들의 증언도 서로 맞지 않았습니다.〈마가복음〉 14:55~56 재판이 적법한 절차에 따라 진행되었다면 예수는 죽지 않았을 겁니다. 그러나 이때 수많은 무리가 "예수를 십자가에 못 박으시오!"라고 소리 질러댑니다. 결국 빌라도 총독은 무리를 만족시키려고 예수를 죽이죠.〈마가복음〉 15:11~15 예수가 입성할 때 환호한 무리와 얼마 뒤 예수를 죽이라고 소리 질러대는 무리가 완전히 다른 사람일까요? 저는 두 무리가 크게 다르지 않았을 거라고 생각합니다. 어차피 명절이라서 많은 사람들이 예루살렘에 모인 상황이었으니, 누가 누군지 구별하기도 힘들었겠죠.

예수가 얼마 안 되는 기간에 수많은 사람들이 열렬히 찬양하고 환호할 정도로 인기 있는 사람에서 극악무도한 죄인으로 바뀌었을까요? 그렇지 않습니다. 그러면 이들의 반응은 왜 이렇게 바뀌었을까요? 대제사장들이 무리를 선동했기(마가복음) 15:11 때문입니다. 대제사장의 선동이 사람들에게 이토록 잘 먹힌 이유는 뭘까요? 그들이 예수를 만나서 가르침을 들어보고 어떤 사람인지 자세히 알아본 뒤 예수를 환영한 게 아니라, 주변 사람들의 반응과 분위기에 편승했기 때문입니다. 이런 사람들이야말로 군중심리에 휘둘리기 쉽죠. 요즘으로 치면 그 사람이 무슨 일을 했는지 사실관계를 알아보지도 않고, 일부 왜곡된 언론의 기사나 뉴스의 헤드라인을 보거나 주변 사람들의 의견을 듣고 특정 인물을 욕하는 이들과 비슷할 겁니다.

누가 예수를 죽음으로 몰고 갔을까요? 예수를 죽인 사람들이 어떤 사람일까요? 직접적으로는 제사장들이죠. 하지만 제사장들에게 힘을 실어준 것은 자신의 판단과 생각 없이 종교적인 열심만 있는 사람들입니다. 자신의 판단과 생각이 있는 사람은 주변 분위기에 연연하지 않고 주관에 따라 행동합니다. 하지만 자신의 판단과 주관 없이 종교적인 열심만 있는 사람들은 권위 있어 보이는 사람이 뭐라고 하거나, 주변 사람들이 하면 그대로 따릅니다.

우리는 신앙인이 되기 전에 정직한 사람이 되어야 하고, 신앙을 배우기 전에 객관적이고 합당하게 생각할 줄 아는 사람이 되어야 합니다. 자기 마음에서 아니라고 생각하면 아니라고 하고, 맞다고 생각하면 맞다고 해야지 자기 판단은 없이 권위 있어 보이는 사람이나 주변 사람들의 분위기에 무조건 따르거나, 심지어 '목사님 말씀이라면 껌뻑 죽는' 사람들이 모이면 엄청난 비극을 초래할 수도 있습니다.

'자기 판단은 없이 위에서 시키는 대로 순종하는 사람'이야말로 종교 지도자의 입장에서 가장 반가운 사람일 수 있습니다. 이들은 옳지 않은 일, 부당한 일, 뭔가 이상한 것을 봐도 정직하게 스스로 판단하기보다 주변 사람들이 어떻게 생각하는지 살피면서 자신의 행동을 결정하기 때문에 군중심리에 휩쓸리기 쉽죠. 이런 사람이야말로 종교 지도자가 기대하는 대로 행동하는 사람입니다. 종교 지도자의 눈에 이런 사람은 상식적이지 않은 걸 봐도 쉬쉬하면서 넘겨주는 아주 고마운 사람입니다. 하지만 이런 사람이야말로 가장 위험한 사람인지도 모릅니다. 오늘날 기독교에서 비상식적인 일이 벌어지고, 속으로 썩어가고 곪아가는 것도 이런 비상식적인 행태에 '침묵으로 동의하는' 다수가 있기 때문입니다.

반체제 인사 | 도스토예프스키의 명작 《카라마조프의 형제》에 나오는 극시 '대심문관'에는 흥미로운 이야기가 하나 있습니다. 매우 긴 이야기인데, 줄이면 다음과 같습니다.

이단 심문이 무섭게 판을 치던 16세기에 이단자들을 화형에 처한 그 광장에 예수가 다시 나타나고, 사람들은 곧 그가 예수라는 걸 알게 됩니다. 대심문관의 명령으로 예수는 체포됩니다. 대심문관은 한밤중에 예수를 찾아가서 말합니다. "예수여, 당신이 지금 이렇게 와서 활동하면 우리는 어떻게 합니까? 당신은 교회에 모든 것을 위임하지 않았습니까? 이제는 당신 없이도 교황, 추기경, 주교, 사제 등 성직자 제도를 통하여 교회가 잘 움직이고 있습니다. 지금 모든 것이 순조롭습니다. 기독교가 세워져서 지구의 반을 개종시켰습니다. 머지않아 나머지 반도 개종될 것입니다. 당신은 그저 거기에서 기다리면 됩니다. 여기까지 올 필요가 없습니다! 여기 있으면 당신은 한 사람도 개종시킬 수 없습니다. 우리는 잘하고 있습니다. 당신은 우리에게 감사해야 합니다. 빨리 이곳에서 피하십시오. 그리고 다시는 여기로 오지 마십시오. 우리는 당신의 대리인입니다. 그러니 하고 싶은 것은 뭐든지 우리를 통해서 할 수 있고, 그래야 합니다. 당신이 직접 대중과 활동하는 것은 허용되지 않습니다. 당신은 위험한 사람입니다! 당신은 성직자와 교회, 체제를 부정하기 때문입니다. 우리는 모든 것을 잘 처리하고 있습니다. 그런데 당신이 오니까 혼란만 생깁니다. 이런 식으로 하면 우리는 당신을 다시 십자가에 못 박을 수밖에 없습니다. 당신이 계속 고집부리면 나는 내일 우리를 방해하러 온 죄를 물어 당신을 화형에 처할 것이오!"

허구지만 이 소설을 통해서 우리는 어렴풋이 진실을 엿볼 수 있습니다. 성경을 읽으면서 우리는 예수가 당시 종교 지도자에게 매우 부담스러운 존재였다는 것을 분명히 알 수 있습니다. 예수 같은 인물이 오늘날 나타난다면 종교 지도자와 기득권에 속한 많은 사람들은 그를 사회에 위험한 인물 혹은 반체제 인사로 치부할 가능성이 높습니다.

예수의 독설? | 기독교를 처음 접한 때 저는 성경이나 예수에 대해
강한 매력을 느꼈지만, 왠지 모르게 기독교의 어떤
부분은 불쾌하고 싫었습니다. 젊을 때는 제가 싫어하는 게 뭔지 잘 몰
랐는데, 시간이 지나면서 제가 진짜 싫어하는 게 뭔지 알았습니다. 그
건 위선입니다. 대놓고 악한 사람은 나중에 반성할 가능성이라도 있습
니다. 위선적인 사람은 이러지 않고 사회에 크나큰 피해를 주죠. 속마
음과 겉으로 드러나는 행동이 달라서 사람들이 속기 쉬우니까요. 예수
는 위선자들과 도저히 섞이지 않는 인물이었습니다. 제가 예수를 그토
록 좋아한 것도 이 때문인 것 같습니다.

　예수가 당시 백성에게 인기 있었던 이유는 노골적이고 핵심을 꿰뚫
는 가르침이 율법과 형식에 찌든 그들에게 위로와 통쾌함을 주었기 때
문입니다. 백성은 어려운 학식을 과시하는 사람보다 자신에게 직접적
인 위로와 통쾌함을 주는 사람을 좋아하고 따르게 마련이죠. 예수는
당시의 석학들이 자신에게 올가미를 씌우려는 꼼수를 특유의 통찰력
으로 여러 차례 극복했습니다.

통쾌한 꼼수 극복 사례

〈요한복음〉8장을 보면 사람들이 간음하다가 현장에서 잡힌 여자를 예
수 앞으로 끌고 와서 물었다. "모세는 율법에, 이런 여자들을 돌로 쳐
죽이라고 우리에게 명령하였습니다. 그런데 선생님은 뭐라고 하시겠
습니까?" 예수를 곤란하게 만들 비장의 질문이다. 구약성경의 율법에
따르면 이런 경우 돌에 맞아서 죽음을 당하게 되어 있다.〈레위기〉20:10,〈신
명기〉22:22~24 "율법대로 돌로 쳐라"라고 하면 불쌍한 여인은 눈앞에서

돌에 맞아 죽고 예수가 그동안 가르친 사랑과 용서의 메시지가 타격을 받을 것이요, "그러면 안 된다"고 하면 이들은 예수를 "저자는 율법을 무시하는 사람이다"라고 고발했을 것이다. 이들의 꼼수다. 간음한 여인은 이 상황이 얼마나 두려웠을까? 겁에 질려 오들오들 떨고 있는 여인을 이용해서 정적을 제거하려는 종교인의 모습을 보라. 그런데 예수의 답변은 간단했다. "너희 가운데서 죄가 없는 사람이 먼저 이 여자에게 돌을 던져라." 이 말에 사람들은 어찌할 바를 모르고 하나 둘 도망쳤다. 이처럼 예수의 말과 가르침에는 통쾌함이 있었다.

이런 통찰력은 위선이 없고 사물을 있는 그대로 볼 줄 아는 사람들에게서 나올 수 있는 것입니다. 예수의 말은 직설적이고, 때로는 매우 과격했습니다. 아래 구절에서 예수가 당시의 종교 지도자들에게 무슨 말을 했는지 읽어보십시오.

율법학자들과 바리새파 사람들아! 위선자들아! 너희에게 화가 있다. 너희는 사람들이 들어오지 못하도록 하늘나라의 문을 닫기 때문이다. 너희는 자기도 들어가지 않고, 들어가려고 하는 사람도 들어가지 못하게 하고 있다. 율법학자들과 바리새파 사람들아! 위선자들아! 너희에게 화가 있다! 너희는 개종자 한 사람을 만들려고 바다와 육지를 두루 다니다가, 하나가 생기면, 그를 너희보다 배나 더 못된 지옥의 자식으로 만들어 버리기 때문이다. 눈먼 인도자들아! 너희에게 화가 있다! ……눈먼 인도자들아! 너희는 하루살이는 걸러내면서, 낙타는 삼키는구나! ……율법학자들과 바리새파 사람들아! 위선자들아! 너희에게 화가 있다. 너희는 회칠한 무덤과 같기 때문이다. 그것은 겉으로는 아름답게 보이지만, 그 안에는 죽은 사람의 뼈와 온갖 더러운 것이 가득하다. 이와 같이, 너희도 겉으로는 사람에게 의롭게 보이지만, 속에는 위선과 불법이 가득하다. ……뱀들아! 독사의 새끼들아! 너희가 어떻게 지옥의 심판을 피하겠느냐? 〈마태복음〉 23:13~33

흔히 기독교인은 성경을 읽으면서 이런 독설이 주는 정직한 느낌을 무시합니다. '설마 인자하고 사랑 많은 예수가 이런 말을 했을까' 생각해서인지, "뱀들아! 독사의 새끼들아!"라는 말까지 거룩하게 보이는 모양입니다. 이건 오늘날 우리가 듣기에도 독설이지만, 당시 유대인에게는 훨씬 더 심한 독설이었을 겁니다. 구약성경에서 뱀은 하와를 유혹한 저주받은 동물이니까, '독사의 새끼'라는 말은 오늘날로 치면 '개새끼'보다 심한 욕이 아니었을까요?

예수는 백성이 쓰던 아람어로 가르쳤고, 제자들에게 전해지면서 여러 차례 번역을 거쳐 오늘날 우리말로 번역된 겁니다. 우리나라 사람이 충격적이고 독설적인 발언을 한 것이 영어로 번역되어 〈워싱턴포스트〉에 실렸다면 영어권 사람들에게 그리 충격적이지 않을 겁니다. 그런데 예수의 말은 여러 단계를 거쳐서 오늘날 우리말로 번역된 걸 읽어도 충격적입니다. 당시에 들었다면 이건 욕 이상의 과격한 말이었을 겁니다. 오늘날 사람들이 많이 모인 자리에서 이런 말을 한다면 그는 당장 위험인물이 되겠지요.

어린 시절 교회에서 설교 들을 때는 일상적인 말이 아니라서 무슨 얘기인지 모르겠고 졸리기만 했는데, 주변 어른들 중에서 정치인에 대해 뭔가를 통렬하게 질타할 때 가끔 욕설도 섞어서 말하면 아주 재미있게 들리고 통쾌했습니다. 성경의 이 부분을 처음 읽고 '독사의 새끼'라는 말을 봤을 때 저는 문득 불경스런(?) 생각이 들었습니다. '내가 타임머신을 타고 2000년 전으로 가서 본다면 예수는 오늘날의 목사들보다 오히려 욕과 독설도 마다치 않고 정치인을 질타한 동네 아저씨와 비슷하지 않을까?'

예수가 오늘날 온다면 기독교인에게 배척당할 거다 | 예수는 솔직하고, 진리에 대한 열정이 가득한 사람입니다. 게다가 그는 사람들이 신뢰하고 지지하던 종교 지도자를 거침없이 비판했죠. 성경에 나오는 예수의 이미지는 '저 하늘 위에 계신 기독교의 위대한 창시자'보다 오늘날의 반체제 인사에 가깝습니다. 일반 백성에게는 인기가 하늘을 찌를 정도지만, 지도층에게 예수는 눈엣가시 같은 존재였을 겁니다. 이런 사람은 사회에서 위험인물로 낙인찍히고, 기득권층은 이런 사람을 제거하고 억압하기 위해 온갖 꼼수를 동원하게 마련이죠. 이런 면에서 예수는 격식과 위엄과 위선이 어우러진 오늘날의 수많은 목사보다, 솔직한 언어(욕설)와 사람의 심리를 꿰뚫는 무학의 통찰력으로 대중에게 위로와 격려와 웃음을 선사하면서 부패한 정권을 통렬하게 질타하는 김어준과 닮았습니다.

말이 나온 김에 욕에 대한 의견을 말하면, 저는 욕하는 사람을 절반 이상 신뢰하고 봅니다. 사람은 세 부류가 있습니다. 첫째 마음속에 욕이 있고 겉으로도 욕을 하는 사람이고, 둘째 마음속에 욕이 있는데 겉으로는 욕을 하지 않는 사람이며, 셋째 마음속에 욕이 없고 겉으로도 욕을 하지 않는 사람입니다. 마지막 사람이 가장 훌륭한 사람일 겁니다. 성인군자죠. 하지만 이런 사람은 별로 없습니다. 나머지 둘 중에는 겉과 속이 같은 사람이 그렇지 않은 사람보다 낫습니다. 그래서 저는 욕이나 거친 말을 팍팍 쓰는 사람을 절반 이상 신뢰하고 들어갑니다. 이제까지 살면서 욕 한 번 하지 않고, 교양과 예의를 갖춘 사람들의 내면에 훨씬 더 섬뜩하고 무서운 게 있는 걸 봐왔습니다.

기독교의 역사 역시 예수와 그를 따르는 이들을 가장 잔인하게 핍박한 사람은 사납고 무지한 미개인이 아니라, 가장 지적이고 고상한 직업에 종사하면서 진심으로 하나님을 위한다고 자부하는 종교인이라는 것을 보여줍니다. 저는 감히 예상합니다. 예수가 만일 오늘날에 왔다면 '나는 옳고, 정통이고, 하나님을 잘 따른다'고 믿는 정통파(?) 기독교인에게 배척당하고, 멸시당할 겁니다. 물론 이건 '만일'일 뿐입니다. 하지만 만일이라기엔 성경과 역사의 뒷받침을 잘 받는 '만일'입니다.

2부

꼼꼼하게 보는 구약성경

기독교가 원기를 회복하려면 다른 방법을 동원해야 한다. 20세기 후반의 교회가 전반기에 입은 손상에서 회복되려면, 새로운 설교자가 등장해야 한다. 회당에서 우두머리 노릇 하는 데나 적합한 유형으로는 안 된다. 자기 의무를 수행한 대가로 봉급을 받고 입 씻는 제사장 같은 유형이나, 기독교를 모든 사람에게 인기 있게 만들 줄 알고 음성이 부드러운 목사 유형으로도 안 된다. 이런 유형들은 다 시도했지만 갈증만 더 생겼다. 우리 중에서 다른 지도자가 나타나야 한다. 그는 하나님을 만나 직접 음성을 들은 옛날 예언자 같은 유형이어야 한다. 그는 노골적으로 우리의 능글맞고 빤질빤질한 문명이 소중하게 붙들고 있는 모든 것과 정반대 입장에 설 것이다. 그는 하나님의 이름으로 반대하고 고발하고 대항할 것이며, 상당한 기독교 세력에게 미움을 받고 반발을 살 것이다.

－에이든 W. 토저

1
구약성경 정직하게 들여다보기

이제 성경을 꼼꼼하게 살펴보고자 합니다. 구약성경부터 시작해서 신약성경으로 들어가겠습니다.

무엇이든 가릴 것 없이 죽여라 | 많은 사람들이 구약성경을 읽으면 한 편으로는 고개가 갸웃거려지는 느낌을 받을 수밖에 없습니다. 가장 큰 이유는 하나님이 너무나 잔인한 분이라는 생각이 들기 때문입니다. 저를 가장 당혹스럽게 만든 건 〈사무엘상〉에 나오는 이야기입니다. "만군의 주가 말한다. 이스라엘이 이집트에서 나올 때에, 아말렉이 이스라엘에게 한 일 곧 길을 막고 대적한 일 때문에 아말렉을 벌하겠다. 너는 이제 가서 아말렉을 쳐라. 그들에게 딸린 것은 모두 전멸시켜라. 사정을 보아주어서는 안 된다. 남자와 여자, 어린아이와 젖먹이, 소 떼와 양 떼, 낙타와 나귀 등 무엇이든 가

릴 것 없이 죽여라."⟨사무엘상⟩ 15:2-3 이 부분을 읽으며 제 눈을 의심했습니다. 어릴 적부터 인자한 분이라고 귀에 못이 박히도록 들은 사랑의 하나님이 한 민족을 전멸시키라고 명령했습니다. 그것도 무장한 '하나님의 군대(?)'를 보내서 민간인을 전부 죽이라는 것입니다. 목표로 삼은 대상에는 어린아이들과 젖먹이까지 포함되었습니다. 구약성경을 보면 전쟁에서 아이들을 죽일 때 두 다리를 잡고 바위에 메어쳐서 머리가 깨지도록 한 적도 있다는 걸 짐작할 수 있습니다.⟨시편⟩ 137:9 참고

하나님의 거룩한 명령(?)을 받은 무장 병력이 아무 집에나 들어가서 닥치는 대로 죽입니다. 저항하는 아빠를 죽이고, 숨어 있던 엄마를 강간한 뒤—고대와 현대 전쟁에서 여자들은 이런 취급을 당했습니다. 거룩한 하나님의 군대라고 이런 짓을 하지 않았다고 보기는 매우 힘듭니다—엄마와 할머니, 할아버지 모두 죽입니다. 갓난아기와 아이들은 끌고 나와 두 다리를 잡고 주변 바위에 머리를 내리쳐서 죽이죠. 아무리 생각해도 기독교인이 하늘처럼 받들어 모시는 야훼 하나님이 내린 명령이라고는 도저히 상상이 가지 않았습니다.

아말렉 민족 전체가 이렇게 잔인한 일을 당한 이유가 '먼 옛날 이스라엘이 이집트에서 나올 때 아말렉이 이스라엘에게 한 일, 곧 길을 막고 싸운 일' 때문이라는 게 더 황당합니다. 지금의 아말렉 민족이 한 일도 아니고 먼 옛날 조상이 한 일 때문에 전멸되었습니다. 연좌제도 아니고 죄를 지었다고 그 자손까지 저주를 받아야 하는 건 도대체 어느 나라에서 통하는 원칙일까요? 황당한 이유로 수많은 사람을 끔찍하게 죽이는 하나님을 과연 어떻게 받아들여야 할까요?

구약성경의 야훼 하나님은 자기 백성만 보호하고, 자기 백성에게 위협이 되는 존재는 가차 없이 공격했습니다. 뿐만 아니라 자기가 정한 방식대로 섬기지 않으면 자기가 선택한 제사장의 아들이라도 당장 죽였습니다.⟨레위기⟩ 10:1~2 구약성경은 이런 끔찍한 기록으로 가득합니다. 몇 페이지가 지나지 않아 끔찍한 일이 생깁니다. 홍수로 노아 가족 여섯 명을 제외한 인류를 멸망시키고, 아무리 악하다지만 불과 유황으로 소돔과 고모라를 순식간에 없애고, 싸울 때마다 이스라엘 편을 들며, 상대편에는 무자비한 하나님…… 상대편을 전멸시켜야 만족하는 하나님…… 자기 백성도 반기를 들면 무참하게 도륙하는 하나님…….

구약성경과 신약성경은 달라도 너무 다르다 | 구약성경에 나오는 끔찍한 기록에 대해 기독교의 주석가들은 구질구질한 설명을 붙였습니다. "구약성경의 수많은 문제야말로 예수라는 답을 내기 위한 과정이다" "구약성경 전체가 신약성경의 예수그리스도에 대한 그림자다" "신약성경이 답이라면, 구약성경은 문제 제기다"라는 식이죠. 하지만 인정할 건 인정해야 합니다. 엄밀히 말해 구약성경의 하나님은 사랑의 하나님이 아니라, 잔인하고 까다롭고 질투하고 진노하는 하나님입니다.

그러나 신약성경에서 예수의 가르침은 다릅니다. 철저한 사랑이죠. 저는 산상수훈을 무척 좋아합니다. 구약성경의 하나님과 달리, 산상수훈에는 복수나 잔인함이 없습니다. 사랑과 자비와 용서와 하나 됨이 있을 뿐입니다. 세상 사람들이 구약성경을 모델로 삼는다면 천지가 싸움판이 되겠지만, 산상수훈대로 살면 평화로워질 거라는 생각이 듭니다. 구약성경의 하나님은 자기 백성을 보호하기 위해 다른 민족을 전멸시키는 것도 불사하는 분이지만, 예수는 "누가 네 오른쪽 뺨을 치거든 왼쪽 뺨마저 돌려대라" "원수를 사랑하라"고 가르칩니다.

간디가 예수의 가르침에 감동해서 비폭력 저항운동을 한 것은 널리 알려진 얘기입니다. 비폭력으로 시위하는 사람들은 군대나 경찰이 때려서 여기저기 피가 나고 멍이 들고 부러지는데도 폭력으로 맞서지 않았고, 결연한 의지로 물러서지 않았습니다. 공격한 사람들은 이런 모습을 보고 양심의 가책을 느껴서 더 공격하기가 어려웠습니다. 싸우려고 덤비면 공격하는 쪽도 화가 나서 계속 때렸을 것이고, 언론에서도 시위하는 사람들이 공격하는 것만 문제 삼아서 여론을 불리하게 조성할 수 있었을 텐데, 그러지 못하니 무척 난처했겠죠. 이 장면을 지켜본 사람들과 세계의 언론은 '신사의 나라' 영국 정부를 비방했습니다. 결국 영국은 비폭력 저항 앞에 두 손 두 발 다 들었죠.

이게 예수의 방법입니다. 예수는 "평화를 이루는 사람은 복이 있다. 하나님이 그들을 자기의 자녀라고 부르실 것이다"〈마태복음〉 5:9라고 가르쳤습니다. 예수는 특정한 사람만 하나님의 자녀라고 하지 않았습니다. 평화를 이루는 사람이 하나님의 자녀라고 했습니다. 구약의 차별적인 가르침과 다르죠.

예수가 가르친 '하나님'이 구약성경의 야훼 하나님이라는 증거는 어디에도 없습니다. 예수는 아람어로 '아바'라고 했을 뿐입니다. 이 말은 우리말로 하면 아버지보다 아빠에 가깝죠. 아빠처럼 사람들이 가까이 다가갈 수 있는 존재, 이게 예수가 가르친 하나님입니다. 반면 유대교가 가르치는 하나님은 두렵고 함부로 다가갈 수 없는 존재죠. 심지어 유대교의 창시자라고 할 수 있는 모세조차 하나님 앞에서는 두려움에 떨었습니다.〈히브리서〉 12:18~21 참고 기독교와 유대교는 이렇게 다릅니다.

예수는 구약성경과 단절했다

예수는 종교 지도자들과 가는 곳마다 갈등과 긴장 상황을 만들었다. 당시 종교 지도자에게 차별받던 사람들이 예수의 근처에서는 차별받지 않았다. 예수는 이토록 한없이 자비롭고 수용적이지만, 종교에는 반대한다는 것을 분명히 했다. 예수는 특히 "안식일이 사람을 위하여 생긴 것이지, 사람이 안식일을 위하여 생긴 것이 아니다"〈마가복음〉 2:27라고 했는데, 이 말이 유대인에게 극도의 반감을 샀다.〈요한복음〉 5:16~18

유대인은 안식일에 대한 집착이 강했다. 유대인의 정체성이 가장 잘 드러나는 게 안식일과 할례다. 두 가지가 다른 민족과 유대인을 구별하는 것이라 그랬는지도 모른다. 〈민수기〉 15장 32~36절을 보면 안식일에 나무를 하다 들킨 사람에 대해서 야훼 하나님이 "그 사람은 반드시 죽여야 한다"고 했다. 그것도 "온 회중이 그를 돌로 쳐야 한다"고 했고, 실제로 유대인 온 회중이 그렇게 했다. 이런 희생을 치러서라도 고수하려던 안식일에 대해서 전혀 아랑곳없이 "안식일이 사람을 위하여 생긴 것이지, 사람이 안식일을 위하여 생긴 것이 아니다"라고 가르치는 예수는 유대인 종교 지도자들에게 돌로 쳐 죽여도 시원치 않은 인간이었다. 예수의 행적을 가만히 보면 안식일에 유대 종교 지도자들이 싫어하는 일을 일부러 골라서 한 것 같다. 이처럼 예수는 과격하게 구약성경과 단절을 선언했다.

청개구리 이야기 | 청개구리 이야기 아시죠? 아들 청개구리가 엄마 말은 듣지 않고 속을 썩였습니다. 죽을 날이 되자 엄마는 아들 청개구리를 불러서 "엄마가 죽거든 저 시냇가에 묻어다오"라고 했습니다. 엄마는 아들이 늘 정반대로 하니까 이렇게 말하면 자신을 양지바른 곳에 묻어줄 거라고 생각했죠. 그런데 엄마가 죽은 뒤에야 뉘우친 아들 청개구리는 유언대로 시냇가에 엄마를 묻었습니다. 그 뒤 비만 오면 무덤이 떠내려갈까 봐 "개굴개굴" 울더라는 슬픈 이야기입니다. 어른들은 아이에게 이 이야기를 들려주면서 "청개구리처럼 되지 말고 엄마 말 잘 듣는 착한 아이가 되라"고 합니다.

청개구리 이야기는 어떻게 해서 나왔을까요? 제가 한번 상상해보겠습니다. 옛날 옛적에 엄마 말을 듣지 않는 아이가 있었습니다. 엄마는 아이가 말을 듣지 않는 것에 대해 기회가 날 때 따끔하게 얘기해주고 싶었습니다. 하루는 비가 와서 놀러 나가지 못한 아이가 "엄마, 왜 비가 오면 시냇가에서 청개구리들이 시끄럽게 울어요?"라고 물었습니다. 엄마는 이때다 싶어서 위와 비슷한 얘기를 지어냈습니다. 엄마 말 잘 들으란 얘기를 돌려서 한 거죠. 이렇게 시작된 얘기가 세월이 흘러 세부적으로 정교해지고, 그럴싸하게 정리되었습니다. 그럴듯하죠? 아마 이게 실제에 가까울 겁니다. 청개구리 이야기를 듣고 다음과 같은 의문을 제기하는 사람은 아무도 없을 겁니다.

- 어떻게 청개구리가 말을 하지?
- 청개구리가 진짜 엄마 무덤이 떠내려갈까 봐 비 오는 날 우는 걸까?
- 개구리들 사이에도 효도라는 윤리가 과연 존재할까?

이야기의 본뜻을 중심으로 생각하지 않고 사실관계를 따지고 들면 이와 같이 어리석은 질문이 됩니다.

롯의 아내가 소금 기둥이 된 이야기 | 마찬가지 논리가 구약성경에 나오는 롯의 아내 이야기에도 적용됩니다. 〈창세기〉에는 롯의 아내가 멸망하는 소돔과 고모라에서 빠져나오다가 뒤돌아보았기 때문에 소금 기둥이 되었다는 이야기가 있습니다. 이 이야기는 어떻게 해서 생겼을까요? 모르긴 몰라도 청개구리 이야기와 비슷한 과정을 거쳐 나왔을 겁니다.

팔레스타인 지역의 소금 기둥 가운데 사람 모양과 비슷한 것이 많습니다. 그리고 이스라엘은 야훼만 믿으라는 유일신 신앙을 자손 대대로 지켜왔습니다. 구약성경에 따르면 부모는 기회가 날 때마다 아이들에게 유일신 신앙을 가르쳐야 했습니다.〈신명기〉 6:4~9 저 멀리 있는 여인 모양 소금 기둥을 보면서 아이들이 "엄마, 저기 있는 아줌마 모양 소금 기둥은 왜 저렇게 서 있는 거야?"라고 물었을 때, 엄마는 "야훼 하나님을 제대로 믿지 않아서 저렇게 된 거란다"라고 가르치고 싶었겠죠. 이런 의도로 얘기를 지어나가다가 나중에는 "롯의 아내가 야훼 하나님을 제대로 믿지 않고 한눈팔아서 소금 기둥으로 바뀌었단다"라고 얘기할 수도 있었을 겁니다. 그리고 이런 얘기들이 오랜 세월 전해 내려오다가 〈창세기〉 신화의 일부분으로 정착되었을 가능성이 큽니다.

여기에서 한번 생각해볼 필요가 있습니다. 뒤돌아본 게 소금 기둥이 되는 벌을 받을 정도로 큰 잘못인가요? 천벌 받을 만한 일이 아닌데도 강력한 처벌이 내렸다는 이야기를 만들어낸 것을 보면 유대인의 유일신 사상이 준 두려움이 그토록 강했다는 것을 짐작할 수 있습니다. 이 이야기는 사람들에게 경각심을 불러일으키는 '시범 케이스'죠.

오늘날 안타까운 현실이 하나 있습니다. 청개구리 이야기를 듣고 "청개구리가 어떻게 말을 하나?" 같은 질문을 하면 이상한 사람으로 여겨질 것입니다. 그런데 우리나라 기독교에서는 롯의 아내 이야기를 사실로 인정하면 믿음이 좋은 사람이 되고, "어떻게 사람이 소금 기둥이 되지?" "아무리 그래도 뒤돌아봤다고 소금 기둥으로 만드는 건 심하잖아?" 같은 질문을 하면 믿음이 없는 사람으로 취급받습니다.

경전을 문자 그대로 믿는 경향을 '문자주의'라고 합니다. 문자주의는 성경에 나온 모든 것을 사실로 생각하고, 성경만 옳다고 여기며 성경과 배치되는 것을 배척하는 신앙을 말합니다. 전 세계 기독교인 가운데 문자주의나 근본주의를 믿는 사람은 많지 않습니다. 이들은 주로 미국 남부에 몰려 있습니다. 이슬람교에도 원리주의를 주장하는 사람들이 있습니다. 이들은 코란에 적힌 모든 것이 사실이며, 반드시 지켜야 할 것이라고 받아들입니다. 근본주의자는 원리주의자를 외골수라고 생각하겠지만, 사실 둘 다 똑같습니다. 이들이 만나면 긴장 상황으로 가는 경향이 있습니다. 양쪽 모두 상식적이고 합당한 생각을 하기보다 외골수로 치닫기 때문이죠. 지금 세계를 긴장 상태로 몰아넣는 데 가장 큰 역할을 하는 사람들이 기독교 근본주의자, 이슬람 원리주의자, 유대교 근본주의자입니다. 안타깝게도 우리나라 기독교는 미국에서 온 선교사의 영향을 받아 90퍼센트 이상이 근본주의입니다.

요세푸스 이야기 | 성경의 모든 글자가 하나님의 영감으로 쓰였다고 생각하는 문자주의가 성행한 데는 유대인 역사가 요세푸스의 책이 톡톡히 역할을 했습니다. 요세푸스는 신과 구약시대의 정황, 팔레스타인 지역에 대한 풍부한 기록을 남겨 기독교 성경을 이해하는 데 기본 사료를 제공한 사람이죠. 요세푸스가 책을 쓴 배경은 다음과 같습니다.

예수가 활동한 시기에서 한 세대쯤 지나 로마와 유대의 전쟁이 벌어집니다. 이 전쟁은 기원후 66년 시작되어 70년 예루살렘이 함락되면서 끝나죠. 요세푸스는 20대 후반에 유대의 갈릴리군 지휘관으로 참전해서 67년 7월 갈릴리를 침공한 로마군을 맞아 지혜롭게 싸웠으나, 최첨단 장비로 무장한 로마군에 맞서기엔 역부족이었습니다. 패색이 짙어지자, 마지막까지 싸우던 사람들이 항복 여부를 두고 갑론을박하다가 "항복하느니 같이 죽자"는 결론이 났습니다. 이들은 제비뽑기를 해서 서로 죽이고, 마지막 남은 사람은 자살하기로 했습니다.

요세푸스는 갈릴리군 지휘관이라는 위치에도 특유의 꼼수를 발휘해서 살아남았고, 결국 로마에 투항했습니다. 포로가 된 요세푸스는 유대 전쟁 내내 로마 편에 서서 로마군에 유리한 정보를 제공했고, 나중에는 티투스 황제에게서 로마 시민권을 포함한 여러 가지 특혜를 받았습니다. 그는 자신이 쓴 책에서 유대인이 외골수에 고집불통이라는 식으로 비난을 해댑니다. 이 정도면 유대인 사회에서 요세푸스는 매국노에 배신자로 낙인찍힐 만도 합니다.

스티븐 메이슨 교수는 《요세푸스와 신약성서》에서 요세푸스가 당시 로마 세계의 사람들에게 유대인의 입장을 변호하려는 의도로 책을 썼다고 주장합니다. 요세푸스의 책을 읽어보면 유대인을 맹비난한 것 같지만, 그의 비난은 로마와 융합하지 않고 맞선 과격파 유대인으로 한정됩니다. "유대인 중 과격하고 외골수인 사람들은 극히 일부이며, 대다수 유대인은 로마 사람들이 생각하는 것처럼 외골수가 아니다"라는 주장을 펼치려 했다는 겁니다. 과격파 유대인 중에는 자신의 정체성을 지키고 야훼의 뜻에 순종하려는 사람이 많았으므로, 이 논리만 주장하면 요세푸스는 구약성경의 율법을 무시하는 사람으로 비난받았을 겁니다. 하지만 그는 교묘한 논리를 사용해서 과격파 유대인이 야훼의 뜻에 순종하지 않는 것처럼 몰아붙였습니다. "유대 민족이 율법을 지키지 않았기 때문에 야훼가 택한 로마 황제와 로마제국을 통해서 유대인을 징계하는 것이다. 그런데도 야훼의 뜻을 잘 모르는 일부 유대인이 로마인에게 저항하고 있다"는 논리죠. 그는 구약성경에도 페르시아 고레스 왕의 지배를 받을 때, 야훼가 이방 민족인 고레스 왕을 택한 기록이 있다는 걸 예로 들었습니다. 〈이사야〉 44:28~45:6

결론적으로 요세푸스는 동족에게는 "옛적에도 외국인의 왕 가운데 야훼가 택한 사람이 있다. 야훼가 외국 왕을 통해 우리를 징계하는 것이다. 이건 지금 로마제국 역시 마찬가지다. 그러니 로마 황제에게 반역하지 말고 그의 통치를 잘 따르라"는 메시지를, 로마인에게는 "대다수 유대인은 너희가 생각하는 것처럼 로마 세계에 위협적이지 않다"는 메시지를 주려고 한 것입니다. 어차피 유대인이 로마에 대적해서 예루살렘이 파괴되고 멸망한 이상 유대인에 대한 비난은 막을 수 없으니,

유대인 중 한 부류에 비난이 쏠리게 만든 셈이죠. 하지만 매국노에 배신자라는 비난을 피할 수는 없었을 겁니다. 우리나라로 치면 항일운동을 한 사람들을 말도 안 되는 논리를 사용해서 이상한 사람으로 몰아간 거나 마찬가지니까요.

이런 비난을 의식해서인지, 요세푸스는 자신이 구약성경에 나오는 예레미야와 비견되는 예언자라고 주장했습니다. 예레미야도 강대국 바벨론이 쳐들어왔을 때 유대 왕에게 항복할 것을 권했습니다.〈예레미야〉 38:17~23 하지만 요세푸스가 예레미야와 똑같이 외국 군대에게 항복하라고 권했다고 해서 예언자가 되는 건 아니죠. 예언자가 되려면 예언하는 능력이 있어야 합니다. 그런데 희한하게도 요세푸스가 유대 전쟁 초기에 로마제국의 사령관 중 한 명일 뿐이던 베스파시아누스에게 "당신은 장차 로마의 황제가 될 것이오!"라고 예언한 게 적중했습니다. 중세의 유명한 예언자 노스트라다무스 역시 유대인인 걸 보면 유대인은 예언하는 능력이 있는 모양이라는 생각이 들 법합니다만, 역사적 사실은 그렇게 단순하지 않습니다.

예언이었나, 도박이었나? | 시오노 나나미의 《로마인 이야기 8—위기와 극복》에는 재미있는 일화가 나옵니다. 유대 전쟁에서 포로로 잡힌 요세푸스는 로마로 압송되어 죽을지도 모르는 상황에서 감히 베스파시아누스 사령관에게 독대를 청했습니다.

"당신은 요세푸스라는 유대인을 붙잡았다고 생각하겠지만, 사실은 신이 어떤 메시지를 전하기 위해 저를 당신께 보낸 것입니다. 네로의 뒤를 이을 사람은 당신과 당신의 자손입니다. 이 예언의 진위를 확인하기 위해서라도 저를 당신 곁에 잡아두어야 합니다."

베스파시아누스는 예언 따위는 별로 믿지 않는 사람이지만, 그래도 이 예언은 효과가 있었습니다. 기분 좋은 예언을 들은 베스파시아누스는 요세푸스를 보호했고, 그의 아들 티투스와 요세푸스는 친구 같은 사이가 되었으니까요. 요세푸스의 예언은 적중해서 2년 뒤 베스파시아누스가 로마제국의 황제로 추대되고, 그다음에는 티투스가 황제가 됩니다. 하지만 시오노 나나미는 요세푸스가 베스파시아누스에게 한 말을 '예언'이 아닌 '도박'으로 생각합니다. 그 근거는 다음과 같습니다.

> 기원후 67년 7월 : 요세푸스가 네로의 다음 황제는 베스파시아누스라고 예언.
> 68년 6월 : 네로 자살.
> 69년 7월 : 동방군단, 베스파시아누스를 황제로 추대.

67년 당시 네로와 요세푸스는 30세, 베스파시아누스는 58세, 티투스는 28세입니다. 요세푸스는 "베스파시아누스가 네로에 이어 황제가 될 것이다"라고 했을 뿐, "네로가 자살할 것이다"라고 하지 않았습니다. 네로가 자살하지 않았다면 나이로 봐도 베스파시아누스가 먼저 죽을 가능성이 많습니다. 그리고 이런 도박을 하지 않으면 요세푸스는 네로 황제에게 압송되어 서른 살 아까운 나이에 죽을지도 모릅니다. 예언이 맞느냐 틀리느냐 판명되는 것은 네로의 나이로 보아 먼 훗날의 일이라고 예측할 수 있죠. 그렇다면 '밑져야 본전'입니다. 예언이 적중하지 않아도 요세푸스는 손해 볼 게 없습니다. 그는 이런 속셈으로 승부한 게 아닐까요? 이게 시오노 나나미의 생각입니다.

저 역시 요세푸스가 한 말이 예언이 아니라고 생각합니다. 하지만 이유는 조금 다릅니다. 요세푸스가 예언을 했다는 이야기를 그가 직접 쓴 것이기 때문입니다. 베스파시아누스가 황제가 되고 나서 요세푸스는 많은 특혜를 누렸습니다. 그다음에 요세푸스가 《유대 전쟁사 The Jewish War》를 썼고, "유대인 예언자가 베스파시아누스가 황제가 될 것을 예언했다"는 소문이 돌았습니다. 이런 정황을 보면 요세푸스는 베스파시아누스가 황제가 된 다음에 이 글을 썼는데, 자신을 구약의 예언자처럼 보이게 만들려고 꾸며낸 것 같습니다. 이미 벌어진 일을 자신이 예언한 대로 적중한 것처럼 썼다는 얘기죠. 고대에는 이런 식으로 쓴 책이 많습니다.

황제가 된 베스파시아누스 입장에서도 이런 이야기가 기분 나쁠 리 없었을 겁니다. 베스파시아누스는 유력한 가문 출신이 아니고, 외모도 황제로서 권위 있어 보이기엔 뭔가 부족했거든요. 게다가 유대 전쟁에서 유대인을 무자비하게 진압하여 로마에 있는 유대인의 반감을 샀습니다. 이런 상황에서 유대인의 신비로운 예언자가 자신이 황제가 될 거라고 예언했고, "야훼가 예전에 강대국 페르시아의 고레스 왕을 택한 것처럼 이번에는 로마 황제 베스파시아누스를 택해 신의 뜻을 이루신 거다"라는 얘기가 퍼지면 자신의 권위도 세우면서 유대인의 반감을 누그러뜨릴 수 있을 거라고 생각했을 테니까요. 이런 내용을 꾸며내는 데 두 사람의 이해관계가 맞아떨어졌다는 얘기지요.

요세푸스를 그대로 믿고 싶어하는 기독교 | 요세푸스는 자신을 예언자로 여겼을 뿐만 아니라, 유대인이 예언자의 피를 타고났다고 생각했습니다. 그리고 로마제국의 다른 민족도 자신의 책을 통해 유대인이 예언자 민족이라는 걸 알아주기 바랐습니다. 그런 사람이 역사를 썼다면 이보다 더한 것도 꾸며낼 수 있었을 겁니다. 요세푸스는 네로가 죽고 베스파시아누스가 다음 황제로 등극하는 과정 자체를 야훼가 주관해서 벌어진 일처럼 생각하도록 만들려고 했습니다. 그 와중에 요세푸스 자신은 예언자, 신의 메시지를 전달한 사람으로 그린 것이지요. 그는 베스파시아누스 황제를 '야훼가 택한 사람'이라고 써서 일부 유대인에게 강한 비난을 샀습니다. '택한 사람'은 '기름 부음을 받은 자the anointed'인데, 이게 바로 메시아(그리스도)라는 말입니다. '예수그리스도'가 아닌 '베스파시아누스 그리스도'죠. 요세푸스는 뭔가를 꾸며내는 데 능했습니다.

요세푸스는 《유대 고대사Jewish Antiquities》에서 "구약성경은 하나님의 영감으로 된 것이고, 일정한 계시 기간에만 기록되었으며, 그 내용 자료의 거룩한 성격 때문에 세속적 문헌과는 구별되고, 그것을 다치기만 해도 손이 부정을 타며, 단어 하나도 변해서는 안 된다""성경은 예루살렘 함락 30년이 되는 해에 에스라가 기도의 응답으로 하나님의 특별한 능력을 입어서 구약성경 전체를 40일간 조수 다섯 명에게 불러주어 받아쓰게 함으로 기록되었다"고 썼습니다. 요세푸스의 이런 생각이 2세기 기독교인에게 그대로 번졌고, 이후에도 유대교와 기독교에 유행했으며, 기독교에서도 아무런 여과 없이 채택되었습니다.

많은 유대인들은 지금까지 구약성경이 야훼가 모세에게 계시해준 것이라고 생각합니다. 그러나 문자주의를 주장하는 소수 학자들을 제외하고 오늘날 영향력 있는 기독교 학자나 심지어 유대교 학자 중에서도 모세가 실존 인물이라고 보는 사람은 그리 많지 않습니다. 기독교가 구약성경을 그토록 떠받드는 중요한 근거는 요세푸스의 글입니다. 하지만 꾸며내는 데 능한 요세푸스가 쓴 글을 아무런 의심 없이 믿고, 구약성경을 하늘에서 떨어진 것으로 생각하는 건 매우 어리석은 일입니다.

2
구약성경과《삼국지》

역사를 연구하기 전에 역사가부터 연구하라 | 에드워드 H. 카는《역사
란 무엇인가?》에서 "역
사를 연구하기 전에 역사가부터 연구하라"고 썼습니다. 이유는 분명합
니다. 모든 역사는 역사가의 시각으로 쓰였기 때문입니다. 역사가가
무슨 의도로 그 역사를 기록했는지 알지 못하면 아무리 역사를 연구해
도 역사가가 쓴 표면적인 내용만 알 수 있을 뿐, 진실에는 다가서기 어
렵죠. 역사가가 왜 그 역사를 기록했는지 꿰뚫어볼 줄 알아야 서서히
진실이 드러납니다.

　이제부터《삼국지》에 대해 알아보겠습니다.《삼국지》야말로 이 말의
의미가 뭔지 알 수 있게 해주기 때문이죠.《삼국지》를 읽은 사람은 책
에 나온 내용만 알 수 있지만, 저자의 의도를 알면《삼국지》의 진실까
지 알 수 있습니다.

《삼국지》가 쓰이기까지 | 우리나라 사람들은 대부분 《삼국지》를 읽어 봤거나, 영화나 드라마 등 여러 매체를 통해 보고 들어서 최소한 《삼국지》의 주인공과 주요 사건에는 익숙할 겁니다. 하지만 대다수 사람들이 《삼국지》가 어떤 배경에서 쓰였고, 저자들이 무슨 의도를 가지고 썼는지 모르는 상태에서 그러려니 하고 읽습니다. 《삼국지》가 쓰인 역사적 배경을 알면 《삼국지》에 대한 이해가 훨씬 깊어질 겁니다.

《삼국지》는 2~3세기에 벌어진 일을 기록한 책입니다. 많은 사람들이 《삼국지》가 그 시대에 쓰이지 않았을까 생각할지 모르지만, 《삼국지》는 한참 뒤에 쓰였습니다. 물론 《정사正史 삼국지》는 있습니다. 2~3세기에 벌어진 역사적인 일을 진晉나라의 진수陳壽가 모아 기록했죠. 이걸 진수의 《정사 삼국지》라고 부르는데, 역사가들의 기본 사료로 쓰입니다. 《정사 삼국지》를 기초로 나관중羅貫中이 이야기를 다시 엮어서 《삼국지연의》라는 소설을 썼습니다. 여기부터는 사료가 아니라 소설입니다. 나관중은 14세기 사람이니까, 진수의 《정사 삼국지》 이후 1000년도 지나서 쓴 겁니다. 우리나라로 치면 고려 시대에 벌어진 일을 지금 누가 소설로 쓴 것이나 마찬가지죠. 그런데 나관중의 《삼국지연의》 역시 우리가 오늘날 보는 《삼국지》와 매우 다릅니다. 나관중이 이 소설을 쓰고 300년쯤 뒤에 모종강毛宗崗이 한 번 더 내용을 재구성했습니다. 우리가 흔히 《삼국지》라고 부르는 건 모종강이 다시 쓴 소설 《삼국지》입니다.

그러면 우리가 읽는 소설 《삼국지》가 역사적 사실을 기록한 것일까요? 사실을 바탕으로 쓴 건 맞지만, 그 자체가 역사적 사실은 아닙니다. 《삼국지》에서 제갈공명이 바람을 불렀다느니 하는 신화적인 요소가 역사적 사실이 아니라는 말이 아닙니다. 이런 요소가 역사적인 사실이 아니란 건 누구나 짐작할 수 있죠. 《삼국지》 전체의 이야기를 통해 저자들이 뭔가 일관된 의도를 가지고 역사적 사실을 왜곡했다는 걸 말하고 싶은 겁니다. 《삼국지》 역시 인간이 쓴 것이기 때문입니다. 아무리 객관적이고 싶어도 기록하는 사람 역시 인간인 이상 자신의 시각이 들어간 상태에서 기록할 수밖에 없습니다. 실제 일어난 일이 《정사 삼국지》로 기록될 때 진수의 시각이 반영되고, 《정사 삼국지》가 소설 《삼국지연의》로 바뀔 때 나관중의 시각이 반영되며, 《삼국지연의》가 《삼국지》로 바뀔 때 모종강의 시각이 반영된 겁니다. 따라서 《삼국지》를 놓고 각각의 이야기가 과연 역사적 사실인지 따지는 것은 별 의미가 없습니다. 그 대신 저자들이 어떤 시각으로 이런 사실을 해석했는지, 왜 이런 것들을 쓰려고 했는지 살펴봐야 훨씬 더 본질에 다가설 수 있습니다.

《삼국지》는 왜 쓰였을까? 김운회 · 서동훈 · 장정일은 《삼국지 해제》에서 나관중과 모종강이 왜 소설 《삼국지》를 썼는지 합리적인 근거를 들어 설명했습니다. 그들이 《삼국지》를 쓴 이유는 시대적 상황과 무관할 수 없습니다. 모든 사람은 시대의 아들입니다. 나관중은 원나라 말기에서 명나라 초기까지 살았고, 모종강은 청나라 때 사람입니다. 뭔가 공통점이 느껴지지 않습니까? 원나라는 몽골족이, 청나라는 여진족이 점령한 기간입니다. 즉 나관중과 모종강은 이민족 치하에서 살았죠.

두 시기는 중국 민족에게 뼈아픈 치욕의 기간입니다. 나관중이 살던 원나라 말기는 원나라가 서서히 힘을 잃고 한족의 주원장에 의해 명나라로 넘어가는 변혁기입니다. 모종강이 살던 시대는 명나라가 망하고, 다시 여진족의 누르하치에게 점령된 시기죠. 한족의 입장에서는 민족적 자존심에 깊은 상처를 받은 시기입니다. 만날 '오랑캐'라 부르며 얕보던 이민족이 중국에 쳐들어와서 자신들을 이겼습니다. 대개는 실컷 약탈하고 돌아갔는데, 이때는 아예 눌러앉아서 자신들을 지배했습니다. 짓밟힌 민족적 자존심과 그에 따른 분노가 《삼국지》라는 걸출한 역사소설이 등장한 배경입니다. 제아무리 재미있게 썼다고 해도, 대중의 마음에 호소하지 못했다면 《삼국지》가 이토록 유명해지지 않았을 겁니다. 그 대중적인 인기는 바로 짓밟힌 민족적 자존심의 토양에서 나왔습니다.

한족의 입장에서 민족적 자존심을 되찾기 위해 저자들이 생각한 방법이 옛날이야기 중에 적당한 소재를 끌어와 소설을 써서 사람들에게 읽히는 것이었습니다. 그들이 끌어온 것이 《정사 삼국지》의 배경이 되는 2~3세기 이야기입니다. 나관중이 쓴 소설은 엄청나게 인기를 끌었습니다. 오늘날 우리가 아는 《삼국지》는 실제 역사를 기록했다기보다 의도적으로 재구성한 부분이 많습니다. 《삼국지》에서 초지일관 흐르는 메시지는 "한족은 올바르고 위대하지만, 오랑캐는 비열하고 치졸하며 결국 망한다"입니다.

유비는 띄우고, 동탁은 까고 | 소설 《삼국지》와 《정사 삼국지》를 비교하면 많은 부분이 다릅니다. 예를 들어 《삼국지》에서 여포와 동탁은 파렴치한 인간으로, 유비와 관우, 장비, 제갈량은 지조 있고 바른 인간으로 그려집니다. 하지만 정사와 여러 정황을 고려할 때 《삼국지》는 실제 역사와 매우 다릅니다.

먼저 동탁은 매우 합리적인 사람입니다. 편파적인 경향 없이 여러 지역 출신의 인재를 고루 등용했습니다. 《삼국지》에 등장하는 영웅이 대부분 원래 동탁 휘하의 사람들입니다. 동탁은 부하에 대한 인간미도 많은 인물로 보입니다. 그렇지 않으면 동탁 휘하에 그토록 많은 인재가 몰린 이유나, 동탁이 암살된 후 심복들이 뭉쳐서 막강한 세력을 형성한 부분을 설명하기 힘듭니다. 우리는 막연히 동탁이 황제를 억압한 것처럼 생각하는데, 《삼국지》만 봐도 동탁은 황제를 죽이지 않았고, 오히려 정중히 모신 것으로 나옵니다.

반면에 지조 있는 선비 같은 인상에 '황숙'으로 불리면서 자신의 정통성을 내세우는 유비는 황제를 잘 모신 것처럼 생각하는데, 《삼국지》만 봐도 유비는 자신이 권력을 잡고 나라를 형성한 뒤에도 황제를 다시 모셔오지 않고, 나중에는 황제가 어디 갔는지도 모르는 채 오히려 본인이 황제로 등극합니다. 그러나 《삼국지》는 이런 면에 대해 침묵하고 있습니다.

자세히 살펴보면 왜곡은 훨씬 더 많습니다. 위·진나라가 당시 중국을 대부분 통합한 실제적인 패권 국가고, 촉나라는 변방의 조그만 자치국이라는 것이 사실에 가까운데도 《삼국지》에서는 촉나라를 위나라와 겨룰 만큼 대등한 힘이 있는 나라로 묘사했습니다. 몇 년 전 영화화된 '적벽대전' 역시 실제 벌어진 사건이라고 보기 힘들죠. 뿐만 아닙니다. 같은 일이라도 유비가 하면 별로 문제시하지 않는데, 동탁과 여포가 하면 문제가 많은 것처럼 묘사했습니다. 예를 들어 《삼국지》에 나오는 거의 모든 호걸은 처첩이 많았는데, 여포와 동탁만 호색한으로 그렸습니다.

《삼국지》의 저자들이 등장인물에 대해 상반된 평가를 내리는 이유가 뭘까요? 그건 등장인물의 출신과 밀접한 연관이 있습니다. 여포와 동탁은 오랑캐 출신이고, 유비는 정통 한족 출신입니다. 소설가의 입장에서 중국인의 민족의식을 고취하려면 이민족인 여포와 동탁은 파렴치한 인간으로, 한족인 유비는 대단한 인물로 그릴 수밖에 없었죠. 당시 역사에서 우리나라 출신 장수가 소설 《삼국지》에 등장했다면, 그가 어떤 사람이며 무슨 일을 했든 폄하되었을 것입니다.

조조는 한족 출신이만 한족이 혐오하는 환관의 양자이므로, 영웅이되 간사하다는 뜻으로 '간웅奸雄'이라 불리며 중간 정도 위치에서 애매하게 다뤄집니다. 조조가 환관과 엮이지 않았다면 《삼국지》의 최대 영웅으로 그려졌을지도 모르죠. 잘 들여다보면 저자는 중국 민족의 이상적인 군주라고 알려진 요순을 모델로 삼아 유비가 이들과 비슷한 인물인 것처럼 그리려고 애썼습니다. 제갈공명 역시 관중에 비견되는 뛰어난 재상인 것처럼 묘사하려고 애쓴 흔적이 역력합니다.

중화사상의 온상 | 《삼국지》를 읽은 당시의 중국인이 어떤 기분이었
을까요? 오랑캐에게 짓밟혀서 힘들고 자존심이 상
하던 차에 여포와 동탁이 치졸한 인간으로 치부되어 죽는 모습에서 쾌
감에 젖고, 유비가 왕으로 등극하는 데서 감격하며 민족의식이 고양되
었을 겁니다. 《삼국지》를 자세히 보면 이런 효과를 만들어내기 위해 저
자가 고심한 흔적이 드러납니다. 정사를 바탕으로 하면서도 한족인 유
비의 장점을 부각하고 단점은 무마하며, 이민족 출신 여포와 동탁의
장점은 묻어두고 단점을 부각하려면 탁월한 작가적 상상력이 필요하
죠. 이런 작업은 결코 쉽지 않습니다.

저자는 유비의 치졸한 면을 미화하기 위해서 애꿎은 장비를 좌충우
돌 캐릭터로 만들어 유비의 모든 잘못은 장비의 우발적인 성격 때문에
벌어진 것처럼 꾸미는가 하면, 여포와 동탁이 한 일은 주변에서 만류
하는데도 본인이 고집스럽게 밀어붙여서 저지른 것처럼 그렸습니다.
이런 부분은 《정사 삼국지》와 매우 다릅니다. 한술 더 떠서 어느 때는
제갈량이 바람을 부르는 등 기적을 벌인 것처럼 꾸미기도 했습니다.
사건 전개도, 돌발적인 상황의 발생도 한결같은 흐름으로 이어집니다.
정통 한족은 좋은 혈통과 전통을 이어받은 뛰어난 민족이고, 이민족은
저급한 민족이라는 거죠. 이민족이 지배하는 상황에서 이런 메시지를
직접적으로 전하기보다 옛날이야기를 재미나게 만들어서 퍼뜨리는 편
이 사람들의 입에 오르내리는 데 효과적이고, 혹시 이민족 치하에서 당
국의 검열을 받더라도 안전했을 겁니다.

《삼국지》야말로 중국인이 세상의 중심이며, 한족 외의 다른 민족은
저급한 민족이라는 '중화사상' 의 온상이 되었음은 두말할 나위 없습니

다. 이런 배경에서 쓴 책을 명나라 이후 중국 독자들이 읽고, 점점 인기를 끌어서 오늘날 우리가 읽는 겁니다. 《삼국지》를 들춰가며 제가 말하고자 하는 요지는 어떤 책이든 그 책이 쓰인 배경과 저자의 의도를 잘 알아야 한다는 것입니다. 그러면 원래 뜻에서 벗어난 억측을 하지 않고, 왜곡된 해석도 줄어듭니다.

《삼국지》와 구약성경 | 자, 이제 성경을 살펴볼 차례입니다. 성경 역시 《삼국지》에 비교할 수 없을 정도로 인류가 오랫동안 수없이 읽어왔고, 전 세계인에게 영향을 발휘한 책입니다. 오늘날 우리나라만 봐도 성경을 읽는 사람들이 많습니다. 하지만 성경을 읽는 양에 비하면, 성경에 대한 이해는 터무니없이 부족합니다. 오늘날 작가가 쓴 소설은 인식의 틀이 같은 동시대 독자가 대상이다 보니 우리가 그 뜻을 이해하는 데 별 어려움이 없죠. 하지만 성경은 오늘날 독자와 전혀 다른 시대, 전혀 다른 인식의 틀에서 살던 독자에게 호소한 책입니다. 그러니 성경이 쓰인 당시의 역사적 배경과 저자의 의도를 알지 못하면 엉뚱한 해석이 나올 수밖에 없습니다. 《삼국지》만 읽은 사람은 그 내용은 알지만, 《삼국지》가 쓰인 의도나 내용의 허와 실은 알 수 없는 것처럼 말입니다.

일부 학자들은 구약성경이 바벨론 유수Babylonian exile 전후에 기록된 것이라고 봅니다. 바벨론 유수란 스탈린이 우리 민족을 시베리아로 강제 이주시킨 것처럼, 기원전 600년경 바벨론이 이스라엘로 쳐들어가서 예루살렘을 파괴하고 유대인을 바벨론으로 강제 이주시킨 사건을 말합니다. 다른 일부 학자들은 이때보다 훨씬 뒤, 그러니까 요시야 왕의 종교 개혁 때나 기원전 2세기 하스몬 왕조가 유대에 들어설 때 구약성경이 쓰였다고 주장하죠. 세 시기에는 공통점이 있습니다. 민족의 정체성을 확립하거나, 왕권을 확립해서 나라를 재건하는 데 힘쓰던 시기라는 점입니다. 모두 이스라엘 민족의 정체성을 강하게 심어줄 필요가 있는 시기지요. 즉 구약성경은 하늘에서 떨어진 게 아니라 정치·사회적인 이유, 민족적이고 국가적인 필요에 따라 만들어졌습니다.

유대인은 바벨론 유수 중에 민족적 자존심에 엄청난 상처를 받았을 겁니다. 그들은 야훼가 택한 백성이라는 강한 프라이드가 있었고, 성전을 침범하는 자는 야훼가 벌하실 것이라고 굳게 믿었습니다. 이것이 강한 민족의 침입에 맞설 때 유대인이 강경하게 나간 이유 중 하나죠. 그런데 실제로 바벨론 군사들이 들이닥치자, 유대인이 영원히 망하지 않을 것이라고 철석같이 믿던 예루살렘 성이 처참하게 파괴되었습니다. 성벽이 헐리고, 성전은 불탔으며, 성전 안의 집기는 모두 전리품으로 바벨론으로 옮겨졌습니다. 그들이 믿던 '강력한' 수호신 야훼는 침묵했습니다.

《다니엘》 이야기 | 비극은 이후에도 반복됩니다. 70년 뒤 유대인은 페르시아 왕 고레스를 통해 바벨론에서 돌아와 이스라엘에 정착했지만, 수백 년 뒤 이스라엘 역사에서 악명 높은 인물 중 하나인 안티오코스 에피파네스가 등장합니다. 그는 알렉산더대왕이 죽은 뒤 제국을 나눠 가진 알렉산더 휘하의 장군 중 하나입니다. 그는

예루살렘을 침략하여 간단히 정복한 뒤, 예루살렘 성전에 똥을 뿌려댔습니다. 이런 능멸을 당해도 침묵하는 야훼를 보면 유대인이 야훼 신앙을 버릴 것이라고 생각한 모양입니다.

하지만 유대인의 반발은 더욱 격렬해졌고, 안티오코스는 격노합니다. 급기야 예루살렘에 제우스 신상을 세우고 유대인에게 절하라고 강요합니다. 유대인에게는 황당한 명령이 아닐 수 없죠. 정복한 나라의 국민을 격분하게 만드는 건 통치자에게 해로운 일입니다. 안티오코스는 조금 아둔한 지도자인 것 같습니다. 알렉산더의 부하지만, 다양한 문화를 이해하고 존중하고 포용하는 면은 배우지 못한 모양입니다. 이런 배경에서 쓰인 것이 오늘날 기독교의 구약성경 〈다니엘〉입니다.

〈다니엘〉은 안티오코스가 침략한 시기에 기록된 것으로 보입니다. 〈다니엘〉은 읽는 이에게 영화를 보는 듯한 재미를 선사합니다. 바벨론의 느부갓네살 왕이 금으로 신상을 만들어서 유대 민족을 포함한 모든 민족에게 절하라고 명령했을 때 결연한 태도로 불복종한 사람들, 그럼에도 불구하고 당당히 살아났을 뿐 아니라 왕에게 인정까지 받은 다니엘의 친구들, 왕의 명령에도 하루 세 번씩 예루살렘을 향해 기도했다가 사자 굴에 던져졌으나 살아난 총리 다니엘의 이야기 등이 있어서 '신념 있는 신앙인'의 모델이 되고, 기독교 예배 시간의 설교에서도 자주 등장하는 메뉴입니다.

이쯤 되면 독자들이 뭔가 눈치 채지 않았을까 싶습니다. 저자가 이런 이야기를 쓴 의도는 과연 무엇일까요? 수백 년 전 다니엘의 이야기를 빌려서 저자가 당시 사람들에게 메시지를 전한 것입니다. 물론 다니엘이 실존 인물인지 아닌지도 불분명합니다. 하지만 이런 이야기를 빌려서 저자가 전하고자 한 메시지는 "안티오코스의 위협에 굴복해서 그가 만든 제우스 신상에 절하지 말고 믿음을 굳건히 지켜라"라는 것입니다. 안티오코스가 지배하는 상황에서 이런 메시지를 직접적으로 전하기보다 먼 옛날 바벨론 포로 시절의 다니엘에 대해 전해 내려오는 이야기를 재미나게 만들어서 퍼뜨리는 편이 사람들의 입에 오르내리는 데 효과적이고, 안티오코스 당국의 검열을 받더라도 안전한 방법이겠죠. 《삼국지》처럼 말이지요.

〈다니엘〉 저자는 "나라가 생긴 뒤로 그때까지 없던 어려운 때가 올 것이다. 그러나 그때에 그 책에 기록된 너의 백성은 모두 피하게 될 것이다. 그리고 땅속 티끌 가운데서 잠자는 사람 가운데서도, 많은 사람이 깨어날 것이다. 그들 가운데서, 어떤 사람은 영원한 생명을 얻을 것이며, 또 어떤 사람은 수치와 함께 영원히 모욕을 받을 것이다. 지혜 있는 사람은 하늘의 밝은 빛처럼 빛날 것이요, 많은 사람을 옳은 길로 인도한 사람은 별처럼 영원히 빛날 것이다"〈다니엘〉 12:1~3라고 썼습니다. 이게 무슨 뜻일까요? 오늘날 기독교인 중에는 "많은 사람을 옳은 길로 인도한 사람은 별처럼 영원히 빛날 것이다"라는 구절을 보면서 열심히 전도한 사람은 상 받을 것으로 생각할지 모르지만, 이는 억측입니다. 저자는 안티오코스 치하의 백성에게 "어려움이 있더라도 신실하게 야훼를 믿는 자는 그 어려움을 피할 것이고, 설사 핍박을 당해서 죽은 사람이라도 다시 살아나 영원한 영광을 얻을 것이다"라는 얘기를 하고 싶었던 겁니다.

유대인의 최대 명절 하누카의 기원

〈다니엘〉 2장에서 다니엘은 느부갓네살 왕의 꿈을 해몽한다. 왕이 꿈에 본 신상은 머리는 순금이고, 가슴과 팔은 은이고, 배와 넓적다리는 놋쇠고, 무릎 아래는 쇠고, 발은 일부는 쇠고 일부는 진흙이었는데, 난데없이 돌 하나가 날아들어 쇠와 진흙으로 된 신상의 발을 쳐서 부러뜨린다. 다니엘은 꿈에 나타난 신상의 이미지를 이렇게 해석한다. 순금으로 된 머리는 느부갓네살 왕의 나라요, 은으로 된 가슴과 팔은 느부갓네살 뒤에 등장할 조금 떨어지는 나라요, 놋쇠로 된 배와 넓적다리는 셋째 나라로 온 땅을 다스릴 것이고, 쇠처럼 강한 넷째 나라가 등장해서 여러 나라를 으깨고 부서뜨리지만, 그 속에 진흙이 섞인 것처럼 이 나라는 분열될 것이고, 난데없이 날아들어 쇠와 진흙으로 된 발을 쳐서 부러뜨리는 돌은 하나님이 세우는 나라를 가리킨다.

당시 〈다니엘〉을 읽은 유대인은 네 나라가 무엇을 가리키는지 금방 알아차렸을 것이다. 첫째 나라는 느부갓네살이 왕으로 있는 바벨론이요, 바벨론보다 못한 둘째 나라는 메대Medes를 말하며, 셋째 나라는 헬라(그리스)를 말한다. 쇠처럼 강해서 모든 것을 으깨고 박살내는 넷째 나라는 당연히 알렉산더대왕의 나라다. 이 꿈대로 알렉산더대왕이 죽은 뒤 대왕의 나라는 여러 개로 나뉘었다. 여기에 안티오코스라는 말은 없지만, 이 이야기를 들은 유대인은 이 해몽이 옛날 다니엘의 시대부터 시작해서 당시까지 이어졌다고 생각했을 것이다.

저자가 강조하려는 점은 마지막에 있다. 알렉산더대왕 사후에 나라가 여러 개로 나뉜 상황에 난데없이 날아들어 쇠뿐만 아니라 놋쇠와 진흙과 은과 금까지 부숴버리는 돌. 오늘날 기독교의 설교에서 이 부분을 접한 사람들은 그 돌은 예수요, 영원히 망하지 않는 나라는 하나님의 나라라고 생각할지 모른다.

146

하지만 날아든 돌은 예수가 아니라 당시 이스라엘 반군을 뛰어나게 이끌어 승리를 거듭하던 유다 마카베오를 말하고, 영원히 망하지 않는 나라는 유대왕국을 말한다. 구약성경에 등장하지 않아 기독교인에게는 잘 알려지지 않았지만, 마카베오는 유대 민족의 최대 영웅이라 해도 과언이 아니다. 성경에 익숙한 사람들은 '유대인의 명절' 하면 일단 신약성경에 자주 나오는 유월절을 떠올리겠지만, 유대인의 최대 명절은 하누카(수전절)다. 하누카는 마카베오가 성전을 탈환한 역사적인 사건을 기념하는 날이다.

■■

그러면 〈다니엘〉의 내용이 과연 몇 훗날을 예언하는 것일까요? 결코 그렇지 않습니다. 그 시대, 그 현장에 있는 유대인에게 직접적으로 호소하는 말입니다. 성경을 읽고 '바벨론 시대의 다니엘이 어쩌면 이렇게 미래를 정확히 예언했을까' 생각하는 사람들이 많은데, 그건 너무 순진한 생각입니다. 〈다니엘〉의 배경을 조금이라도 이해한다면 이건 저자가 재구성한 이야기임을 알 수 있습니다.

당시 이 책을 읽는 유대인에게 안티오코스가 점령한 현재의 상황이면 옛날 다니엘이 예언한 일인 듯 느껴지도록 만든 것이죠. 더 크게는 이런 혼란과 핍박의 시대 역시 야훼와 그가 택한 예언자가 예언한 것이며, 야훼의 약속대로 믿음을 잘 지키면 최후에는 승리한다는 믿음을 심어주려고 한 겁니다. 〈다니엘〉 저자는 요세푸스와 비슷한 수법을 쓴 겁니다. 그러니 오늘날 〈다니엘〉을 읽으면서 '예언이 이토록 신기하게 맞아떨어지다니'라고 생각한다면, 〈다니엘〉을 몰라도 너무 모른다고 볼 수밖에 없습니다.

묵시문학에 속지 말자

〈다니엘〉 저자는 또 "날마다 드리는 제사가 없어지고, 혐오감을 주는 흉측한 것이 세워질 때부터, 천이백구십 일이 지나갈 것이다. 천삼백삼십오 일이 지나가기까지, 기다리면서 참는 사람은 복이 있을 것이다. 너, 다니엘아, 너는 끝까지 신실하여라. 너는 죽겠지만, 끝 날에는 네가 일어나서, 네게 돌아올 보상을 받을 것이다"〈다니엘〉 12:11~13라는 말로 마무리한다. '혐오감을 주는 흉측한 것'은 안티오코스가 성전에 세운 제우스 신상을 가리킨다. 이는 묵시문학에서 자주 쓰는 표현인데, 독특한 비유와 상징으로 필자와 독자 사이에 모종의 신호sign를 사용한 것이다. 즉 무슨 뜻인지 서로 알아챌 수 있지만, 외부 사람들은 잘 모르게 만든 특정한 이미지와 숫자 등을 사용하여 자신들이 전하고자 하는 내용을 표현했다. 오늘날 사회적으로 이슈가 된 사건은 간단한 만화로 비유해도 사람들이 금방 아는 것과 마찬가지다. 숫자도 당시 독자들이 무슨 뜻인지 금방 아는 것들이다. 이렇게 비유와 상징 같은 방식을 써야 당국의 검열과 통제를 받더라도 피해갈 여지가 있었을 것이다.

〈다니엘〉과 〈요한계시록〉을 묵시문학이라고 부른다. 핍박이 있고 당국의 검열이 심할 때 유행하던 문학 장르다. 그러니 여기에 나오는 무수한 기호와 상징과 은유는 미래에 벌어질 인류의 종말이라든가 말세에 나타날 적그리스도나 인류 대재앙이 아니라, 유대 백성에게 "안티오코스의 신상에 절하지 말고, 끝까지 신실하게 믿음을 지켜라. 설사 죽는다 하더라도 보상을 받을 것이니, 죽기까지 충성하라"는 뜻이 담긴 것이다. 〈다니엘〉의 일차적인 독자인 유대인은 이 말이 무슨 뜻인지 금방 알아차렸겠지만, 당국이 이걸 문제 삼기는 애매했을 것이다. 구체적인 단어로 지목한 게 아니라 모호한 숫자와 상징을 사용했으니까. 오늘날로 치면 겉으로는 "각하는 절대로 그럴 분이 아니다"를 표방하면서도 하고 싶은 말을 다하는 방식과 비슷하다. 이런 것 역시 검열하기도, 억압하거나 통제하기도 쉽지 않다. 이런 걸 문제 삼을라치면 "우리는 그동안 각하는 절대 그럴 분이 아니라고 해왔다"고 할 테니까.

666의 비밀

〈요한계시록〉에는 상징과 숫자가 많이 등장하는데, 숫자도 나름 의미가 있다. 예를 들어 12는 이스라엘 열두 지파, 예수의 열두 제자 등에서 보이듯 선택받은 사람들을 가리킨다. 1000은 단순히 많은 수를 가리키거나 메시아의 숫자다. 〈요한계시록〉에 자주 나오는 14만 4000이라는 숫자〈요한계시록〉 7:4, 14:1~3는 12×12×1000이므로, 하나님이 택한 사람들(기독교인)을 가리킨다. 3은 삼위일체를 상징하므로 신성 혹은 예수를, 4는 동서남북과 사계절 등에서 보이듯 이 세상을 의미하고, 7은 이 둘을 합친 완전수이므로 완전한 하나님을, 6은 7에서 하나 모자란 숫자이므로 하나님도 아니면서 하나님 행세를 하는 재수 없는 인간, 더 정확히는 기독교인을 핍박한 통치자를 가리킨다. 그 재수 없는 숫자가 세 개나 붙은 666은 아마도 기독교인 사이에서 로마 황제를 가리키는 암호 비슷한 말이었을 것이다.

묵시문학은 이런 식으로 당시 상황에서 독자에게 하고 싶은 말을 쓴 것이지, 미래에 대한 이야기가 결코 아니다. 이 책의 주제에서 벗어나기 때문에 더 언급하지 않지만, 최소한 이 책을 읽은 독자는 〈다니엘〉〈요한계시록〉 같은 묵시문학을 보면서 미래의 종말을 예언하는 내용이 기록된 것인 양 생각하지 말기 바란다. 기독교의 특정 교파에서 〈요한계시록〉〈다니엘〉 등을 가지고 장난치는 사람들이 많다. 이런 책들은 비유와 상징으로 표현되어 어떻게 풀어도 그럴싸해 보이니까.

구약성경은 왜 쓰였을까? | 구약성경 역시《삼국지》저자들이나〈다니엘〉저자와 비슷한 상황에서 비슷한 의도로 쓰였습니다. 즉 하나님이 택한 백성이라고 자부하던 유대 민족이 바벨론이라는 이민족에게 철저히 짓밟힌 뒤, 상실된 민족적 자존심과 유일신 야훼에 대한 믿음을 회복하려는 것이죠. 이런 의도로 그동안 구전되던 이야기를 모아서 성문화한 게 바로 구약성경입니다.

구약성경은 일반적인 기독교 신자들이 생각하는 것처럼 유대인의 역사나 신화를 적은 게 아니라, 고대 근동 지방의 여러 신화를 흡수해서 약간 변형한 것이 많습니다(조철수,《메소포타미아와 히브리 신화》, 민희식,《성서의 뿌리》참고). 예를 들어 수메르문명에 나오는 여러 신화는 〈창세기〉의 내용과 너무나 흡사해서 모르는 사람은 수메르 신화가〈창세기〉신화에서 온 게 아닌가 생각하기도 하는데, 사실은 정반대입니다. 수메르는 의심할 여지없는 고대 초기 문명이기 때문이죠.〈욥기〉의 주인공인 욥과 유대 민족의 조상인 아브라함의 이야기 역시 유대인이 주변의 여러 신화를 끌어다가 재구성한 것입니다. 유일신 야훼 신앙을 회복하고 국가를 강력하게 재건하려는 관점에서 말이지요.

이런 배경에서 쓰이다 보니, 구약성경에는 이스라엘 민족의 우수성과 함께 다른 민족과 유대 민족을 구별하는 것(할례, 안식일, 율법, 성전과 거룩한 의식 등)에 대한 중요성이 지속적으로 강조되었습니다. 당연히 구약성경에는 이스라엘 민족은 우수하고, 다른 민족은 상종할 가치도 없는 인간으로 폄하됩니다.《삼국지》에서 이민족은 모두 폄하된 것처럼 말이죠. 현대 기독교에서는 신약성경의 복음서와 바울의 몇몇 편지,〈히브리서〉등을 근거로 해서 구약성경 전체를 예수에 대한 예언으로 생각하는 측면이 강합니다. 그러나 구약성경은 엄연히 히브리 민족의 역사와 신화를 모아놓은 이야기로, 예수의 가르침과 확연히 구별됩니다. 구약성경을 '예수'로 끼워 맞추려는 건 억지입니다. 일반인이 쉽게 '구약'이라고 부릅니다만, 사실 구약은 유대인에게 매우 불쾌한 말입니다. 유대 민족의 성경을 기독교인이 '옛날old'거라고 하면 안 되죠. 그냥 '히브리 성경'이라고 해야 맞습니다.

순종=축복, 불순종=저주 패러다임 │ 구약성경의 저자들은 한 가지 딜레마에 빠졌을 겁니다. "그토록 강하고 능력 있는 야훼가 택한 백성이 왜 요 모양 요 꼴이 될 수밖에 없는가? 전쟁에서 패하는 건 물론이고, 다른 민족에게 끌려가서 유배 생활까지 하는 건 도대체 무슨 꼴인가?"에 대해 독자를 이해시키기 매우 어렵다는 사실입니다. 그래서 강조한 메시지가 "야훼는 신실했으나, 우리의 왕과 백성이 야훼에게 불순종해서 지금 같은 고통을 당하고 있다. 그러니 야훼께 순종하고 율법을 철저하게 지키자"입니다. 실제로 구약성경을 잘 읽어보면, 이 주제가 놀랍도록 일관되게 나타난다는 것을 알 수 있습니다.

구약성경에서 제시하는 바람직한 인간상은 '다른 신에게 한눈팔지 않고 야훼만 섬기며, 이해가 안 가도 야훼의 명령에 순종하는 사람'입니다. 예를 들어 유대 민족의 조상인 아브라함은 "너의 아들, 네가 사랑하는 외아들 이삭을 번제물로 바쳐라"〈창세기〉 22:2라는 명령에 즉각 순종합니다. 다행히 아들이 죽지는 않았습니다만, 이런 명령을 그대로 이행한 모습은 이해하기 어렵죠. 아브라함은 이해가 가지 않는 명령에 순종한 대가로 야훼에게 큰 축복을 받습니다. 이 흐름은 별로 달라지지 않았습니다. 오늘날 기독교인 역시 이해가 가지 않아도 순종하는 게 훌륭한 신앙이라고 생각하니까요. 물론 인간이 다 알 수는 없기 때문에 이해되지 않아도 순종함으로써 신의 뜻을 알 수 있는 부분도 있겠죠. 하지만 오리무중 상태로 무조건 순종하는 건 결코 미덕이 아닙니다.

고대 최강대국 왕을 좌지우지한 일개 부족장?

유대 민족의 조상 아브라함을 부를 때 야훼가 그에게 준 약속은 "내가 너로 큰 민족이 되게 하고, 너에게 복을 주어서, 네가 크게 이름을 떨치게 하겠다. 너는 복의 근원이 될 것이다. 너를 축복하는 사람에게는 내가 복을 베풀고, 너를 저주하는 사람에게는 내가 저주를 내릴 것이다" 〈창세기〉 12:2~3였다. 구약성경은 이 약속과 깊이 연관되어 있다. 〈창세기〉에는 유대 민족의 조상 아브라함이 일개 족장의 신분인데도 이집트 파라오(바로)와 왕인 아비멜렉조차 아브라함의 아내를 취했다가 재앙을 만나고, 아브라함을 두려워한다. 아브라함이 축복하지 않으면 그 나라에 재앙이 닥친다. 〈창세기〉 12:10~20, 20:1~13 아브라함은 소수의 인원을 이끌고도 주변 다섯 왕의 연합군을 격파한다. 〈창세기〉 14장

이런 일은 아브라함의 아들 이삭에게도 반복된다. 〈창세기〉 26:7~11 아브라함과 그의 자손은 손댄 것마다 번성한다. 주변 왕들이 아브라함이나 이삭의 세력을 두려워하여, 자청해서 불가침조약을 맺은 것으로 그려진다. 〈창세기〉 21:22~34, 26:16~33 이후 이스라엘 역사에서도 모세가 이스라엘 민족을 이끌고 이집트를 빠져나가려고 할 때, 바로가 이스라엘 민족을

막았다는 이유로 이집트 전체에 전무후무한 열 가지 재앙이 내린다. 말 그대로 아브라함과 그의 자손을 축복하는 사람에게는 야훼가 복을 베풀고, 그들을 저주하는 사람에게는 저주를 내린 것이다. 하지만 이걸 실제 역사라고 생각하면 매우 곤란하다. 일개 부족장이 고대 최강대국인 이집트의 파라오를 좌지우지할 수 있겠는가.

선민사상 | 구약성경을 집대성할 때, 민족적 자존심을 살리기 위해 반드시 추가해야 할 부분이 선민사상이었을 겁니다. "우리는 야훼께 택함을 받은 선민이기 때문에 복을 받고 보호받는 거다"라는 논리죠. 이는 필연적인 부작용을 낳았습니다. 자기들이 선택받은 민족이 된 이상, 다른 민족은 선택받지 못한 민족이 되어야 하니까요. 그러니 다른 민족 출신은 구약성경에서 대부분 가차 없이 폄하됩니다. 예를 들어 〈창세기〉에서는 이스라엘 민족의 직계 조상과 그 주변 사람을 대조적으로 배치합니다. '아브라함과 롯' '이삭과 이스마엘' '야곱과 에서' 등이죠. 유대인의 직계 조상은 매우 훌륭한 사람으로, 그 외 사람은 싸잡아서 문제가 있는 사람으로 그려집니다. 저자들이 이렇게 쓴 것은 문제 있는 사람들이 이스라엘과 만날 싸우던 주변 민족의 조상이기 때문입니다. 《삼국지》에서 여포와 동탁이 이민족이라는 이유로 폄하된 것과 같은 상황이죠.

구약성경에서 폄하된 인물 중 은근히 억울한 사람이 이스마엘입니다. 이민족도 아닌데 서자라는 이유로 차별받았으니까요. 유대인의 조상 아브라함에게는 자식이 둘 있었는데 하나는 첩인 여종 하갈이 낳은 서자이면서 장자인 이스마엘이고, 다른 하나는 정부인 사라가 낳은 이삭입니다. 자연히 상속 다툼이 일어날 조짐이 있었고, 사라는 아브라함에게 첩과 서자를 내쫓으라고 조릅니다. 아브라함은 고민했으나 야훼가 사라의 손을 들어줌으로써 하갈과 이스마엘은 사막에 버려지고, 물이 없어서 죽을 뻔하다 살아납니다.〈창세기〉 21:10~20

우리나라에서 서자의 설움을 담은《홍길동전》같은 소설에서도 서자라는 이유로 사막에 버려지지는 않는데, 이건 너무 심했죠. 저자들은 왜 이런 설정을 했을까요? 이스마엘이 모든 아랍 민족의 조상이기 때문입니다. 이 이야기를 보면 마치 아랍 민족이 신에게 버려져서 사막에 살게 된 사생아의 후손인 것 같은 느낌을 줍니다. 아랍 민족에 대한 이런 시각은 오늘날 기독교인에게도 그대로 답습된 듯합니다. 흥미롭게도 영어 단어 desert는 '사막' '버리다'라는 뜻이 있죠.《삼국지》가 중화사상의 온상이 된 것처럼, 구약성경이 선민사상의 온상이 되었다고 말하면 지나친 비약일까요?

배타적인 유대인 | 슬프게도 구약성경을 보면 이런 배타적인 관점이 끊임없이 나옵니다. 어느 때는 도가 지나치죠. 홍수가 끝나고 방주에서 나온 노아와 세 아들은 땅에 정착합니다. 하루는 노아가 술에 취해 벌거벗고 누워서 자는데, 함이 지나가다가 아버지의 벌거벗은 몸을 보았습니다. 노아는 술에서 깨어나 함에게 "가나안(함의 아들)은 저주를 받을 것이다"〈창세기〉 9:25라고 합니다. 별일도 아

닌데 뜬금없이 이런 저주를 퍼붓는 걸 도대체 어떻게 이해해야 할까요? 어떤 할아버지가 귀여운 손자에게 이런 말을 할 수 있을까요? 함이 한 일이 그렇게 큰 잘못일까요? 고의도 아니고 실수로 벌거벗은 아버지의 몸을 본 게 이토록 저주받아야 할 행동일까요? 요즘 같으면 저주받을까 두려워서 부자간에 목욕탕도 같이 못 가겠네요? 더구나 함이 잘못했는데 그 자식인 가나안까지 저주를 받는 건 무슨 뚱딴지같은 소리인가요?

이런 질문은 오늘날의 사고방식으로 진위를 따지고 들면 답이 나오지 않습니다. 오히려 '〈창세기〉 저자들이 불합리성을 감수하고 이런 내용을 쓴 이유가 무엇인지' 살펴봐야 진실에 다가설 수 있습니다. 아들 함과 손자 가나안을 저주할 수밖에 없는 이유는 가나안의 후손인 가나안 족속이 이스라엘 민족과 적대적인 관계를 이어갔기 때문입니다. 이스라엘의 눈에 가나안 족속은 저주받을 족속으로 보였던 겁니다. 가나안의 후손인 오늘날 팔레스타인 원주민과 이스라엘의 관계도 다르지 않은 듯합니다.

멸망시켜도 싼 함의 후손?
구약성경 〈역대상〉을 보면 이스라엘 민족이 그 수가 불어나서 퍼지자, 양을 칠 목장을 찾다가 기름진 목장을 발견한다. 그곳은 넓고 조용하고 평화스러운 땅이었다. 이스라엘 민족은 그곳에서 평화롭게 살던 사람을 모두 죽이고 그 땅을 빼앗는다. 오늘날 이런 뉴스를 접하면 전 세계에서 지탄이 빗발칠 텐데, 성경 본문을 읽어보면 아무렇지도 않다는 듯 적혀 있다. 그곳이 함의 자손이 살던 땅이기 때문이다. 〈역대상〉 4:38~41 유대인은 야훼에게 저주받은 함의 후손을 마음대로 전멸시키면서 전혀 거리낌이 없었다.

∎∎∎∎∎∎∎∎∎∎∎∎∎∎∎∎∎∎∎∎∎∎∎∎∎∎∎∎∎∎∎∎∎∎∎∎∎∎

선민사상과 편견의 대물림 | 더 나가봅시다. 노아의 아들이 함이고, 함의 아들이 가나안이고, 가나안의 아들이 구스입니다. 구약성경에서 '구스 사람' 하면 얼굴이 검은 에티오피아인종을 가리킵니다.〈예레미야〉 13:23 이런저런 이유로 구약성경에서 '얼굴 색깔이 다른 사람'은 매우 나쁜 이미지로 각인되어 있습니다. 후세에 미국의 근본주의자 중 일부는 이 구절을 인용하면서 흑인 노예 탄압을 정당화했습니다. 즉 "저주받은 함의 자손인 흑인이 핍박을 당하는 것은 당연하다"는 황당한 논리로 가혹한 흑인 탄압에 대한 백인의 죄책감을 무마한 겁니다. 이 흐름은 20세기에도 KKK(큐클럭스클랜)로 이어져서 극심한 인종차별에 폭력이 난무했습니다. 성경에 대한 무지와 왜곡된 해석이 얼마나 부끄러운 결과를 가져오는지 보여주는 단적인 예입니다.

문제는 구약성경을 한 민족의 역사와 신화가 섞인 책, 의도적으로 뭔가를 왜곡하고 특정한 색깔을 입힌 책이 아니라 하늘에서 떨어진 책이라 생각하고, 이 책에 나온 모든 내용이 사실이라고 보는 데 있습니다. 외국인이 단군신화를 사실로 믿는다면 우리나라 사람조차 이상하게 생각할 겁니다. 그런데 우리는 히브리 민족의 역사를 그런 식으로 생각하고 있습니다. 구약성경은 결코 하늘에서 뚝 떨어진 책이 아니라, 오랜 기간 동안 역사적인 배경에 따라 형성된 책입니다. 게다가 그 안에는 고약한 선민사상과 후세에 나쁜 영향을 줄 수 있는 내용이 포함되어 있습니다. 이런 말을 하면 불쾌하게 생각하는 사람들이 있겠지만, 알아볼 것은 제대로 알아보고 인정할 것은 그대로 인정할 줄 알아야 합니다.

유대인의 바벨론 혐오증

앞서 언급한 유색인종 구스의 아들이 니므롯인데, 그가 실제적으로 바벨탑을 지은 장본인이다.〈창세기〉 10:8~10 이름을 봐도 대충 눈치를 챌 수 있듯이, 바벨탑과 바벨론은 어원이 같다. 〈창세기〉를 읽은 유대인은 '바벨탑'이란 단어만 들어도 바벨론을 연상했을 것이다. 바벨탑은 고대 유적에서 볼 수 있는 지구라트Ziggurat의 일종으로 보인다. 지구라트는 바벨론과 아시리아의 유물인데, 그들의 신과 연결하기 위한 신성한 장소로 추측된다. 〈창세기〉 저자들은 야훼가 바벨탑을 쌓는 일을 막았다고 썼다.〈창세기〉 11:1~9

〈창세기〉를 쓰던 바벨론 치하에서 이스라엘 민족이 이런 이야기를 들었다면, 그들은 아마 이렇게 이해했을 것이다. "지금 우리를 핍박하는 바벨론 민족은 옛날 옛적에 우리가 섬기는 야훼의 저주를 받은 가나안의 후손이며, 이들이 공들여 쌓은 탑을 우리 하나님께서 무너뜨리실 것이다. 이들이 그 탑에서 우상에게 바치던 제사는 헛된 일이 될 것이며, 결국 이들은 가장 천한 종이 되고, 우리 종이 될 운명에 처한 사람들이다." 과연 바벨론이 이스라엘을 무자비하게 탄압했을까? 미안하지만 아무리 봐도 그렇게 보이지 않는다. 바벨론은 당시 최고 수준을 자랑하는 문명이었다. 비록 허구적인 면이 있지만 〈다니엘〉의 내용만 봐도 역사적인 실체에 어느 정도 다가설 수 있다.

이런 때 판단할 수 있는 좋은 방법이 있다. '저자가 쓰고 싶지 않았을 내용인데도 기록된 것'이 있다면 그나마 가장 믿을 만한 자료라는 얘기다. 〈다니엘〉에서 바벨론은 안티오코스 치하의 유대를 상징하기 때문에 저자의 입장에서 바벨론은 철저히 폄하해야 할 대상이다. 그럼에도 바벨론 왕 느부갓네살은 이스라엘 사람 중 똑똑한 이들을 발탁해서 최고 수준의 교육을 했다. 그리고 다니엘을 전격 발탁해서 총리라는 나라의 중책을 맡겼으며, 나라의 중요한 일을 그와 의논했다. 이런 내용은 저자가 쓰고 싶지 않았을 텐데 기록된 것이니까 진실에 가깝다고 봐야 한다.

이스라엘 민족이 바벨론 민족을 포로로 잡았다면 그중 똑똑한 사람을 발탁해서 기용하기는커녕 멸절했을지 모른다. 이 모든 것이 유대인의 지독한 바벨론 혐오증에서 기인한 것이다. 바벨론은 오늘날 이라크 지역의 고대국가다. 오늘날 유대인 역시 강대국 미국을 움직여서 이라크를 공격하는 걸 보면 핏줄은 못 속이나 보다.

3
조로아스터교의 막강한 영향

유대교는 조로아스터교의 영향을 받았다 | 제목을 보고 불편해할 사람 들이 있을지 모르지만, 이 건 매우 객관적인 사실입니다. 유대교가 야훼의 계시에 따라 생겼다는 건 너무 순진한 생각이고, 히브리 민족에게 영향을 준 여러 나라의 문 화와 종교와 사상이 합쳐진 결과이기 때문입니다. 대표적인 것이 '배 화교拜火教'라고도 불리는 조로아스터교입니다. 배철현 교수는 천사와 악마, 천국과 지옥, 심판 등 기독교의 주요 교리가 대부분 조로아스터 교의 영향으로 생겼다는 것을 근거 있게 주장했습니다.

조로아스터는 니체의 책으로 유명해진 '자라투스트라'의 영어 이름 인데, 고대의 강대국 페르시아의 조로아스터교를 창시한 사람이죠. 철 저한 일신교인 조로아스터교는 세계를 선과 악으로 인식하는 이원론 이 골자입니다. 이 사상이 유대교에 혼합되었습니다. 기독교는 유대교 에, 유대교는 조로아스터교에 뿌리를 두고 있으니, 기독교의 신앙 중

많은 부분은 조로아스터교에 뿌리를 두고 있다고 봐야 맞습니다.

포로 생활을 하던 유대인이 지긋지긋하게 싫어하던 바벨론이 신흥 강대국 페르시아의 고레스 왕에 의해 무너집니다. 페르시아는 오늘날 이란 지역에서 시작된 나라입니다. 유대인은 자신들이 그토록 싫어하던 바벨론을 물리친 고레스 왕을 메시아로 떠받들었습니다. 바벨론을 혐오하다 보니, 반작용으로 고레스 왕을 좋아했겠죠. 고레스 왕은 피정복자의 종교를 인정하는 정책을 펼치면서도 자신이 믿는 조로아스터교를 적극 권장했습니다. 그는 페르시아의 조로아스터교가 가장 뛰어나다는 자부심이 있었던 모양입니다.

유대인은 별수 없이 조로아스터교를 점점 받아들였습니다. 유대인이 페르시아에 순종하자 고레스 왕은 기원전 532년 조로아스터교에 잘 적응한 일부 유대인을 예루살렘으로 보내서 조로아스터 식 대형 사원을 짓게 하고, 사제직을 맡겼습니다. 고대에는 바벨론과 페르시아에 휩쓸린 소수민족 중 하나가 유대인이었지만, 오늘날은 미국이라는 초강대국을 뒤에서 움직이며 이라크와 이란을 압박하는 게 유대인이라는 사실이 얄궂습니다. 특히 이란은 과거 이스라엘을 해방시킨 민족인데도 이란과 첨예하게 대립하는 걸 보면 말입니다.

메시아 고레스 | 예루살렘으로 돌아와 사제가 된 사람들은 난감한 입장이었을 겁니다. 조로아스터교와 고레스 왕을 적극적으로 선전하지 않으면 자신의 입지가 좁아질 테고, 야훼 신앙을 억압하면 유대 백성이 반발할 테니까요. 이들은 고심한 끝에 절묘한 조

치를 취합니다. 고레스를 야훼가 택한 메시아, 즉 그리스도로 높인 겁니다. 야훼가 페르시아 왕 고레스를 택해서 여러 민족을 거느리는 제국이 되게 만든 것처럼 썼죠.〈이사야〉 44:28~45:5 오늘날 보면 실소가 나올 지경이지만, 당시 사제들은 그럴 수밖에 없었을 겁니다.

야훼는 빼고 고레스만 높이면 야훼 신앙 골수분자들이 반발할 테고, 고레스 왕을 빼고 야훼만 높이면 고레스 왕의 노여움을 살지 모르니까 적당한 선에서 "야훼가 고레스 왕을 택해서 우리를 도우신 것이다"라고 쓴 거죠. 그래야 그나마 야훼의 위신이 서니까요. 좌우지간 독자들은 여기까지 읽으면서 그리스도를 두 명이나 만났습니다. 한 명은 요세푸스에 의해 그리스도가 된 베스파시아누스 황제고, 다른 한 명은 조로아스터교 사제들에 의해 그리스도가 된 고레스 왕입니다.

하지만 억지스러운 건 어쩔 수 없습니다. 고대인의 개념에서 '어떤 신이 더 위대한가'는 대개 '그 신을 섬기는 나라가 얼마나 강한가'와 관련 있습니다. 전쟁에서 이긴 나라의 신이 더 위대한 신으로 받아들여진다는 말이죠. 이스라엘 민족은 내내 약소민족으로 남았음에도 불구하고, 구약성경만 보면 수많은 전쟁에서 이스라엘 민족이 승리한 것으로 나오는 이유는 이것으로 설명할 수 있습니다. 이래야 야훼의 위신이 서니까요. 페르시아 고레스 왕의 입장에서 자신이 정복한 바벨론에게 이미 정복당했고, 그것도 모자라 민족 전체가 바벨론에서 포로 생활을 하던 약소국가의 수호신 정도는 우습게 보였을 겁니다.

조로아스터교는 야훼의 개념도 바꿔놓았다 | 조로아스터교는 유대인의 야훼에 대한 개념도

훨씬 더 세련되게 바꿔놓았습니다. 구약성경의 일부 기록을 보면 야훼는 마치 사람과 같은 모습으로 나타납니다. 아담과 대화하고〈창세기〉 3:8~10 아브라함에게 나타나서 함께 소돔과 고모라에 대해 의견을 나누고 식사도 하며〈창세기〉18장 모세를 선택했다가 갑자기 마음이 바뀌었는지 숙소로 찾아가서 모세를 죽이려고 합니다.〈출애굽기〉 4:24~26 야훼는 '고대의 약소한 부족의 수호신' 그 이상도 이하도 아니며, 유일신도 아니었습니다. 구약성경에 "주(야훼) 밖의 다른 신에게 제사를 드리는 자는 반드시 없애야 한다"〈출애굽기〉 22:20고 나오는데, 이 구절만 봐도 야훼 신앙은 '다른 신들'이 있음을 인정하는 셈입니다. 게다가 야훼는 질투심도 많았습니다. "너희는 다른 신에게 절을 하여서는 안 된다. 나 주(야훼)는 '질투'라는 이름을 가진, 질투하는 하나님이기 때문이다"〈출애굽기〉 34:14라고 나오거든요.

그런데 바벨론 포로 기간에 유대인이 접한 조로아스터교의 주신 아후라마즈다는 야훼와 달리, 모든 민족과 인종을 다스리는 보편적이고 완전무결한 신이었습니다. 페르시아가 여러 민족과 인종을 거느렸으니, 그들의 개념에서 신은 당연히 이래야 했을 겁니다. 유대인이 페르시아의 선진 문명을 접하고, 그들이 섬기는 우주적이고 보편적인 신을 알게 되면서 자기들이 섬기는 야훼와 비교하지 않았을 리 없습니다. 그리고 야훼 개념에 우주적이고 보편적인 신의 개념을 섞었죠. 구약성경에는 이 개념이 혼합된 이후의 문서와 이전의 문서가 섞여 있기 때문에 야훼가 인간처럼 보이다가도, 우주적인 신으로 그려집니다.

구약성경은 짜깁기한 것이다

이 시점에서 예를 들어보자. 〈창세기〉를 읽다 보면 1장부터 2장 3절까지와 2장 4절부터 나오는 내용이 어조가 다르다. 2장 3절까지 읽으면 여기에서 글이 끝나는 느낌이 든다. 2장 3절은 유대인이 중요하게 생각한 안식에 대한 내용이기 때문에 이런 느낌이 더 강했을 것이다. 그러나 4절부터는 전혀 다른 뉘앙스로 마치 새로운 책이 시작되는 느낌이다. 신에 대한 명칭도 1장부터 2장 3절까지는 그냥 '하나님^{Elohim}'인데, 2장 4절부터는 '주(야훼) 하나님'으로 나온다.

천지창조와 사람을 지은 이야기에 대한 묘사도 1장부터 2장 3절까지와 다르다. 1장에서는 식물이 먼저 창조되고 그다음에 동식물, 그다음에 사람이 창조되지만, 2장에서는 풀 한 포기도 없을 때 사람이 창조되고, 그다음에 식물이 창조된다. 이는 〈창세기〉가 기록될 당시 저자들이 구전된 여러 판본을 짜깁기한 것이기 때문이다. 〈창세기〉 저자들은 어느 하나도 빼기 어려워서, 두 판본을 다 기록한 뒤 "하늘과 땅을 창조하실 때의 일은 이러하였다"〈창세기〉 2:4는 말로 연결했을 것이다. 구약성경은 유대 민족이 주변의 여러 사상과 영향을 받아서 전해 내려오던 문서를 짜깁기한 책이지, 하늘에서 뚝 떨어진 책이 아니다.

천사와 악마 개념도 조로아스터교에서 | 성경에는 사탄이 자주 등장합니다. 사람들은 '사탄' 하면 매우 사악한 존재를 떠올리죠. 구약성경에 나오는 사탄은 야훼의 수하 중 악역을 맡은 존재일 뿐입니다.〈사무엘상〉 16:14, 〈사사기〉 9:22~23, 〈열왕기상〉

22:19-22, 〈욥기〉 1~2장 참고 하지만 바벨론 포로 기간에 유일신교이면서도 선과 악을 이분법적으로 나누는 조로아스터교가 유대교에 유입되면서 이 구도는 달라집니다. 유일신 사상만으로는 이 세상의 수많은 현상을 제대로 설명하기 어려운 부분이 있습니다. 예를 들어볼까요?

1. 신은 전지전능하고 모든 일을 주관한다.
2. 신은 선하다.
3. 세상에는 악한 일들이 벌어진다.

1, 2번은 유일신교의 논리고, 3번은 우리가 실제로 보고 겪는 현상입니다. 그런데 세 가지를 합치면 논리가 성립되기 힘듭니다. "이 세상에는 불행한 일도 있고, 악한 일도 있습니다. 전능하고 모든 일을 주관하는 신이 있는데, 왜 이런 일들이 벌어질까요?"라는 질문은 기독교 신앙에서 매우 흔하지만, 답하기 쉽지 않습니다. 이걸 설명하기 위해 조로아스터교에서는 악한 신(악마)을 등장시켰고, 악마는 신도 어쩔 수 없는 존재로 설정했습니다. 그러다 보니 이 세상을 선과 악이 대결하는 장소로 바라보는 이분법적 사상이 생길 수밖에 없었죠. 이들은 세상을 신의 세력이 지배하는 하늘과 악마가 지배하는 지상으로 구분하기 시작했습니다. 더 나아가 물질세계와 육체는 악한 것이고, 이상적인 세계와 인간의 정신세계만 선한 것이라 믿었고, 물질세계로 구성된 악한 세상은 궁극적으로 멸망할 것이며, 이후엔 선이 지배하는 새로운 세상이 펼쳐질 것이라고 생각했습니다.

이 교리가 메시아사상으로 이어집니다. 선한 하늘에 속한 존재가 이 세상에 내려와 지상에서 우주적인 선과 악의 투쟁을 벌이는데, 결국 그가 이 세상의 악을 멸하고 새 시대를 연다는 거죠. 이게 그대로 흘러 신약성경에서 그리는 예수의 이미지로 발전했고, 기독교의 종말론으로 이어집니다. 이 부분은 나중에 더 알아보겠습니다만, 이 모든 사상이 기독교나 유대교가 아니라 조로아스터교의 영향을 받은 것이라는 점은 짚고 넘어갈 필요가 있습니다.

또 하나, 조로아스터교의 주신 아후라마즈다는 우주적인 신이고 완전무결한 존재였기에 불완전한 인간과 직접 소통하지 않았고, 인간과 소통하기 위해 중간자와 천사들이 필요했습니다. 오늘날 기독교 안에서 많이 쓰는 '천사'라는 개념 역시 조로아스터교에서 온 겁니다. 이 영향력이 얼마나 막강했는지, 나중에 유대인은 천사를 숭배하는 지경에 이릅니다.

천국과 지옥 개념도 조로아스터교에서 | 대다수 기독교인은 사후 세계를 믿습니다. 사후 세계에서 의인은 천국으로, 악인은 지옥으로 간다고 믿고, 이게 당연히 유대교와 기독교 전통에서 왔다고 생각합니다. 하지만 이 개념 역시 조로아스터교에서 온 겁니다. 잘 보면 구약성경에는 천국과 지옥 개념이 명확하지 않습니다. 구약성경에서 사후 세계와 비슷한 개념으로 등장하는 건 '음부(스올)'인데, 이건 오늘날 기독교인이 생각하는 지옥도 아니고 천국도 아닌, 일종의 지하 세계입니다.

유대인은 사람이 죽은 뒤 음부로 내려가서 무의식 상태로 있게 된다고 믿었습니다.〈시편〉6:5, 88:4~5, 88:10~12, 〈전도서〉9:5~6 참고 정통 유대교에서는 사람이 죽은 뒤 살아 있을 때와 같은 의식을 가지고 천국이나 지옥으로 간다든지, 영혼만 떨어져서 어디로 간다는 생각이 없었습니다. 나중에 구약성경을 당시 세계어인 그리스어로 번역할 때 '스올'이 '하데스'로 번역되었는데, 기독교인은 이걸 지옥으로 생각합니다. 하지만 이 둘은 완전히 다른 개념입니다.

신약성경 저자들이 지옥을 가리킬 때 쓰던 또 다른 말은 '게헤나'입니다.〈마태복음〉5:22, 5:29~30, 10:28, 18:9, 23:15, 〈마가복음〉9:45~48, 〈누가복음〉12:5 이 말의 일차적인 뜻은 '힌놈 골짜기로 난 문'입니다. 당시 예루살렘에는 쓰레기를 버리는 문이 있고 그 바깥쪽에 쓰레기 소각장이 있었는데, 그곳이 힌놈 골짜기로 나 있었기 때문에 이런 이름이 붙었죠. 집이 가난해서 시체를 매장하는 데 드는 돈을 부담할 수 없는 사람의 시체는 여기에 묻히기도 했는데, 이곳에 묻히는 자체가 저주받은 것으로 여겨졌습니다. 밤이 되면 짐승들이 시체를 파내서 배를 채웠고, 시체는 구더기가 들끓고 불에 탔기 때문입니다.〈마가복음〉9:48 참고 유대인은 사람이 죽으면 육체가 무의식 상태로 있다고 생각했고, 그런 유대인의 문화에서 그들은 결코 죽은 뒤에 좋은 세상으로 갈 수 없을 것이라고 여겨졌습니다. 이런 문화에 익숙한 복음서 저자들이 쓴 '게헤나'라는 말이 오늘날 지옥으로 쓰이는 것입니다.

이제까지 구약성경에 대해 살펴보았고, 그 안에 왜곡된 것도 있고 고약한 내용도 있다는 것 역시 알아봤습니다. 그렇다고 제가 구약성경이 잘못되었다고 말하는 게 아닙니다. 저는 구약성경의 수많은 이야기와

〈시편〉의 아름다운 시구를 사랑합니다. 하지만 그 내용을 역사적인 사실로 받아들이거나 문자 그대로 믿지는 않습니다. 구약성경은 어마어마한 신화와 상징을 내포하고 있습니다. 그 안에는 보물과도 같은 진리가 숨어 있죠. 하지만 좀더 넓게 보면 다른 종교나 문명의 신화 역시 그렇다는 걸 알 수 있습니다. 인류가 이제까지 품어온 신화는 대부분 인간 내면의 어딘가(융의 표현을 빌리면 '집단 무의식')에서 나온 것입니다. 집단 무의식은 매우 놀라워서, 한 사람의 내면에는 인류가 태동할 때부터 모든 지식이 들어 있는지도 모릅니다. 이렇게 보면 구약성경의 신화만 절대적인 진리고, 다른 신화는 다 거짓이라고 보는 관점은 옳지 않습니다.

〈창세기〉와 과학

성경을 가지고 과학을 논하는 사람들이 매우 많은데, 이 부분에 대해서 알아보자. 이런 사람들이 자주 들먹이는 게 〈창세기〉다. 우주가 바늘 끝보다 작은 점이 폭발하여 출발했다고 보는 '빅뱅설'이 나왔을 때 태초에 "빛이 있으라"고 한 〈창세기〉를 연상하는 사람들이 많았고, 진화론도 〈창세기〉에서 언급한 생물들이 발생한 순서가 이와 비슷하다고 생각하면서 〈창세기〉의 창조 내용이 과학적으로 맞는다고 주장하고, 그걸 연구하는 사람들도 있다. 그러나 그렇게만 볼 수는 없다. 〈창세기〉 1장에서 첫째 날부터 여섯째 날까지 각각 창조된 것을 간략히 정리하면 아래 표와 같다.

첫째 날 : 낮, 밤	둘째 날 : 물, 하늘	셋째 날 : 땅, 식물
넷째 날 : 해, 달, 별	다섯째 날 : 물고기, 새들	여섯째 날 : 땅의 짐승들, 사람

잘 보면 첫째 날은 넷째 날과, 둘째 날은 다섯째 날과, 셋째 날은 여섯째 날과 맞아떨어진다. 즉 첫째 날에는 낮과 밤이 조성되고, 낮과 밤에 해당하는 구성물인 해, 달, 별이 넷째 날에 창조된다. 둘째 날에는 물과 하늘이 창조되고, 물과 하늘에 사는 물고기와 새들이 다섯째 날에 창조된다. 셋째 날에는 땅과 식물이 창조되고, 땅에서 식물을 먹고 사는 짐승과 사람은 여섯째 날에 창조된다. 〈창세기〉 1장 2절은 왜 이렇게 구성되었는지 단서를 제공한다. 여기에서는 창조 이전의 상태를 "땅이 혼돈하고 공허하며"라고 표현한다. 혼돈은 formless, 즉 형태나 틀이 없다는 뜻이고, 공허는 empty, 즉 내용물이 없이 텅 비었다는 뜻이다. 신이 창조라는 일을 하기 전에는 이 세상이 어떤 틀도 없고, 그 틀을 채울 내용물도 없었다는 의미다.

앞의 표를 가만히 들여다보면 첫째 날부터 셋째 날까지는 혼돈의 상태에 대한 해결, 즉 형태가 없는 곳에 형태와 틀과 질서를 부여한 것이다. 넷째 날부터 여섯째 날까지는 공허의 상태에 대한 해결, 즉 형태와 틀과 질서만 있던 곳을 채울 수 있는 존재를 만든 것이다. 그림 그리는 과정으로 표현하면 첫째 날부터 셋째 날까지는 배경이 되는 틀을 그린 것이고, 넷째 날부터 여섯째 날까지는 배경 안에 들어갈 내용물을 그린 셈이다. 〈창세기〉의 천지창조 여섯 날의 순서는 이렇게 구성되었다. 이런 걸 가지고 과학을 논하는 건 난센스다. 그렇다고 천지창조 신화가 완전히 과학적이지 않다는 말을 하는 게 아니다. 천지창조 신화에 과학적인 요소가 있을지 아무도 알 수 없다. 이건 과학을 가지고 논할 문제가 아니라는 얘기다.

이런 관점에서 〈창세기〉를 과학적으로 보려고 하면 큰 착각에 빠질 수 있다. 〈창세기〉는 신화적이고 설화적인 요소가 많은 고문서다. 그런 책을 가지고 자연과학에 초점을 맞춰 뭔가를 증명하거나 알아보려고 한다면 마치 법전을 뒤지면서 약에 대한 정보를 찾으려는 것과 같다. 법에 대해 알고 싶으면 법전을 뒤져야 하고, 약에 대해 알고 싶으면 약전을 뒤져야 한다. 고조선의 단군신화를 가지고 과학을 언급하는 경우 과학적이고 합리적이라고 생각할 사람은 그리 많지 않을 것이다. 물론 어쩌다 과학적인 설명과 맞아떨어지는 부분도 있을 수 있지만, 이런 주장은 기초부터 잘못되었다.

■■■■■■■■■■■■■■■■■■■■■■■■■■■■■■■■■■■■

구약의 흐름 | 구약성경에 대한 얘기를 마무리하면서 구약성경의 전체를 꿰뚫는 흐름을 간략히 알아보겠습니다.

1. 야훼는 유일신이다.
2. 이 세상은 모두 죄악에 빠져 있다.
3. 야훼는 특정한 사람(노아, 아브라함, 모세, 다윗 같은 사람이 이에 해당한다)을 선택해서 의로운 자기 백성으로 삼고, 그외 다른 민족을 정죄했다.
4. 아브라함의 핏줄을 이어받은 이스라엘 민족이 야훼의 택함을 받은 선한 민족이다.
5. 그러므로 세상의 중심은 이스라엘 민족이다.

이게 신약성경으로 이어지면서 다음과 같이 바뀝니다.

1. 신은 유일하다.
2. 이 세상은 모두 죄악에 빠져 있다.

3. 신은 예수를 선택했고, 나머지 사람들은 정죄 받았다.

4. 예수를 믿는 사람만 신에게 인정받는다.

5. 그러므로 세상의 중심은 예수와 예수를 믿는 사람들이다.

구약성경의 흐름과 신약성경의 흐름이 비슷하다는 걸 알 수 있습니다. 대상이 달라졌을 뿐, 구조는 매우 비슷합니다. 이걸 염두에 두고 신약성경에 대해 알아보겠습니다.

3부

꼼꼼하게 보는 신약성경

인간은 진실을 보지 않는다.
인간은 보고 싶은 것만 본다.
—카이사르

1
예수 탄생과 연관된 사실

이제부터 신약성경에 대해 알아보겠습니다. 먼저 여러분이 가지고 있는 신약성경 자체에서 드러나는 증거들을 살펴보고, 4부에서는 신약성경을 둘러싼 역사적인 증거들을 살펴볼 겁니다. 예수 탄생과 연관된 이야기부터 시작하죠. 사람들은 '예수의 탄생'이라면 한겨울 베들레헴에서 성모마리아가 낳은 아기 예수가 구유에 있고, 동방박사 세 명과 목자들이 와서 경배하는 장면을 연상합니다. 이 장면이 과연 얼마나 사실에 가까운지 살펴보겠습니다.

가장 먼저 기록된 〈마가복음〉에는 예수의 탄생 이야기가 없다 신약성경 맨 앞에는 '복음서'라 불리는 〈마태복음〉 〈마가복음〉 〈누가복음〉 〈요한복음〉이 나옵니다. 복음서가 쓰인 시기에 대해서는 견해가 다르지만, 〈마가복음〉이 가장 빨리 기록되었고 〈요한복음〉이 마지막으로 기록되었다는 점은 모든 학자들의 의견이 일치하죠. 〈마가복음〉이야말로 복음서의 기초가 됩니다. 뒤의 복음서 저자들은 〈마가복음〉을 원전으로 하여쓴 겁니다. 요즘 말로 하면 〈마가복음〉이 복음서의 프로토타입prototype이죠. 그 뒤에 〈마태복음〉과 〈누가복음〉이 쓰였는데, 이중 〈마태복음〉이 먼저 기록되었다고 보는 사람이 많습니다. 그리고 복음서가 쓰이기전에 바울의 편지들이 쓰였습니다. 사실상 신약성경에서 제일 먼저 쓰인 건 바울의 서신입니다. 표로 정리하면 다음과 같습니다.

기원후 50~60년대	70~80년대	80~90년대	100년 이후
바울 서신	〈마가복음〉	〈마태복음〉 〈누가복음〉	〈요한복음〉

그런데 〈마가복음〉과 다른 복음서를 비교해보면 중요한 사실이 하나있습니다. 여러분은 성경을 읽은 뒤라 으레 그런 줄 알지만, 복음서 가운데 처음 쓰인 〈마가복음〉은 성인이 된 예수부터 이야기가 시작되고탄생에 대한 이야기는 전혀 없습니다. 예수의 탄생 이야기가 나오는건 〈마태복음〉과 〈누가복음〉부터죠. 이건 매우 중요한 점입니다. 왜 그런지는 앞으로 서서히 알 수 있을 겁니다.

신약성경을 가장 먼저 쓴 사람은 예수가 아니라 바울이다
기독교는 예수의 가르침에서 시작되었다. 보통 어떤 사람에 대해 쓰려면 그가 한 말이나 행동을 알고 나서 그의 사상을 연구하는데, 예수는 물론 제자들도 기록을 남기는 일에 무관심했다. 〈마가복음〉 1장 15절에서 예수는 "때가 찼다. 하나님의 나라가 가까이 왔다. 회개하여라. 복음을 믿어라"라고 가르쳤다. 하나님의 나라가 임박했다고 가르친 스승과 제자들이 굳이 기록을 남길 이유가 없을 것이다. 또 예수의 가르침은 주로 일반 대중을 대상으로 하다 보니 사람들의 입에서 입으로 전해졌지, 기록에 의해 전해지지 않았다. 최소한 기독교 초기 수십 년 동안 예수의 가르침은 이처럼 듣고 깨닫는 소수에 의해 입에서 입으로 전해졌지, 교리나 문서로 대중에게 전해진 것이 아니다.

그런데 예수 사후 제자들보다 훨씬 열정적인 포교자 바울이 등장한다. 바울은 유대인이지만 소아시아의 다소(타르수스) 출신이라 국제적인 감각을 갖췄고, 누구보다 열심히 전도했다. 기독교는 바울에 의해 당시 로마 세계인 소아시아와 유럽으로 널리 퍼진다. 바울은 바리새파의 고명한 학자인 가말리엘 문하생이다. 그러다 보니 그가 가르친 예수는 학문이 없는 사람들이 보기에 다소 어려울 수 있는 내용이었다. 예수나 그 제자들과 마찬가지로, 바울도 후세를 위해 기록을 남기려는 생각은 없었던 것 같다. 그러나 여러 지역에 교회를 세우는 과정에서 다양한 문제가 발생했고, 그 문제를 해결하기 위해 편지를 써야 했다.

바울의 가르침은 철학적이고 어렵다. 그래서 나타난 것이 복음서다. 이는 훨씬 더 대중적이고 재미있다. 우리가 아는 예수의 이야기는 예수가 쓴 것도 아니고, 예수를 직접 대한 제자들이 쓴 것도 아니며, 예수의 제자들보다 뒤에 나온 바울이 쓴 것도 아니고, 이보다 뒤에 쓰인 것이다.

〈마태복음〉의 예수 탄생 이야기   〈마태복음〉 저자는 예수의 탄생과 연관하여 다음과 같은 이야기를 썼습니다.

1. 예수는 아버지 요셉을 거쳐서 이어지는 아브라함과 다윗 왕가의 정통 자손이다(족보까지 제시).
2. 마리아가 결혼하기 전에 성령으로 잉태했으며, 요셉과 결혼한 뒤에도 예수가 나기까지 잠자리하지 않았다.
3. 예수는 유대 베들레헴에서 태어났다.
4. 예수가 탄생했을 때 동방박사들이 찾아와서 경배했다.
5. 헤롯 왕이 예수의 탄생 이야기를 듣고 베들레헴 주변 지역의 두 살 이하 남자아이를 모조리 죽였다.
6. 예수 일가는 이집트로 피신했다가 돌아와 나사렛에서 살았다.

점성술사 말만 믿고 유아 학살을 감행했다?   위 내용 가운데 5번(헤롯 왕의 유아 살해) 이야기는 그대로 믿기 힘듭니다. 아무리 잔인한 통치자라도 외국에서 온 점성술사 몇 명의 이야기만 듣고 자국민, 그것도 어린 남자아이를 모조리 죽이라는 명령을 내리기는 어려울 겁니다. 게다가 팔레스타인은 통치하기 매우 까다로운 지역이었습니다. 반란이 잦아서 오늘날 못지않게 화약고 같았죠. 예루살렘은 한 나라의 수도 이전에 로마제국 전역에 사는 유대인의 마음의 고향이니, 예루살렘의 상황은 로마제국 전역에 있는 유대인을 자극할 만했습니다. 이런 상황에서 천인공노할 만행을 저지르고도 백성의 반란이 없기를 기대하기란 쉽지 않았을 겁니다. 당시는 역사적인 기록이 많이 남은 로마제국 시대인데, 유아 살해 기록은 어디에도 없습니다.

태어날 때부터 주목받았고, 또래 사내아이를 다 죽여야 했을 정도로 위험한 인물을 성인이 되도록 방치했다는 점도 상식적으로 납득이 가지 않습니다. 이 정도로 위험한 인물이라면 당국이 예의주시하다가 쥐도 새도 모르게 제거할 법한데 말입니다.

더 살펴보면, 4번(동방박사 이야기) 내용에도 애매한 부분이 있습니다. 크리스마스 연극을 해본 사람은 동방박사들을 베들레헴까지 인도한 별을 표현하느라 무척 애먹었을 것입니다. 성경에는 "동방에서 본 그 별이 그들 앞에 나타나서 그들을 인도해가다가, 아기가 있는 곳에 이르러서, 그 위에 멈추었다"〈마태복음〉 2:9고 나오는데, 별은 하늘에 있는 것이니 그 별이 하늘에서 내려와 UFO처럼 대기 중에 떠서 움직이지 않는 이상 지표면의 특정한 장소를 가리킬 수 없죠.

베들레헴 탄생? | 3번(예수가 베들레헴에서 탄생했다는 이야기)도 잘 들여다보면 애매합니다. 예수는 흔히 '나사렛 예수'라고 불렸는데, 이는 '나사렛 사람 예수' '나사렛 출신 예수'라는 뜻입니다. 당시는 사람들이 대부분 집에서 태어나고 자라는 상황인 만큼, 태어난 곳과 자라난 곳은 일치할 수밖에 없습니다. 그런데 예수는 '탄생은 베들레헴에서, 자라기는 나사렛에서'로 되어 있습니다. 저자가 이렇게

만든 이유는 '메시아가 유대 베들레헴에서 태어날 것이다'라는 구약성경 〈미가〉의 예언과 예수를 연결시키려고 했기 때문입니다.〈마태복음〉 2:4~6 그러나 〈미가〉 5장 2~5절을 읽어보면, 이 내용은 메시아에 대한 예언과 상당히 거리가 있습니다. 이건 독자들이 '이분이야말로 우리의 경전에 있는 예언대로 오신 그분, 예언을 성취하려고 오신 분이로구나'라고 생각하게 만들려고 저자가 억지로 인용한 거죠.

그런데 예수를 베들레헴에서 태어난 사람으로 만들고 나니, 또 한 가지가 애매해졌습니다. 그건 예수가 예루살렘 근처나 베들레헴이 아니라, 한참 먼 갈릴리 지방 나사렛에서 태어나고 자라고 활동했다는 사실입니다. 〈마태복음〉 저자는 창작력을 발휘해 '예수 일가는 이집트로 피신했다가 돌아와 나사렛에서 살았다'는 내용을 추가합니다. '베들레헴에서 태어났으되, 나사렛에서 자랐다. 그래서 사람들이 나사렛 예수라고 부른 것이다'라는 전제가 성립될 수 있도록 말이죠.

여기까지 보면 저자가 거짓을 썼다고 생각할 수 있습니다만, 이건 거짓이라기보다 〈마태복음〉 저자가 독자를 배려하는 차원에서 만든 문학적 장치입니다. 저자가 염두에 둔 독자층은 유대인이고, 〈마태복음〉 이야말로 유대인을 위한 복음입니다. 예수를 구약성경의 예언에 따라 오신 분으로 그리려고 애쓴 부분도 구약성경에 익숙한 유대인을 위한 배려죠. 예수는 구약성경을 무시했고, 어느 때는 일부러 안식일에 금기 사항을 어겨서 유대 종교 지도자를 자극했는데도 유독 〈마태복음〉 저자는 예수가 "내가 율법이나 예언자들의 말을 폐하러 온 줄로 생각하지 말아라. 폐하러 온 것이 아니라, 완성하러 왔다"〈마태복음〉 5:17고 말했다고 썼습니다. '율법을 어긴다'고 하면 알레르기가 날 정도인 유대인을 안심시킨 것이죠.

〈마가복음〉이나 〈누가복음〉에는 '하나님의 나라'라고 표현된 데 비해, 〈마태복음〉에는 유독 '천국'으로 표현된 경우가 많습니다. 왜 그럴까요? 유대인은 하나님의 이름을 직접 말하는 것을 꺼리기 때문입니다. 십계명의 제1계명이 "너희는 주 너희 하나님의 이름을 함부로 부르지 못한다"〈출애굽기〉 20:7죠. 유대인에게 익숙한 구약성경을 가장 많이 인용한 것도 〈마태복음〉입니다. 이 모든 것이 〈마태복음〉의 저자가 뭔가를 조작하려고 했다기보다 독자인 유대인을 배려한 결과입니다.

모세와 다윗의 패러디 | 그런데 아무리 창작이라 해도 헤롯 왕이 아기 예수 때문에 유아를 전부 살해한 끔찍한 사건은 굳이 왜 넣었을까요? 이것 역시 유대인의 입장에서 봐야 합니다. 이 이야기를 들으면 유대인은 당연히 이스라엘의 영웅 모세를 연상했을 것입니다. 〈출애굽기〉를 보면 모세도 태어날 때 이집트 왕 바로(파라오)의 유아 학살을 피해 기적적으로 살아남았습니다. 쉽게 말해 이 이야기는 모세 이야기를 패러디한 거죠. 〈마태복음〉 저자는 의도적으로 이런 드라마적 장치를 배치했습니다. 예수가 베들레헴에서 태어났고, 현직 왕 헤롯이 긴장할 만큼 대단한 인물로 그려진 것 역시 유대인이 베들레헴에서 태어났고, 젊은 나이에도 왕으로 선택받아 현직 왕 사울을 긴장시킨 다윗을 연상하는 부분이 되었을 겁니다.

〈마태복음〉 초반부를 읽어보면 예수 일가는 핍박을 피해 이집트로 내려갔다가 왕의 핍박이 끝나자 이스라엘 땅으로 돌아왔고, 이후에는 예수가 요단강에서 세례를 받았으며 광야에서 40일간 금식하면서 시험을 받습니다. 유대인은 이 부분을 읽으며 자기 민족의 역사를 연상했을 겁니다. 그들의 조상 역시 기근을 피하기 위해 이집트로 피신했다가, 다시 이집트에서 왕의 박해를 피해 홍해와 요단강을 건너 이스라엘 땅으로 돌아왔죠. 이스라엘 민족은 홍해를 건넌 뒤 40년간 광야에서 방황하며 야훼의 시험을 받았습니다. 바울은 이스라엘이 홍해를 건넌 장면을 가리켜 '세례를 받았다'고 표현했습니다.〈고린도전서〉 10:1~2 예수의 역사가 축약된 이스라엘 역사와 비슷하죠.

어릴 때부터 이런 신화를 들으면서 자란 유대인에게 〈마태복음〉 도입부에 나오는 예수의 탄생 이야기는 친숙하게 느껴졌을 테고, 그들은 예수가 이스라엘 민족과 동일 선상에 있다고 이해했을 것입니다. 그리고 이런 장치를 통해 예수는 유대인에게 매우 친근하게 다가갔겠죠. 저자는 의도적으로 예수의 탄생을 '웅장한 왕의 탄생'으로 그리려 했습니다.

동정녀 탄생 | 예수의 탄생 이야기 중에서 가장 두드러지고 일반 사람도 잘 아는 얘기는 뭐니 뭐니 해도 2번(동정녀 탄생)입니다. 예수의 어머니 마리아가 남자를 가까이하지 않은 상태에서 성령으로 잉태했으며, 예수를 낳았다고 되어 있죠. 저자는 이런 설정을 통해 "처녀가 잉태하여 아들을 낳을 것이며, 그가 그의 이름을 임마누엘이라고 할 것입니다"〈이사야〉 7:14라고 한 구약성경 구절이 예수에 대한 예언이라고 주장합니다. '동정녀'의 번역은 〈이사야〉에서 히브리어로 '알마(젊은 여인)'인데, 그리스어 '파르테노스(처녀)'로 잘못 번역되는

바람에 생긴 실수입니다. 원래 뜻은 왕이 새로 맞이한 젊은 부인을 통해 후계자가 태어날 것이라는 내용이었습니다. 그렇다고 이걸 〈마태복음〉 저자가 거짓을 썼다고 보는 건 무의미합니다. 당시 유대인이 동정녀 탄생을 기대한 심리에 부응하려고 한 것뿐이니까요.

'동정녀 탄생'이라는 개념은 조로아스터교의 영향입니다. 조로아스터교에서는 "처녀가 잉태하여 위대한 메시아가 올 것이다"라고 예언했거든요. 흥미로운 것은 수많은 전설과 신화에서 대단한 인물은 거의 다 동정녀에게서 탄생한다는 사실입니다. 고타마 붓다 역시 마야부인의 옆구리에서 태어났다고 하죠. 고대인이 위대한 인물을 동정녀에게서 태어난 것으로 그리는 이유는 분명합니다. 부계 사회 전통인 나라에서 아버지의 피를 받아 태어나면, 위대하고 신적인 사람이 아니라 '보통 인간'이 되니까요. 그러니 예수 같은 인물을 신비롭게 탄생하신 분으로 만들어야 유대인 독자에게 훨씬 더 어필했을 것입니다. 어차피 이런 건 신화적으로 접근해야 훨씬 더 효과적인 법이죠.

딜레마 해결을 위한 저자의 눈물겨운 노력 | 그런데 예수가 동정녀에게서 탄생한 시나리오를 만들려다 보니 여러 가지 문제가 생깁니다. 현실적으로 가장 문제가 되는 건 예수의 아버지 요셉입니다. 〈마태복음〉 첫 부분에서는 예수의 족보를 자랑스럽게 나열하면서 아버지 요셉의 조상이 다윗을 거쳐 아브라함까지 이어지기 때문에 '예수가 아브라함과 다윗의 정통 자손'이라고 주장했습니다. 족보와 혈통을 중시하는 유대인 독자들을 생각하

면 어쩔 수 없는 설정이지만, 이러면 큰 문제가 생기죠. 예수가 졸지에 '정상적인 부모 사이에서 태어난 보통 인간'이 되니까요.

그렇다고 결혼하지 않은 처녀에게서 태어난 걸로 만들자니 또 다른 문제가 있습니다. 예수가 아버지 없이 태어난 사생아가 되거든요. 사생아를 구세주로 믿고 따르는 종교는 조금 이상하잖아요. 차라리 보통 사람으로 태어난 게 낫죠. 딜레마에 빠진 〈마태복음〉 저자는 기막힌 상상력을 발휘합니다. '예수의 어머니 마리아가 동정녀 상태에서 임신했으되, 결혼한 뒤 출산했다'는 설정입니다. 이렇게 해서 예수는 '보통 인간'도 아니고, '사생아'도 아닌 상태로 신비롭게 태어날 수 있었습니다.

요셉은 약혼녀 마리아가 결혼하기 전에 임신했다는 걸 알고 조용히 파혼하려고 했으나, '꿈에 나타난 천사가 말려서' 결혼을 결심했습니다.〈마태복음〉 1:18~20 이 설정 역시 저자가 유대인을 깊이 배려한 부분입니다. 구약성경을 보면 꿈에 야훼가 나타나서 뭔가를 알려주었다는 얘기가 많죠. 유대인 프로이트가 《꿈의 해석》을 쓴 것도 이해가 갈 법합니다. 꿈에서 천사가 나온 것도 주목할 만하죠. 유대인은 천사를 숭배할 정도로 좋아했고, 구약성경을 보면 비범한 인물의 탄생과 천사가 연관된 경우가 많습니다. 그러니 꿈에서 천사가 예언했다면 유대인은 범상치 않은 분의 탄생처럼 느꼈을 것이고, 예수의 가치는 훨씬 더 높아졌겠죠. 모든 게 유대인을 위한 배려입니다.

좌우지간 요셉은 꿈에 나타난 천사에게 '잔말 말고 결혼하라'는 설득을 받고, 임신한 신부와 애매한 결혼을 결심합니다. 그런데 여기에서 저자는 생각지도 않은 문제를 만납니다. 결혼한 뒤 요셉이 한 번이라도 신부와 잠자리를 같이했다고 하면 예수의 탄생은 '정상적인 탄생'으로 오해 받을 소지가 있으니까요. 저자는 이 부분을 '요셉이 아들을 낳기까지 아내와 잠자리하지 않았다' <마태복음> 1:25 로 못 박았습니다. 예수의 아버지 요셉은 졸지에 절제력이 대단한 사람이 되었습니다. 신혼 때 신부와 오랫동안 잠자리하지 않는다는 건 웬만한 남자는 도달할 수 없는 절제력이죠. 오늘날 독자들이 보면 실소를 금치 못하겠지만, 당시 독자들에게는 매우 재미있었을 겁니다. 결국 저자는 문학적인 장치를 통해 예수가 보통 사람도, 사생아도 아닌 상태로 동정녀에게서 태어나도록 만들었습니다. 그러면서 꿈과 천사까지 활용하여 유대인에게 어필하려고 한 저자의 눈물겨운 노력은 우리가 알아줘야 합니다.

각하 헌정 복음서 | 남자들의 군대 얘기는 제대 직후와 5년 뒤에 하는 얘기가 다릅니다. 제대 직후에는 '뻥'을 치더라도 어느 정도인데, 시간이 갈수록 더 재미있게 만들려고 노력하다 보니 뻥이 점점 심해지거든요. 몇 년이 지나면 좀더 과장되고 재미있고 실감 나면서도 듣는 이들이 잘 믿게 만들려고 세부 묘사가 정교해지고, 앞뒤에 그럴싸한 배경까지 넣는 여유가 생깁니다. 이렇게 오랫동안 뻥을 치다 보면 나중에는 본인도 그게 진짜인 줄 아는 경우가 있죠. 그래도 별문제는 없습니다. 어차피 군대에서 벌어진 일이니 사실을 규명하기가 쉽지 않고, 듣는 사람도 굳이 진위를 따지지 않거든요. 군대 얘기를 두고 거짓말이라느니 조작이라느니 할 필요는 없습니다. 말하는 사람이 듣는 이를 재미있게 해주려고 그런 거니까요.

〈마태복음〉에서 시작한 예수 탄생 이야기가 이후 어떻게 바뀌는지 살펴볼 텐데, 제 느낌은 남자들의 군대 얘기와 비슷합니다. 〈누가복음〉에 오면 예수 탄생의 이야기가 훨씬 세련되고 정교해지거든요. 앞서 〈마태복음〉 저자가 유대인 독자를 배려했다고 했는데, 〈누가복음〉 저자는 세련되게 독자를 배려했습니다. 〈누가복음〉은 시작부터 다릅니다.

〈누가복음〉의 첫 부분에는 "우리 가운데서 일어난 일들에 대하여 차례대로 이야기를 엮어내려고 손을 댄 사람이 많이 있었습니다. 그들은 이것을 처음부터 말씀의 목격자요 전파자가 된 이들이 우리에게 전하여준 대로 엮어냈습니다. 그런데 존귀하신 데오빌로님, 나도 모든 것을 시초부터 정확하게 조사하여보았으므로, 각하께 그것을 순서대로 써드리는 것이 좋겠다고 생각하였습니다. 이리하여 각하께서 이미 배우신 일들이 확실한 사실임을 아시게 되기를 바라는 바입니다"〈누가복음〉 1:1~4라고 나옵니다. '각하 헌정 복음서'라고 할 수 있죠. 잘 보면 이건 저자가 탁월한 지혜로 만든 장치입니다. 당시는 기독교가 로마제국에서 그렇게 호의적으로 받아들여지지 않았습니다. 나중에 기독교인이 주의 만찬을 한다며 함께 빵과 포도주를 먹으면 "기독교인은 모여서 피를 먹는다"는 소문이 돌았을 정도니까요.

이런 외부의 시선을 느끼고 불안해하는 기독교인에게 〈누가복음〉의 시작 부분은 매우 효과적이었을 겁니다. 각하께 바친다고 서두에 밝히면 당시 기독교인은 어떤 안정감이 들었을 테니까요. '매우 높은 위치에 있는 어떤 각하라는 분도 우리가 배운 걸 배웠고, 공감하고 있구나' 하는 느낌 말입니다. 데오빌로가 실존 인물인지 아닌지 전혀 상관없습니다. 데오빌로Theophilus라는 이름 역시 신theo과 사랑philus을 합친 말이니, '신을 사랑하는 사람'이라는 뜻일 겁니다. 그러니 〈누가복음〉은 당시 기독교인에게 바친 복음서라고 봐도 무방할 듯합니다. 로마제국에서 흔히 접할 수 있는 이름 같으면서도 이런 뜻이 있는 말을 선택한 걸 보면, 〈누가복음〉 저자는 최소한 국제적인 감각이 〈마가복음〉이나 〈마태복음〉 저자를 능가하는 사람입니다. 그도 그럴 것이 〈누가복음〉의 주 독자층은 로마 세계의 여러 곳에 있는 서민이었거든요. 〈누가복음〉에는 유독 여러 민족과 여성이 자주 등장합니다. 이들이 〈누가복음〉의 독자들이죠.

〈누가복음〉의 예수 탄생 이야기 | 이렇게 국제적인 감각을 갖춘 저자가 쓴 〈누가복음〉에는 예수의 탄생과 연관되어 다음과 같은 이야기가 있습니다.

1. 처녀 마리아가 성령으로 예수를 잉태했다.
2. 요셉은 아우구스투스 황제의 명령으로 호적 등록을 하러 고향인 갈릴리 나사렛을 떠나 다윗 가문의 고향인 베들레헴으로 가는 도중에 예수를 낳았고, 이후 나사렛으로 돌아왔다.
3. 예수는 하나님의 아들이다(족보 제시).

인구조사 | 〈마태복음〉은 예수가 '베들레헴에서 태어났지만 갈릴리 나사렛에서 자란 점'에 대한 설명이 억지스럽지만, 〈누가복음〉에서는 아주 그럴싸하면서도 세련된 설명을 곁들입니다. 즉 황제

의 명령으로 인구조사가 벌어졌고, 이 명령에 따라 요셉과 마리아가 호적지 베들레헴으로 가다가 도중에 아기 예수를 낳고 집이 있는 나사렛으로 돌아왔다는 거죠. 그래서 '태어나기는 베들레헴, 자라기는 나사렛'이라는 설정에 그럴싸한 설명이 가능해졌습니다.

〈누가복음〉 2장을 읽어보면 이 설명이 아주 디테일합니다. 마리아가 진통이 오는데 병원은커녕 숙소도 잡지 못했고, 결국 아기 예수가 더러운 말구유에서 태어났습니다. 오늘날 우리는 말구유가 어떤 곳인지 느낌이 잘 오지 않지만, 〈누가복음〉의 주된 독자였던 하층민이나 출산을 경험한 여성이 들었다면 눈물을 글썽이며 공감했을 겁니다. '주님은 우리보다 딱한 처지에서 태어난 분이구나' 하고 말입니다.

〈마태복음〉에서 예수의 탄생이 현직 왕이 긴장할 정도로 대단한 탄생인 것과 비교하면 그 차이를 금방 알 수 있습니다. 〈마태복음〉은 족보와 계통을 중시하는 유대인에게 호소하다 보니 '정상적인 부계 탄생'과 '사생아'가 되는 상황을 피하기 위해 복잡한 설정을 했지만, 〈누가복음〉은 족보에 별로 민감하지 않은 로마 세계의 일반인을 대상으로 하다 보니 이런 부분이 필요 없었습니다. 두 저자 모두 자신의 독자가 누구이며, 그들에게 호소하려면 어떻게 해야 하는지 잘 알았죠.

문제는 로마의 아우구스투스 황제가 예수의 탄생 시기에 인구조사를 명령하거나, 모든 사람에게 현주소가 아닌 조상의 고향으로 가서 호적 등록을 하라고 한 역사적 기록이 없다는 겁니다. 이는 상식적으로 봐도 이상한 일이죠. 인구조사의 주된 목적은 백성에게 세금을 부과하기 위함인데, 과세를 현주소가 아니라 조상의 고향(그것도 먼 윗대 조상인 다윗 왕의 고향)으로 가서 호적 등록을 하라니 말입니다. 오늘날로 치면 "너는 전주 이씨니까 전주에 가서 인구조사에 응하라"는 얘기죠. 이런 식으로 하면 세금이 제대로 걷힐 리 만무합니다. 황제가 바보가 아닌 이상 이런 행정명령을 내렸을까요? 이를 두고 〈누가복음〉의 저자가 조작했다고 생각할 필요는 없습니다. 저자가 〈누가복음〉 독자인 로마 세계의 일반인을 배려한 결과이기 때문입니다.

대제사장들에 의해 죽은 예수가 대제사장과 친척이었다?

〈누가복음〉 1장에서는 대제사장 사가랴와 엘리사벳 부부가 늙어서 잉태하여 세례자 요한을 낳았고, 비슷한 시기에 친척 마리아가 성령으로 예수를 잉태했다고 한다. 세례자 요한은 대제사장 가문 출신이고, 예수의 어머니 마리아는 먼 친척뻘로 그려졌다. 그러니 예수는 외가 쪽으로 대제사장과 핏줄이 닿아 있는 것이다. 복음서에 따르면 예수는 대제사장들의 모함으로 죽으니, 앞뒤가 맞지 않는 얘기다. 어차피 뻥을 칠 바에야 대제사장 가문과 엮인 게 촌구석의 별 볼일 없는 집안에서 태어난 것보다는 나았을 것이다.

여기에서 디테일한 부분을 더 따지고 들면 이상한 점이 한두 가지가 아니다. 〈누가복음〉 1장을 보면 사가랴가 성소에 들어가 분향하다가 천사를 만나서 아내 엘리사벳이 임신할 거라는 얘기를 들었다. 나사렛에 사는 마리아는 천사에게서 임신할 거라는 얘기를 듣고 사가랴의 아내 엘리사벳에게 문안하러 유대 산골로 간다. 그리고 〈누가복음〉 2장에서는 다시 인구조사에 응한답시고 갈릴리 나사렛에서 유대 베들레헴으로 온다. 갈릴리는 이스라엘의 북부고, 베들레헴은 이스라엘의 남부라 꽤 먼 거리다. 교통수단도 그리 발달하지 않은 때, 마리아는 이렇게 먼 거리를 앞 동네 왔다 갔다 하듯 한다. 그것도 임신한 상태로. 하지만

〈누가복음〉 독자에게는 이런 점이 별로 이상하지 않았을 것이다. 어차피 로마제국 전역에 퍼져 있던 사람들이라 이스라엘 지방 어디가 어딘지 잘 몰랐을 테니까.

■■■■■■■■■■■■■■■■■■■■■■■■■■■■■■■■■■■■

공식 보고서 패러디 | 저자는 왜 이런 설정을 했을까요? 그건 〈누가복음〉의 독자들이 로마 세계 사람들이었기 때문입니다. 로마는 고대사회에서 드물게 법과 이성에 따라 움직였습니다. 〈마태복음〉 저자가 독자인 유대인에게 조상의 역사와 신화로 어필했다면, 〈누가복음〉 저자는 로마인에게 다른 접근법이 필요했습니다. 그들은 데오빌로에게 바치는 서두부터 아우구스투스 황제의 인구조사 등이 매우 객관적이고 합리적인 이야기로 보였을 겁니다.

〈누가복음〉 저자는 일부러 자신의 이야기가 매우 객관적이고 합리적인 것처럼 썼습니다. 〈누가복음〉 1~3장 앞부분을 보면 저자는 마치 뉴스에서 아나운서들이 말하는 것처럼, 때와 장소와 당시 통치자를 디테일하게 묘사했습니다. 인구조사 때문에 고향으로 가다가 아기가 태어났다는 설정도 역사 기록을 담은 공식적인 보고서를 읽는 느낌이 들 정도입니다. 잘 찾아보면 〈누가복음〉 초반부에 등장하는 인물은 대부분 실제 인물이 아니지만 상관없습니다. 독자에게 '이 이야기는 매우 객관적이구나' 하는 느낌만 주면 되니까요. 〈누가복음〉이 아무리 일찍 쓰였다고 해도 당시 독자에게 최소한 두 세대 전의 일이니, 기자가 아닌 이상 누가 이 사건을 시시콜콜 찾아봤겠습니까?

족보에 대해서도 간단히 짚어보겠습니다. 복음서에서 족보는 〈마태복음〉과 〈누가복음〉에만 나오는데, 두 족보가 무척 다릅니다. 예수의 아버지까지는 이름이 같지만, 할아버지 때부터 이름이 완전히 달라집니다. 그래도 괜찮습니다. 당시 독자 중에 이런 것을 꼬치꼬치 따지는 사람은 별로 없었을 테니까요.

〈요한복음〉은 예수 탄생에 대한 변명도 하지 않는다 │ 이제 복음서 중 가장 사랑받는 〈요한복음〉에 나오는 예수의 탄생에 대해 알아보겠습니다. 〈요한복음〉은 다른 복음서와 차원이 다릅니다. 오늘날 기독교가 세계적인 종교가 된 데는 〈요한복음〉의 영향이 매우 큽니다. 기독교인이 가장 좋아하거나 유명한 성구를 보면 〈요한복음〉에 집중되어 있습니다. 〈마가복음〉〈마태복음〉〈누가복음〉에 이르기까지 변해온 흐름을 감지한 독자라면 〈요한복음〉도 그럴 것 같다고, 막말로 뻥을 쳐도 더 세고 정교해졌을 거라고 예상할지 모르지만, 놀랍게도 〈요한복음〉은 전혀 그렇지 않습니다. 바로 여기에 〈요한복음〉의 위대함이 있죠.

〈요한복음〉에는 예수의 탄생 이야기가 없습니다만, 흥미롭게도 7장에 예수의 출생지와 연관하여 유대인이 반박하는 내용이 나옵니다. 〈마태복음〉과 〈누가복음〉에서는 예수가 베들레헴에서 태어났다고 주장하지만, 〈요한복음〉에서는 예수를 반대하는 사람 한 명이 "갈릴리(나사렛이 있는 지역)에서 그리스도가 날 수 있을까? 성경은 그리스도가 다윗의 후손 가운데서 날 것이요, 또 다윗이 살던 마을 베들레헴에서 날 것이라고 말하지 않았는가?"〈요한복음〉 7:40~42라고 의혹을 제기합니다.

저자는 예수가 나사렛에서 태어났다는 걸 전제로 〈요한복음〉을 썼지만, 구체적인 의혹을 제기하는 사람들에게 아무런 답변도 제시하지 않습니다. 〈마태복음〉이나 〈누가복음〉의 저자들이 주장하는 것처럼 예수가 진짜 베들레헴에서 태어났다면 사람들의 이런 의혹에 대해 오해를 풀기 좋은 시점인데, 이상하게도 〈요한복음〉 저자는 그저 침묵하죠. 이걸 보면 아무리 좋게 생각하려 해도 〈마태복음〉이나 〈누가복음〉의 예수 탄생 이야기는 역사적인 사실이라고 하기 힘듭니다. 그래도 괜찮습니다. 〈요한복음〉 저자에게 이 정도 오해는 전혀 문제가 되지 않을 논리가 있었으니까요.

로고스 | 〈요한복음〉이 이처럼 예수의 탄생에 초연한 이유는 예수의 탄생과 연관된 여러 가지 논란을 "태초에 로고스(말씀)가 있었는데, 예수가 바로 이 로고스(말씀)다"라는 선언으로 첫 장에서 종결지었기 때문입니다. 이런 표현은 유대인과 로마 세계의 일반인에게 어필할 수 있었을 겁니다. 유대인은 이 구절이 익숙한 성경 구절 "태초에 하나님이 천지를 창조하시니라"〈창세기〉 1:1와 매우 비슷하기 때문이고, 로마 세계 사람들 역시 헤라클레이토스 등의 철학자를 통해 '로고스' 개념에 익숙했으니 거부감이 없었을 겁니다. 로고스는 〈요한복음〉 저자의 독창적인 발상이 아니라, 당시 그리스·로마 세계에서 익숙한 개념입니다.

〈요한복음〉 저자는 더 나아가 예수뿐만 아니라 예수를 믿은 사람들 역시 "혈통에서나, 육정에서나, 사람의 뜻에서 나지 아니하고, 하나님에게서 났다"〈요한복음〉 1:13고 주장합니다. 일반인까지 혈통과 상관없이 하나님의 자녀가 될 수 있다면, 로고스인 예수야말로 어떤 혈통을 타고났건, 어디서 태어났건 전혀 문제가 되지 않습니다. 그러니 굳이 뻥을 칠 필요가 없었죠.

■■■■■■■■■■■■■■■■■■■■■■■■■■■■■■■■■■■■■■■

〈요한복음〉의 〈창세기〉 패러디

〈요한복음〉 시작 부분이 〈창세기〉와 비슷하다는 걸 알아봤는데, 사실 〈요한복음〉 전체가 의도적으로 〈창세기〉와 매우 비슷하게 쓰였다. 이는 〈요한복음〉의 독자 중에 구약성경의 이야기에 익숙한 유대인이 많았기 때문으로 보인다. 1장 앞부분은 '태초에'라는 말로 시작하여 〈창세기〉의 첫 구절을 연상시킨다. 또 굳이 쓰지 않아도 될 것 같은데, '다음날'〈요한복음〉 1:29, 1:35, 1:43이나 '사흘째 되는 날'〈요한복음〉 2:1 같은 표현을 자주 쓴다. '사흘째 되는 날'이 어떤 날을 기준으로 사흘인지도 모르겠는데 말이다. 저자가 굳이 이렇게 쓴 이유는 〈창세기〉를 패러디했기 때문이다. 〈창세기〉 1장에서도 신이 세상을 창조할 때 첫째 날에 뭘 만들고, 사흘 되던 날에는 뭘 만들었다는 식으로 나온다.

〈요한복음〉 1장 51절에서 예수는 제자들에게 "너희는, 하늘이 열리고 하나님의 천사들이 인자 위에 오르락내리락하는 것을 보게 될 것이다"라고 한다. 이는 야곱이 꾼 꿈을 연상시킨다. 야곱이 꿈에서 보니 "땅에 층계가 있고, 그 꼭대기가 하늘에 닿아 있고, 하나님의 천사들이 그 층계를 오르락내리락하고 있었다"〈창세기〉 28:10~15고 한다.

〈요한복음〉 4장에서 예수는 우물가에서 한 여인을 만난다. 이는 구약성경의 유명한 인물들을 패러디한 것이다. 〈창세기〉 24장에는 아브라

190

함의 종이 아브라함의 아들인 이삭의 신부를 찾으려고 먼 길을 가는데, 결국 우물가에서 이삭의 신부가 될 처녀 리브가를 만난다는 얘기가 있다. 이삭의 아들 야곱도 광야를 가다가 우물가에서 자신의 아내가 될 라헬을 만난다.〈창세기〉 29장 모세도 사막을 헤매다가 우물가에서 장차 자신의 아내가 될 십보라를 만난다.〈출애굽기〉 2:15~21 유대인은 배우자를 만나려면 우물가에 가야 하나 보다.

우물가에서 만난 여인은 예수에게 "선생님이 우리 조상 야곱보다 더 위대하신 분이라는 말입니까? 그는 우리에게 이 우물을 주었고, 그와 그 자녀들과 그 가축까지, 다 이 우물의 물을 마셨습니다"라고 했다. 사막 지역에서는 물이야말로 생명과 직결된 문제다. 예수는 "이 물을 마시는 사람은 다시 목마를 것이다. 그러나 내가 주는 물을 마시는 사람은, 영원히 목마르지 아니할 것이다. 내가 주는 물은, 그 사람 속에서, 영생에 이르게 하는 샘물이 될 것이다"라고 답한다.〈요한복음〉 4:12~14 독자들은 예수가 야곱보다 큰 존재라는 뜻으로 받아들였을 것이다.

6장에서 예수는 이스라엘 백성들은 모세가 준 빵(만나)을 먹고도 죽었지만, 하늘에서 내려오는 빵인 나를 먹으면 죽지 않는다는 요지의 선언으로 자신이 모세보다 위대한 존재라고 밝힌다.〈요한복음〉 6:49~50 8장에서는 "당신이 이미 죽은 우리 조상 아브라함보다 더 위대하다는 말이오?"라는 유대인들의 질문에 "아브라함이 태어나기 전부터 내가 있다"고 선언함으로써 유대인 최고의 조상인 아브라함보다 뛰어난 인물로 소개된다.〈요한복음〉 8:53~58 '야곱-모세-아브라함'으로 이어지는 점층법을 쓴 것이다.

오늘날 크리스마스의 주요 장면은 모두 사실무근 | 결론적으로 성경만 잘 들여다봐도 예

수의 탄생과 연관된 이야기와 동정녀 탄생은 모두 〈마태복음〉과 〈누가복음〉 저자의 창작이라는 것을 명백히 알 수 있습니다. '예수의 탄생'이라면 흔히 아기 예수가 베들레헴의 구유에 누워 있고, 동방박사 세 사람과 목자들이 와서 경배하는 장면을 연상하는데, 두 장면은 〈마태복음〉과 〈누가복음〉 저자의 창작입니다. 실제 예수는 나사렛의 평범한 부모 밑에서 태어났을 겁니다. 고대와 달리 오늘날 우리는 위대한 인물이 평범한 부모에게서 태어나는 걸 당연한 일로 여깁니다.

12월 25일 역시 실제 예수의 탄생일과 아무런 상관이 없습니다. 이 날은 당시 로마제국 사람들이 믿은 태양신 미트라의 탄생일입니다. 12월 25일은 1년 중 해가 가장 짧은 동지로, 이날에 바닥을 찍으면서 그 다음부터 해가 점점 길어지기 때문에 태양신이 이날 탄생했다고 생각했죠. 오늘날은 세차운동으로 동지가 앞당겨졌지만, 당시는 25일이었습니다. 예수의 생일이 왜 태양신과 연관되는지는 4부에서 풀어가겠습니다만, 오늘날 크리스마스와 관련된 장면은 대부분 사실무근이라고 봐도 무방할 겁니다. 물론 크리스마스가 유익하고 푸근한 전통으로 굳어진 상황에서 이런 전통을 반대하는 건 아닙니다. 저 역시 크리스마스가 되면 아이들과 크리스마스 분위기를 한껏 즐깁니다. 다만 신화라는 걸 알고 상징으로서 의미를 받아들이는 것과, 절대적인 역사적 사실이라고 맹신하는 건 큰 차이가 있다는 말이죠.

2

예수와 세례자 요한의 관계

이제 예수와 세례자 요한의 관계를 짚어보겠습니다. 여기에는 복음서 저자들을 예수의 탄생보다 심각하게 괴롭힌 딜레마와 고민이 있었습니다.

〈마가복음〉의 세례자 요한 〈마가복음〉맨 앞부분에 보면 "하나님의 아들 예수그리스도의 복음의 시작은 이러하다"〈마가복음〉 1:1라는 구절이 있습니다. 그러면 다음에는 주인공 예수가 짜잔~ 하고 등장해야 할 텐데, 갑자기 세례자 요한이라는 사람이 나타나더니 예수가 이 사람에게 세례를 받았다는 이야기가 나옵니다. 저자들이 이런 설정을 한 이유를 이해하기 위해 먼저 세례자 요한이 어떤 사람인지 알아볼 필요가 있습니다.

기독교에 관심 있는 모든 이들이 세례가 어디에서 유래했는지 궁금해할 만합니다. 그도 그럴 것이 구약성경을 아무리 뒤져봐도 '세례'나 '침례'라는 말이 없기 때문입니다. 원래 유대교에는 세례의 전통이 없었습니다. 세례 역시 조로아스터교의 영향을 받은 게 분명합니다. 조로아스터교에 세례라는 의식이 있었거든요. 이 영향이 유대교로 흐르고 흘러 세례자 요한의 공동체로 연결됩니다. 세례를 대중화한 주인공이 세례자 요한입니다.

우연인지 필연인지 모르지만, 기독교가 세계적인 종교가 된 데는 세례가 큰 역할을 했습니다. 고대 종교에는 대개 입교 의식이 있었습니다. 유대교는 할례가 입교 의식이었죠. 할례는 남자 성기의 포피를 잘라내는 것으로 이 시술을 받을라치면 상당한 고통과 위험을 감수해야 했고, 심리적으로도 수치스럽게 생각되었습니다.

로마인은 여러 민족에게서 다양한 문화를 받아들였지만, 인신 공양이나 피를 흘리는 의식은 혐오했습니다. 할례 역시 혐오하여 하드리아누스 황제 때는 할례를 받은 유대인에게 강제로 할례 이전의 상태로 복원하는 시술까지 시켰을 정도죠. 기독교가 자연스럽게 유대교의 전통을 이어받아 입교 의식으로 할례를 택했다면 아마 오늘날처럼 세계적인 종교가 되기 어려웠을 겁니다. 그런데 기독교는 할례 대신 세례자 요한의 공동체 입교 의식(세례)을 받아들였습니다. 그 전에 무슨 죄를 지었든지 강 같은 데로 내려가서 물에 쏙 들어갔다 나오면 모든 죄가 사해진다는 것이죠. 여기에는 고통과 위험이나 혐오감이 없고, 수치심도 적었습니다.

유대교는 포교에 관심이 없었다

워낙 선민사상이 강해서 그런지 유대교는 포교를 하지 않았다. 유대인
은 태어난 지 8일 만에 할례를 받는데〈창세기〉 17:12, 21:4 이처럼 갓난아기
때 받는 할례는 고통이나 수치심도 별로 없지만, 성인이 되어서 받는
할례는 고통이 많다. 그럼에도 불구하고 유대인은 이방인이 유대교 신
자가 되려고 하면 할례를 강요했다. 이쯤 되면 유대교는 포교에 전혀
관심이 없었다고 볼 수 있다. 유대교에 관심이 있어서 회당에 나오는
소수 이방인을 '하나님을 경외하는 자God-fearer' '하나님을 공경하는 자
worshiper of God'라고 불렀지만〈사도행전〉 10:2, 10:22, 13:16, 13:26 이들 역시 할례
를 받지 않으면 정식 유대교 신자로 쳐주지 않았다. 유대교의 높은 벽
을 실감하게 해준다. 나중에 바울이 포교할 때 전략적으로 목표로 삼은
사람들이 바로 이들이다. 〈사도행전〉을 잘 읽어보면 고넬료, 루디아,
디디오 유스도 등 바울의 포교 활동에 중요한 역할을 한 사람들은 모두
'하나님을 경외하는 자'다.〈사도행전〉 16:14, 18:7

세례자 요한은 예수보다 훨씬 유명했다 │ 그러면 왜 복음서를 시작하
면서 굳이 세례자 요한 같은
인물을 예수의 이야기 앞에 배치했을까요? 신약성경을 보면 예수가 죽
고 바울이 활동하던 때 아볼로라는 학자가 등장하는데, 그는 요한의
세례밖에 알지 못했습니다.〈사도행전〉 18:24~25 대단한 학자도 예수는 잘 몰
랐지만 세례자 요한은 알았다는 거죠. 바울이 포교하다 만난 사람 중
에도 세례자 요한에게 세례를 받았지만, 예수에 대해 들어보지 못한

사람들이 꽤 있었습니다._{〈사도행전〉 19:1~5} 예수보다 세례자 요한의 가르침과 명성이 대단했다는 거죠. 요세푸스의 책을 봐도 예수에 대한 기록은 매우 짧고 예전부터 조작이라는 의혹이 많았지만, 세례자 요한에 대한 기록은 많습니다.

여기에서 우리는 예수가 전 세계적으로 널리 알려진 배경에는 바울이라는 대단한 포교자의 노력이 밑받침되었음을 엿볼 수 있습니다. 예수가 죽고 수십 년이 지난 뒤에도 예수의 명성은 세례자 요한에 미치지 못했죠. 바울이 없었다면 예수는 아직도 세례자 요한보다 명성이 덜했을지 모릅니다. 〈마가복음〉이 쓰인 시점에서도 세례자 요한의 명성과 입지는 예수보다 훨씬 대단했을 겁니다. 〈마가복음〉 저자도 이를 충분히 의식한 모양입니다. 그래서 "예수그리스도 복음의 시작은 이러하다"고 했으면서도 그다음에 세례자 요한을 등장시킬 수밖에 없었던 겁니다.

세례가 주는 딜레마 | 그런데 더 큰 문제가 생깁니다. 예수가 세례자 요한에게 세례를 받은 부분이죠. 신약성경을 잘 들여다보면 '제자가 되었다'와 '세례를 받았다'는 말이 같은 맥락에서 쓰입니다. 어떤 공동체나 스승 밑으로 들어가는 입교 의식으로 세례를 받았으니 당연하죠._{〈요한복음〉 4:1, 〈사도행전〉 2:41, 〈마태복음〉 28:19} 상황이 이러니 예수의 이야기를 시작하면서 큰 문제가 됩니다. 예수가 세례자 요한에게 세례를 받았다는 건 그의 제자가 되었다는 뜻이니까요.

문제는 여기에서 끝나지 않습니다. 신약성경만 봐도 세례에는 죄 사함이나 구원의 의미가 있습니다.〈마가복음〉 1:4, 16:16, 〈누가복음〉 3:3, 〈사도행전〉 2:38 세례는 오늘날 우리가 일반적으로 생각하는 물 뿌리는 의식이 아니라 매우 엄숙한 의식이었습니다. 우리말로 세례洗禮에는 씻는다는 뜻의 '세洗'자가 들어 있지만, 정확히 말하면 세례가 아니라 침례浸禮, baptism입니다. 여기에는 우리말이나 원어에 '물에 잠기다'라는 뜻밖에 없습니다. 오늘날의 세례처럼 물을 뿌리고 끝나는 게 아니라, 강물 같은 곳에 푹 잠겼다가 나오는 의식이죠. 그래서 세례는 호수나 강 같은 지역에서 치렀습니다.〈요한복음〉 3:23 이때 세례를 받는 사람은 세례를 주는 스승과 지켜보는 사람들 앞에서 자기 죄를 고백했습니다.〈마가복음〉 1:5 세례 받는 사람은 죄를 고백하는 죄인인데다 옷도 제대로 입지 않았고, 세례를 주는 사람은 위엄과 권위를 갖춘 스승이었습니다. 이런 장면에서 두 사람의 권위는 하늘과 땅 차이라고 할 수 있죠.

콘스탄티누스 1세는 기독교를 장려하면서도 정작 자신은 세례를 받고 기독교인이 되는 것을 미루고 또 미루다가 죽기 직전에야 세례를 받았습니다. 세례를 받으면 황제가 성직자에게 종속되는 듯한 인상을 주었기 때문이죠. 4세기의 콘스탄티누스 1세가 이럴 정도면 복음서가 쓰일 당시 독자들 역시 세례가 뭔지 잘 알았을 겁니다. 세례를 주는 사람이 세례를 받는 사람보다 훨씬 크고 위대한 인물이라는 것 역시 잘 알았겠죠. 예수가 세례자 요한에게 세례를 받았다는 말은 예수가 세례자 요한에게 입교 의식을 치렀다는 뜻이고, 더 정확히 말하면 예수가 세례자 요한의 문하에서 배웠다는 뜻입니다. 나아가 읽는 이에게 '예수도 우리처럼 죄를 고백한 죄인이었나?' '예수도 용서받을 할 죄가 있었나?'라는 느낌을 줍니다.

세례자 요한을 예수보다 낮추기 위한 장치 | 이 부분에서 복음서 저자들은 딜레마에 빠졌을 겁니다. 그래서 처음 쓰인 〈마가복음〉 저자는 이 부분에 몇 가지 장치를 넣었습니다. 저자는 세례자 요한이 "나보다 더 능력이 있는 이가 내 뒤에 오십니다. 나는 몸을 굽혀서 그의 신발 끈을 풀 자격조차 없습니다. 나는 여러분에게 물로 세례를 주었지만, 그는 여러분에게 성령으로 세례를 주실 것입니다"〈마가복음〉 1:7~8라고 말했다고 썼습니다. 하지만 이것으로는 부족했습니다. 저자는 예수가 세례자 요한에게 세례를 받은 뒤 하늘에서 "너는 내 사랑하는 아들이다. 내가 너를 좋아한다"〈마가복음〉 1:11는 소리가 나고, 예수가 하나님의 아들로 인정받은 것으로 그립니다. 두 부분은 〈마가복음〉 저자가 창작한 게 분명하지만, 억지스럽다는 느낌이 없어지지 않습니다.

〈마태복음〉 저자는 〈마가복음〉 저자보다 세례자 요한에 대해 예민합니다. 유대 지역에서 활동한 세례자 요한을 잘 아는 유대인을 독자층으로 하다 보니 그럴 수밖에 없었겠죠. 예수와 세례자 요한의 관계도 〈마가복음〉 저자보다 한술 더 뜰 필요가 있었습니다. 그래서 저자는 예수가 세례를 받으러 세례자 요한을 찾아가자, 그가 "내가 선생님께 세례를 받아야 할 터인데, 선생님께서 내게 오셨습니까?" 하면서 말렸고, 예수가 "지금은 그렇게 하도록 하십시오. 이렇게 하여, 우리가 모든 의를 이루는 것이 옳습니다"〈마태복음〉 3:14~15라고 하니까 그제야 세례자 요한이 세례를 주었다고 썼습니다. 세상에 어떤 스승과 제자가 이런 말을 하겠습니까? 더구나 고대에는 오늘날과 다르게 스승의 권위가 매우 높았고, 스승과 제자가 아버지와 아들 이상으로 존경하고 따르는 관계였는데 말입니다.

앞의 복음서에서 예수를 어정쩡하게나마 '그토록 대단한 세례자 요한의 뒤를 이어받은 더 큰 인물'로 그렸다면, 마지막으로 쓰인 〈요한복음〉에서는 예수를 '태초부터 있었던 로고스'로 선언하고 시작합니다. 따라서 로고스의 현신인 예수는 인간 수준인 세례자 요한 따위와는 감히 비교할 수도 없는 존재로 표현됩니다. 예수가 세례 받는 장면은 나오지도 않습니다. 그리고 세례자 요한이 "나는 그분의 신발 끈을 풀 만한 자격도 없다"〈요한복음〉 1:27 "예수는 흥하여야 하고, 나는 쇠하여야 한다"〈요한복음〉 3:30고 말했다고 썼습니다. 좀 심하죠. 이렇듯 〈요한복음〉에 오면 세례자 요한과 예수의 긴장감은 완전히 바뀝니다. 스승과 제자가 아니라, '인간'과 '하나님'으로 차원이 다르게 그려지니까요. 로고스는 모든 논란을 잠재울 수 있는 편리한 논리였습니다.

예수는 날 때부터 하나님의 아들이었는가? | 여기까지 이야기의 흐름
만 봐도 독자들은 중요한
사실 하나를 눈치 챌 수 있을 겁니다. 우리는 흔히 '예수는 동정녀 마리아에게서 태어났고, 날 때부터 하나님의 아들이었다'는 기독교의 교리에 대해 암시를 받은 뒤 성경을 읽으니까 당연히 그런 줄 알고 보지만, 가장 먼저 쓰인 〈마가복음〉만 보면 이렇게 생각하기 쉽지 않습니다. 앞서 살펴봤듯이 〈마가복음〉은 "하나님의 아들 예수그리스도의 복음의 시작은 이러하다"로 시작됩니다. 그러나 다른 고대 사본에는 대부분 '하나님의 아들'이 없습니다.

예수에 대해 전혀 모르고, 예수에 대한 선입관이 없는 사람이 원래의 〈마가복음〉을 읽으면 예수가 날 때부터 하나님의 아들이었다고 생각하지 않았을 겁니다. 아마도 이 사람은 예수가 세례를 받은 뒤 하늘에서 "너는 내 사랑하는 아들이다"라는 소리가 난 부분을 읽고서야 '예수는 세례자 요한에게 세례를 받은 시점에 하나님의 아들로 인정받았구나'라고 생각하겠지요. 〈마가복음〉 저자의 의식에 '예수는 태어날 때부터 하나님의 아들이었다'는 생각이 없었거나, 최소한 이런 얘기가 당시 독자들이 받아들이는 데 상당한 무리가 있었다는 점을 알 수 있습니다. 불편한 독자들이 있겠지만, 이런 생각은 여기에서 그치지 않습니다.

예수는 점점 하나님의 위치까지 올라갔다 | 복음서보다 일찍 예수에 대해 쓴 바울은 예수가 하나님의 아들로 확정된 시점을 부활의 사건이라고 주장합니다.〈로마서〉 1:3~4 베드로도 설교에서 예수가 그리스도가 된 중요한 증거로 부활을 들죠.〈사도행전〉 2:23~36 그런데 바울의 시대보다 뒤에 쓰인 〈마가복음〉에서는 예수가 죽고 부활하기 전, 세례자 요한에게 세례 받은 때 하나님의 아들이 되었다고 봅니다. 더 뒤에 쓰인 〈마태복음〉이나 〈누가복음〉 저자들은 예수가 동정녀 마리아에게서 태어날 때부터 하나님의 아들이었다고 주장합니다.

이게 〈요한복음〉에 가면 '태초부터', 그것도 '하나님의 아들' 정도가 아니라 '하나님 자신'이었다고 주장합니다. 하지만 대놓고 얘기한 게 아니라, 아주 조심스럽고 점진적으로 접근했습니다. 이걸 보면 〈요한복음〉을 쓸 당시만 해도 예수를 태초부터 계신 하나님이라고 주장하기가 매우 조심스러웠다는 걸 알 수 있습니다. 신약성경 〈골로새서〉 저자는 예수를 가리켜 '보이지 않는 하나님의 형상' '모든 피조물보다 먼저 나신 분'〈골로새서〉 1:15~16으로 썼습니다. 이 구절이야말로 예수가 태초부터 있었던 하나님이라는 주장이죠. 대다수 학자들은 〈골로새서〉 저자가 바울이라고 생각하지 않습니다. 아마 바울 시대 한참 뒤에 쓰인 것 같습니다.

그런데 가장 처음 성경을 쓴 바울은 누구나 예수를 믿고 세례를 받으면 하나님의 아들이 될 수 있다고 가르쳤습니다.〈골로새서〉 2:12, 〈로마서〉 6:3~4 게다가 예수를 믿는 사람 모두 하나님의 아들이라고 단정적으로 말했죠.〈갈라디아서〉 3:26 예수에 대한 바울의 생각을 단적으로 표현한 게 '첫 열매'라는 표현입니다. 이건 예수를 두고 한 말이죠.〈고린도전서〉 15:20, 15:23 첫 열매가 있으면 그다음 열매도 있게 마련입니다. 처음 난 열매나 나중에 난 열매나 본질은 똑같습니다. 바울에게 예수는 '유일한 열매'가 아니었다는 말이죠.

'독생자' '유일한 하나님의 아들'이라는 표현은 바울이 쓴 표현이 아닙니다. 바울의 주장만 보면 예수의 위치는 불교의 고타마 붓다의 위치와 크게 다르지 않습니다. '붓다'란 깨달은 자를 뜻하죠. 불교에서는 누구나 깨달으면 붓다가 될 수 있습니다. 고타마 붓다만 '유일한 붓다'가 아니라는 이야기입니다.

독자들은 여기까지 읽으면서 하나의 흐름을 보았을 겁니다. 바울부터 시작해서 시간이 흐르며 예수의 위치가 '우리와 동일한 사람' '세례

받고 하나님의 아들이 된 사람' '태어날 때부터 하나님의 아들' '태초부터 계신 창조주' 식으로 점점 올라갔다는 겁니다. 나중으로 갈수록 예수는 점점 숭배의 대상이 됩니다. 이 내용을 간단히 아래 표에 정리해보았습니다.

연대	기원후 50~60년대	70~80년대	80~90년대	100년 이후
성경	바울 서신, 베드로 서신	〈마가복음〉	〈마태복음〉 〈누가복음〉	〈요한복음〉
주장	예수는 부활한 뒤 하나님의 아들이 되었다.	예수는 세례를 받고 나서 하나님의 아들이 되었다.	예수는 태어날 때부터 하나님의 아들이었다.	예수는 태초부터 하나님이었다.

3
부활 이야기

이제 예수의 부활 이야기를 살펴보겠습니다.

복음서의 부활 이야기 | 복음서의 원본인 〈마가복음〉의 부활 이야기
를 보면 막달라 마리아를 포함한 세 여자가
예수의 무덤으로 갔는데, 예수의 시체가 없어진 것을 보고 벌벌 떨며
넋을 잃고 뛰쳐나와서 도망갔다고 쓰여 있습니다.〈마가복음〉 16:1~8 권위를
인정받는 대다수 고대 사본에는 이 장면을 마지막으로 〈마가복음〉이
끝납니다. 이 부분만 보면 부활의 장면이 우리가 기독교 설교에서 흔
히 보고 듣던 것과 많이 다릅니다. 여기까지는 부활한 예수가 전혀 등
장하지 않습니다. 원래 〈마가복음〉에는 예수의 탄생도, 부활도, 승천도
나오지 않습니다. 참 이상하죠?

방언, 문제 있다

대다수 학자들은 일부 사본에만 나타난다는 〈마가복음〉 16장 9절 이하의 뒷부분이 후대에 삽입된 것으로 인정한다. 내용의 성격상 후대 기독교 공동체에서 자기들의 교리를 강조한 흔적이 역력하기 때문이다. 그중에는 "믿고 세례를 받는 사람은 구원을 얻을 것이요, 믿지 않는 사람은 정죄를 받을 것이다. 믿는 사람들에게는 이런 표징들이 따를 터인데, 곧 그들은 내 이름으로 귀신을 쫓아내며, 새 방언으로 말하며"〈마가복음〉 16:16~17라는 구절이 포함된다.

오늘날 일부 기독교 교파에서 이 구절을 문자 그대로 받아들여서 '믿고 세례를 받는 사람만 구원을 받는다'느니, '믿는 자들은 방언을 하고 귀신을 쫓아낼 줄 알아야 한다(엑소시즘)'느니 옹졸한 논리를 펼치는 경우도 많다.

성경의 정의에 따르면 방언은 '입신 상태에서 하는 알 수 없는 말'이다. 알 수 없는 말을 할 줄 아는 게 뭐가 그리 대단한지 모르지만, 일부 종파의 교회에서는 마치 방언을 하면 진짜 기독교인이요, 방언을 못 하면 이류 기독교인이 된 것 같은 느낌을 주는 경우도 있다.

하지만 바울은 방언을 그리 좋게 보지 않는다.〈고린도전서〉 14장 그는 심지어 "온 교회가 한자리에 모여서 모두가 방언으로 말하고 있으면, 갓 믿기 시작한 사람이나 믿지 않는 사람이 들어와서 듣고, 여러분을 미쳤다고 하지 않겠습니까?"〈고린도전서〉 14:23라고 말한다.

방언을 할 줄 아는 것으로 교회 안에서 특권 의식을 느끼는 사람 중에는 화가 나는 사람들도 있을지 모르지만, 이게 사실이다. 예수를 믿는다고 알아듣지도 못하는 소리를 지껄여야 하는 게 아니다. 조금만 더 살펴보면 방언이 기독교의 전유물이 아니라는 사실도 알 것이다.

복음서 저자들이 예수가 부활했다고 전하는 증거는 첫째, 무덤이 비어 있었다는 것과 둘째, 나중에 부활한 예수를 만난 사람들이 있다는 겁니다. 그나마 부활한 예수를 만난 사람들에 대해서는 "그들도 믿지 않았다" "예수가 다른 모습으로 나타났기 때문에 못 알아봤다"고 썼습니다.〈마가복음〉 16:11~14 이 부분은 처음부터 논란이 많았던 것 같습니다. 〈마태복음〉 저자는 한술 더 떠서 "예수가 부활한 사실이 알려질 걸 두려워한 경비병과 대제사장들이 허위 사실을 조작해서 이 소문이 퍼졌다"〈마태복음〉 28:11~15는 얘기도 썼고, "부활한 예수를 만난 직계 제자 중에서도 부활을 의심하는 사람들이 있었다"〈마태복음〉 28:17는 얘기도 썼습니다. 당시 예수의 부활이 사실이 아니라는 소문이 퍼졌고, 저자들은 이 부분에 대한 독자의 의구심을 해결하고자 노력한 것으로 보입니다.

〈누가복음〉에는 예수가 나타났는데, 제자들이 그를 알아보지 못한 걸 주제로 이야기를 썼습니다. 이 부분은 〈누가복음〉 저자가 "그 뒤에 그들(예수의 제자들) 가운데 두 사람이 걸어서 시골로 내려가는데, 예수께서는 다른 모습으로 그들에게 나타나셨다"〈마가복음〉 16:12는 부분을 기초로 작가적 상상력을 발휘한 것 같습니다. 이 짧은 구절이 〈누가복음〉에 가면 매우 풍부해집니다. '엠마오로 가던 제자들의 이야기'라고 하죠. 이 이야기에서 두 제자는 엠마오라는 시골 마을로 내려가다가 예수와 한참 걷고 얘기를 나누면서도 예수를 몰라보다가 나중에 눈이 열린 뒤에야 예수를 제대로 알아본 것으로 그려집니다.〈누가복음〉 24:13~32 〈마가복음〉에는 예수가 모습을 바꿨기 때문에 제자들이 알아보지 못한 것으로 그려지는데, 〈누가복음〉에는 제자들의 눈이 가려졌기 때문에 예수를 보지 못한 것으로 그려집니다. 예수의 부활이 사실과 증거에 대한 믿음의 문제에서 개개인의 영적인 눈이 떠졌느냐 안 떠졌느냐 하는 문제로 미묘하게 바뀌었죠.

그런데 저자가 '예루살렘에서 30리 정도 떨어져 있다'고 기술한 엠마오라는 곳은 실제로 어디에도 나오지 않습니다. 이걸 거짓이라고 하면 곤란합니다. 저는 〈누가복음〉 저자가 영적인 진리를 상징적으로 잘 표현했다고 생각합니다. 사람이 슬픔과 두려움 때문에 마음이 억눌리거나 욕심이 있으면 영적인 눈이 어두워서 뭘 제대로 보기 힘든 경우가 많으니까요.

부활은 누가 증언했는가? 무덤이 비어 있었다는 주장과 얼굴이 바뀐 예수를 만난 사람들이 있었다는 주장 정도로는 부활을 확증하기 힘듭니다. 예수가 부활한 장면을 직접 본 사람의 믿을 만한 증언이 있으면 도움이 되겠죠. 그래서 저자들은 예수가 있던 무덤 안에 누군가가 있다가 찾아온 사람들에게 "예수가 부활했다"고 증언했다고 썼습니다. 이게 사실이라면 가장 확실한 증거죠. 하지만 그것도 복음서마다 달라서 어느 복음서의 말이 맞는지 모를 지경입니다.

〈마가복음〉16장 5~7절에는 빈 무덤에 있다가 부활을 증언한 사람이 '흰 옷을 입은 젊은 남자'라고 나옵니다. 그런데 나중에 쓰인 〈마태복음〉 28장 2~7절에는 천사가 증언한 것으로 바뀝니다. 이 부분은 천사를 숭배하는 유대인 독자를 배려한 결과겠지요. 〈누가복음〉 24장 4~7절에서는 다시 두 남자로 바뀝니다. 〈누가복음〉의 독자층이 천사

숭배와 전혀 상관없는 로마인이니, 천사를 등장시킬 필요가 없었죠. 대신 증인을 두 명으로 늘렸습니다. 아무래도 한 명보다는 두 명이 나으니까요.

〈요한복음〉 20장 12~13절에 가면 이게 두 천사로 바뀝니다. 한 천사는 예수의 시신이 놓여 있던 머리맡에, 다른 천사는 발치에 있었습니다. 이 장면은 구약성경의 성궤 이미지에서 따온 게 분명합니다. 영화 〈인디아나 존스〉를 본 사람이라면 생각날 법한데, 천사(그룹) 둘이 앞뒤로 마주 앉아 성궤를 내려다보죠. 〈요한복음〉 저자는 예수가 죽었다 살아난 자리에 신적인 상징성을 부여하고 싶었던 모양입니다.

부활은 영적 진실이다 | 여기까지 보면 제가 예수의 부활이 거짓인 것처럼 얘기한다고 생각할지도 모르겠습니다. 저는 부활을 부인하지도, 무조건적으로 신봉하지도 않습니다. 죽음은 모든 인간에게 중요한 문제입니다. 그리고 죽음을 넘어선 부활은 기독교인의 신앙에서 중요한 부분을 차지합니다. 역사적 사실이라기보다 부활의 상징성과 의미가 중요하다는 겁니다. 오리게네스의 명언처럼 비록 문자 그대로 진실을 이야기하지 않을지라도, 그들이 말하는 것은 항상 영적인 진실입니다. 예를 들어 〈요한복음〉 저자는 "나를 믿는 사람은 죽어도 살고, 살아서 나를 믿는 사람은 영원히 죽지 아니할 것이다"〈요한복음〉 11:25~26라고 썼습니다. 이 말을 문자 그대로 믿으면 예수를 믿는 사람은 죽어도 살아야 하는데, 실제로 그렇지 않죠. 이 말은 영적인 진실입니다.

저는 이렇게 생각합니다. 예수가 보는 사람의 정체성은 육체의 껍데기가 아니라, 우리가 영혼이니 정신이니 마음이니 여러 가지 말로 부르는 인간의 내면세계가 아니었을까요? 그러면 이 말은 아주 합당한 말이 됩니다. 사람이 죽으면 그 사람의 껍데기(육체)는 없어질지라도 영혼은 죽지 않으니까 죽어도 살고, 영원히 죽지 않겠죠. 이렇게 되면 기독교의 부활의 교리는 훨씬 더 보편타당한 사상이 됩니다. 표면적인 의미 대신 심층의 의미를 보면 수많은 오해를 없애고, 상식 있는 사람들에게도 효과적으로 호소할 수 있습니다.

문제는 영적인 진실을 역사적인 사실로 만들고, 이걸 교리화해서 '이러이러한 교리를 역사적인 사실로 믿어야 참 신자다'라고 억지 주장을 펴는 데 있습니다. 예수가 부활했다는 게 역사적 사실이라는 걸 과연 증명할 수 있을까요? 이게 무 자르듯 답이 떨어지는 문제일까요? 그건 불가능한 일이고, 그럴 필요도 없는 일입니다. 사실 여부보다 거기에 담긴 의미가 중요합니다. 사실fact과 진리truth는 같은 게 아닙니다. 예수가 실제로 부활했든 아니든 예수의 부활은 인류에게 매우 깊은 진리를 가르칩니다.

4

우리는 유대인과 달라요

반 유대적 분위기 | 기독교는 원래 유대인에게서 시작된 종교입니다. 예수 역시 유대인이죠. 〈사도행전〉 5장 13절의 기록을 봐도 초기의 기독교인은 자신들이 유대교와 별개라고 생각하지 않았고, 오히려 유대인에게 칭송을 받았습니다. 하지만 바울이 등장하면서 이 구도가 바뀌기 시작합니다.

바울은 "유대 사람은 주 예수와 예언자를 죽이고, 우리를 내쫓고, 하나님을 기쁘게 해드리지 않고, 모든 사람에게 적대자가 되었습니다. 그들은 우리가 이방 사람에게 말씀을 전해서 구원을 얻게 하려는 일까지도 방해하고 있습니다. 그리하여 그들은 자기들의 죄의 분량을 채웁니다. 마침내 하나님의 진노가 그들에게 이르렀습니다"〈데살로니가전서〉 2:15~16라고 썼습니다. 유대인에게 적대적이죠. 바울이 이렇게 쓴 건 이해할 만합니다. 바울은 예루살렘 교회와 선을 긋고 이방인을 중심으로 교회를 만들었습니다. 그리고 자신은 물론, 자신이 세운 교회 역시 유대인 때문에 여러 가지 어려움을 겪었죠. 바울이 유대인에게 감정이 좋지 않은 건 어찌 보면 당연합니다.

복음서 저자들도 유대인을 대하는 자세는 그리 호의적이지 않습니다. 여기에는 역사적인 배경이 있습니다. 기원후 66년 유대 전쟁이 일어나서 로마에 반항한 유대인은 잔인하게 제압당했죠. 로마 측의 피해도 만만치 않았습니다. 기원후 130년 하드리아누스 황제는 유대인을 강제로 유대 땅에서 몰아내어 로마제국 사방에 흩어버렸습니다. 이때부터 유대인은 2000년 가까이 자기 땅 없이 살았죠. 이런 사건으로 유대인은 당시 국제사회에서 가장 고집스럽고 말이 통하지 않으며, 소동이나 일으키는 민족으로 인식되었습니다. 그리고 로마 사람들의 눈에는 유대인이나 기독교나 크게 다르지 않았습니다. 둘 다 유일신교라는 이유로 싸잡아서 비난받았으니까요. 당시에는 유대교와 기독교를 똑같은 것으로 생각하는 사람들이 많았습니다.

신약성경은 이 와중에 쓰였습니다. 그러다 보니 신약성경의 저자들이 독자에게 알리고자 하는 메시지 중 하나는 "기독교는 반항적이고 고집스럽고 외골수인 유대교와 다르다"는 것이었습니다. 요세푸스가 "과격파 유대인만 반항적이고 나머지 유대인은 다르다"고 주장했는데, 복음서 저자들도 같은 방법을 쓴 겁니다. 성경에서 유대인이 나쁜 사람으로 그려지는 건 이 때문이죠. 한 집단에서 빠져나온 집단이 원래 있던 집단을 비난하며 '우리는 저들과 다르다'고 하는 건 모든 시대의 보편적인 현상입니다. 그래야 자신들의 정당성이 부여되니까요. 이런 경향은 특히 〈누가복음〉에 많습니다. 〈누가복음〉의 독자층이 당시 로마 세계의 일반인이다 보니 이런 메시지가 더 필요했죠.

〈누가복음〉 : 기독교인은 이성적이고 순응적이에요

〈누가복음〉 저자는 기독교인을 매우 합리적이면서도 로마인의 명령에 고분고분 따르는 사람들로 그리고자 애썼습니다. 〈마태복음〉에는 예수가 탄생한다는 소식에 왕이 위협을 느껴서 또래 어린아이들을 죽이는 등 소동을 벌인 이야기가 많은데, 〈누가복음〉에는 이런 게 하나도 없습니다. 오히려 예수의 가족은 황제가 실시한 호적 등록을 한답시고 만삭의 부인까지 무거운 몸을 이끌고 먼 길을 갑니다. 힘이 들어도 황제의 명령을 고분고분 따르는 모습으로 그린 거죠. 예수의 부모 역시 유대인의 절기 관습을 잘 지키는 사람으로 표현됩니다.〈누가복음〉 2:41~42

〈누가복음〉 13장 1절에는 총독 빌라도가 예수의 고향인 갈릴리 사람들을 잔인하게 학살한 기록이 있습니다. 이 얘기를 들은 예수는 동족이 불의한 일을 당한 것에 분노하지 않고 "이 갈릴리 사람들이 이런 변을 당했다고 해서, 다른 모든 갈릴리 사람보다 더 큰 죄인이라고 생각하느냐? 그렇지 않다. 내가 너희에게 말한다. 너희도 회개하지 않으면, 모두 그렇게 망할 것이다"〈누가복음〉 13:2~3라고 담담하게 말합니다. 불의한 일을 죄와 회개의 문제로 초점을 바꾼 거죠. 피해자나 유족이 이 부분을 읽는다면 예수에게 반감이 생겼을 게 분명합니다. 하지만 〈누가복음〉의 주 독자층은 유대인이 아니었기에 저자가 이런 걸 고려할 필요가 없었습니다. 로마 세계의 일반인이라면 '예수는 고집부리고 난동이나 일으키다가 로마군에 학살당한 유대인과 다른 온건한 사람이구나'라고 생각할 테니까요. 이 예수는 불의한 장면을 보고 성전에서 소동까지 벌인 예수와 사뭇 다른 모습이죠.

〈누가복음〉의 저자가 그리려고 애쓴 예수는 많은 사람을 가르치는 이성적이고 논리적인 학자 같은 모습이었습니다. 저자는 예수를 어릴 적부터 예루살렘의 선생들 사이에서 경탄을 자아낼 만큼 비범한 모습으로 그렸습니다.〈누가복음〉2:46-47 〈누가복음〉에 다른 복음서보다 비유와 가르침이 풍부한 것도 이 때문입니다. 유명한 '탕자의 비유' 역시 〈누가복음〉에만 나오는 이야기죠. 〈누가복음〉 저자가 예수를 이렇게 그린 이유가 있습니다. 당시 로마 세계에서는 이성을 중시했고, 학자가 존경을 받았으니까요.

예수의 재판 | 복음서 저자들에게 가장 신경 쓰인 부분은 예수의 재판입니다. 당시 로마는 법에 따라 움직이는 사회였고, 각 지역에서 재판의 권한은 총독에게 있었습니다. 로마인은 총독에게 정식 재판을 받아서 사형을 선고받은 청년, 그것도 강도와 함께 십자가에 달려 죽은 사형수를 '주님'이라며 믿고 따르는 종교를 납득하기 힘들었을 겁니다. 예수의 재판과 죽음 이야기야말로 로마인에게 '기독교인은 위험한 사람'이라는 편견을 심어주기 딱 좋았겠죠. 그래서 복음서 저자들은 모두 기본적으로 '예수는 로마법을 잘 따르는 사람인데, 유대인이 억지로 총독을 몰아붙여서 예수를 죽음에 이르게 했다'는 전제 아래 예수의 재판 과정을 썼습니다.

가장 먼저 쓰인 〈마가복음〉에서 예수를 죽게 만든 건 빌라도입니다. 하지만 저자는 빌라도가 "예수를 못 박으시오"라고 외쳐대는 유대인의 함성을 듣고 '무리를 만족시키려고' 예수를 처형하도록 했다고 썼습니다.〈마가복음〉15:15 한 사람 때문에 많은 사람들의 반대를 사느니 한 사람을 죽이는 게 낫다는 판단이었죠.

'막가파' 유대인? | 〈마태복음〉부터는 뉘앙스가 달라집니다. 예수의 재판이 벌어지기 전날 밤에 빌라도의 아내가 꿈을 꾸었고, 빌라도에게 사람을 보내서 "당신은 그 옳은 사람에게 아무 관여도 하지 마세요. 지난밤 꿈에 내가 그 사람 때문에 몹시 괴로웠어요"〈마태복음〉27:19라는 말을 전합니다. 〈마태복음〉의 주 독자층이 꿈과 예언을 중시하는 유대인이니 효과적인 설명이죠. 빌라도는 아내의 불길한 꿈 얘기를 듣고 꺼림칙했는지, 사람들 앞에서 손을 씻는 퍼포먼스를 하고 "나는 이 사람의 피에 대하여 책임이 없으니, 당신들이 알아서 하시오"〈마태복음〉27:24라고 말합니다.

하지만 당시 속주에서 벌어진 일에 대한 모든 책임은 총독에게 있었으니, 이런 퍼포먼스를 한다고 달라질 건 없습니다. 빌라도가 이런 퍼포먼스를 했는지도 미지수입니다. 이건 유대인이나 알 만한 구약성경 〈신명기〉에 등장하는 의식이기 때문입니다. 〈신명기〉 21장 1~9절에 따르면, 자신들과 전혀 연관이 없는 죽음을 봤을 때 그 마을의 장로들이 결백을 입증하기 위해 손을 씻었습니다. 그런데 빌라도는 이런 의식을 전혀 모를 법한 로마인입니다. 이 퍼포먼스 역시 유대인 독자를 의식한 저자의 창작이죠. 유대인 독자한테는 이게 어필했을 테니까요. 빌라도의 퍼포먼스에 유대인은 "그 사람의 피를 우리와 우리 자손에게 돌리시오"라고 답합니다.

이걸 보면 누구라도 유대인이 매우 잔인한 민족이라는 생각이 들 수밖에 없습니다. 이런 글을 읽으면 유대인이야말로 매우 외곬인데다, 억지나 부리고 종교적 편견에 빠져서 선량한 사람을 죽음으로 몰고 가는 민족으로 느껴집니다.

〈마태복음〉 뒤에 나온 〈누가복음〉 역시 법을 중시하는 로마 사람들을 독자층으로 한 복음서인 만큼 예수가 무죄임을 보여주려고 애썼습니다. 저자는 총독 빌라도가 예수 재판에서 "나는 그에게서 사형에 처할 아무런 죄를 찾지 못하였소"라고 세 번이나 선언했는데, 총독의 무죄 선언에도 불구하고 유대인은 마구 우기며 총독을 윽박질러서 예수를 사형시키도록 만들었다고 썼습니다.〈누가복음〉 23:14~24 예수가 십자가에서 죽을 때도 같이 죽어가던 좌우의 강도 중 한 명이 "우리야 우리가 저지른 일 때문에 그에 마땅한 벌을 받고 있으니 당연하지만, 이분은 아무것도 잘못한 일이 없다"〈누가복음〉 23:41고 말합니다. 동료 사형수가 내린 묘한 무죄 선언이죠.

또 처형 장면을 지켜보던 로마군의 백부장이 "이 사람은 참으로 의로운 사람이었다"〈누가복음〉 23:47고 말했다고 썼습니다. 무죄라는 얘기죠. 법을 중시하는 로마 사람들에게 호소하려다 보니, 주변의 많은 사람이 무죄를 입증하는 듯한 장면을 넣은 겁니다. 〈마가복음〉 저자는 백부장이 "참으로 이분은 하나님의 아들이셨다"〈마가복음〉 15:39라고 했다고 썼지만, 〈누가복음〉 저자는 사안의 심각성과 독자층의 정서를 고려해서 '하나님의 아들'을 '의로운(죄 없는) 사람'으로 바꿨죠.

이제 맨 나중에 쓰인 〈요한복음〉으로 가보죠. 〈요한복음〉 저자는 예수의 재판과 연관하여 더 심각하게 고심했을 겁니다. 다른 복음서와 달리 예수를 '태초부터 계신 하나님'으로 설정했으니, 이런 분이 재판을 받고 힘없이 죽으면 이미지가 구겨지겠죠. 저자는 재판 과정에서 빌라도가 예수가 범상치 않은 인물임을 알고 두려워 "당신이 유대 사람들의 왕이오?"〈요한복음〉 18:33 "진리가 무엇이오?"〈요한복음〉 18:38 "당신은 어디서 왔소?"〈요한복음〉 19:8라는 질문을 했다고 썼습니다. 죄수와 총독의 대화가 아니라 스승과 제자의 대화 같은 착각이 들 정도죠. 게다가 마지막 질문에 예수는 답변도 해주지 않습니다. 빌라도가 예수에게 "나에게 말을 하지 않을 작정이오? 나에게는 당신을 놓아줄 권한도 있고, 십자가에 처형할 권한도 있다는 것을 모르시오?"라고 하자, 예수가 "위에서 주지 않으셨더라면, 당신에게는 나를 어찌할 아무런 권한도 없을 것이오"〈요한복음〉 19:10~11라고 답했다고 썼습니다. "나의 재판은 정치적 상황과 무관하게 저 하늘에서 결정 난 일이니, 너 같은 일개 총독이 좌지우지한 게 아니다"라는 얘기죠.

재판 과정의 마지막으로 가면 유대인의 잔인함과 비겁함은 극에 달합니다. 빌라도는 "한사코 나는 그에게서 아무 죄도 찾지 못하였소"라고 했지만, 유대인은 매우 난처한 구호를 외치며 그를 곤경에 빠뜨립니다. "이 사람을 놓아주면, 총독님은 황제 폐하의 충신이 아닙니다! 자기를 가리켜서 왕이라고 하는 사람은, 누구나 황제 폐하를 반역하는 자입니다!"라고 말입니다. 이런 상황에 빌라도가 예수를 편들면 황제에 반역하는 자를 도와주는 격이 되니, 정치적으로 곤란한 입장에 처할 수도 있거든요. 이 말을 듣고 빌라도는 어쩔 수 없이 예수를 그들에게 넘겨줍니다.

성경만 보면 빌라도는 복음서에 나오는 것처럼 옳지 않은 일을 하면서 양심의 가책을 느껴 우유부단하게 행동하고, 진리가 뭔지 알고 싶어서 죄수에게 질문을 하는 진지하고 철학적인 사람 같지만, 실제 역사상의 빌라도는 매우 잔혹한 통치자입니다. 그는 시위하는 군중을 잔인하게 학살했습니다.〈누가복음〉 13:1

〈마가복음〉에서 〈요한복음〉으로 갈수록 예수는 로마의 법과 공권력에 희생된 것이 아니라, 총독은 한사코 막으려고 애썼지만 광기 어린 유대인 집단의 교묘한 책동에 희생된 것으로 그려집니다. 복음서 저자들은 이런 장면을 생생하게 묘사해서 독자에게 다음과 같은 메시지를 줍니다. "유대인은 이렇게 잔인하고, 충동적이고, 폭동이나 일으키고, 꼼수나 부리는 인간이다. 우리가 믿는 예수는 그런 유대인과 팽팽하게 맞서던 인물이고, 죽을 때도 로마 총독은 예수의 편이었지만, 유대인이 책동을 쓰고 고집을 피우고 꼼수를 부려서 예수가 사형당한 것이다. 따라서 우리 기독교인은 이런 유대인과 다른 사람들이다."

배신자 유다 | 복음서 저자들이 유대인에게 색깔을 입힌 것과 연관하여 우리가 눈여겨봐야 할 인물이 있습니다. '배신자 가룟 유다'는 〈마가복음〉부터 예수를 팔아먹은 최악의 제자로 기록되었습니다. 저자는 예수가 제자들과 함께한 최후의 만찬에서 "그 사람은 차라리 태어나지 않았더라면 자기에게 좋았을 것이다"〈마가복음〉 14:21라고 말했다고 합니다. 이상하죠. 모든 사람에 대한 사랑과 자비를 가르치

고, "뺨을 맞으면 다른 쪽 뺨도 돌려대라" "원수를 사랑하라"고 한 예수가 한솥밥을 먹던 제자에게 이런 말을 했을지 미지수입니다. 〈마가복음〉에 나오는 이 장면에서 예수가 유다를 직접 지칭하지는 않습니다. 전후 상황으로 볼 때 유다를 가리킨 거라고 예측할 수 있을 뿐입니다. 그런데 〈마태복음〉 26장 24~25절에 보면 이 말은 분명 유다를 향해 있습니다.

유다는 〈요한복음〉에서 가장 심하게 다뤄집니다. 예수는 "너희 가운데서 하나는 악마이다"〈요한복음〉 6:69~70라고 말합니다. 독자들이 '예수의 제자 중에도 악마가 있나?' '이 악마가 도대체 누구일까?'라는 의심을 품게 만들죠. 이때부터 저자는 서서히 가룟 유다를 악마로 몰아가고, 나중에는 돈 자루를 맡으며 꼼수를 써서 돈을 훔쳐내는 도둑으로 그립니다.〈요한복음〉 12:6 결정적으로 최후의 만찬에서 예수가 직접 빵 조각을 적셔서 유다에게 주니까 사탄이 유다에게 들어갑니다.〈요한복음〉 13:26~27 이 장면부터 유다는 '악마에 씐 제자'가 되고 말죠.

자살하면 지옥 간다? | 심지어 유다는 매우 불길하고 재수 없게 죽은 것으로 표현되었습니다. 〈마태복음〉에서는 목을 매달아 자살한 것으로, 〈사도행전〉에서는 거꾸로 떨어져서 배가 터지고 창자가 쏟아진 것으로 그려집니다. 한때는 동료였음이 분명한 예수의 다른 제자들 역시 "유다는 이 직분을 버리고 제 갈 곳으로 갔습니다"〈사도행전〉 1:25라고 매정하게 말합니다. 일부 주석가들은 여기 나온 '제 갈 곳'이라는 말이 지옥을 완곡하게 표현한 것이라고 해석하기도

합니다. 거꾸로 떨어져서 죽는 장면은 유다가 거꾸로 지옥에 떨어진 듯한 이미지를 연상시킵니다. '자살하면 지옥에 떨어진다'는 구절이 성경에 없는데도, 많은 기독교인이 그렇게 생각하도록 부추긴 강력한 이유 중 하나가 유다입니다. 스승을 배신하고 팔아먹은 제자, 돈 욕심이 많은 제자, 사탄이 씐 제자, 거꾸로 지옥에 떨어진 제자가 유다의 이미지입니다.

그런데 약간 이상한 생각이 듭니다. 유다가 예수와 제자들의 돈 자루를 맡고 있었다는 말은 재정 담당이라는 뜻인데, 고금을 막론하고 재정 담당은 가장 믿을 만한 사람에게 맡기는 게 상식입니다. 예수처럼 지혜롭고 깨어 있던 분이 돈 욕심 많고 뒷구멍으로 꼼수나 부리는 악마 같은 제자에게 재정 담당을 맡겼다는 자체가 이상하죠. 복음서의 기록만 봐도 유다는 진심으로 자기 죄를 뉘우쳤고, 자신이 부정하게 번 돈을 돌려주고 나서 스스로 목을 매달아 죽었습니다.〈마태복음〉27:3-5 이것이 악마 같은 사람이 할 만한 일인가요?

사탄에 씐 사람은 유다 말고도 많았다 | 기독교인에게 가장 좋아하는 인물이 누구냐고 물어보면 다윗 왕을 드는 사람이 많습니다. 그런데 구약성경 〈역대상〉 21장을 보면 다윗 왕 역시 '사탄이 부추겨서' 죄를 짓습니다. 사탄에 얼마나 심하게 씌었는지 신하들이 적극적으로 말리는데도 다윗은 불도저처럼 밀어붙여서 인구조사를 실시합니다. 이 행위로 야훼가 진노하죠. 인구조사를 한 게 그리 대단한 잘못인지 모르지만, 야훼는 다윗에게 세 가

지 벌 중 하나를 선택하게 합니다. 첫째, 온 나라에 3년 동안 기근이 들게 할 것. 둘째, 다윗 왕이 원수의 칼을 피하여 석 달 동안 쫓겨 다닐 것. 셋째, 전염병이 사흘 동안 퍼져서 이스라엘 온 지역을 멸하게 할 것입니다. 이런 옵션을 주는 야훼도 황당하지만, 어쩔 수 없이 골라야 한다면 언뜻 봐도 두 번째 옵션이 가장 희생이 덜해 보입니다. 석 달 동안 쫓겨 다닌다고 죽는 것도 아닌데, 3년 기근이나 전염병으로 나라가 심각한 타격을 받는 것보다 낫지 않을까요?

그런데 다윗은 백성을 보호해야 할 왕이 마지막 옵션을 택했고, 전염병으로 7만 명이 죽습니다. 잘못은 지도층이 하고 고통은 백성이 당하는 건 예나 지금이나 비슷한 모양입니다. 다윗은 젊었을 때부터 쫓겨만 다녀서 쫓겨 다니는 게 지긋지긋했는지 모르지만, 왕이라는 사람이 이런 선택을 해서 7만 명을 죽게 만든 것도 선뜻 이해가 가지 않고, 왕이 잘못한 걸 가지고 애꿎은 백성을 죽음에 몰아넣는 야훼도 이해가 가지 않습니다. 좌우지간 다윗 역시 사탄에 씌었고 큰 죄를 지었습니다. 이런 면에서는 가룟 유다나 다윗이 별다르지 않죠.

역사상 수많은 사람들이 다른 사람을 배신해서 죽음에 몰아넣고 그 대가로 부를 쌓았습니다. 자기 한 몸의 이익을 위해 수많은 사람들을 죽인 사람도 많습니다. 그중에는 자신이 한 행동에 일말의 후회도 하지 않고, 자신 때문에 죽거나 피해를 본 사람들에게 미안함조차 없으며, 사과할 생각도 없는 사람이 많습니다. 이런 사람들에게 부정하게 번 돈을 사회에 환원하는 건 꿈도 못 꿀 일입니다. 전두환 씨도 아직까지 피해자나 유족에게 사과 한 마디 하지 않고, 돈이 없다는 핑계로 벌금을 내지 않고 있죠. 이런 사람들에 비하면 부정하게 번 돈을 돌려주고, 고통 속에 자기 죄를 뉘우치고, 자살이라는 극단적인 방법을 써서라도 속죄하려고 애쓴 유다는 매우 양심적인 사람 아닐까요? 그럼에도 불구하고 유다는 기독교 역사에서 배신자로 낙인찍힌 인물이니까, 전혀 구제받을 수 없을까요? 기독교의 가르침인 자비와 용서는 어디로 갔을까요?

유다는 왜 배신자가 되었을까? │ 이렇게 생각하니까 답이 안 나오죠? 이런 문제는 이런 식으로는 도저히 풀리지 않습니다. 이건 '박스 안에서' 푸는 방식이거든요. 관점을 박스 밖으로 가져가야 문제의 진실이 보입니다. 저자들이 복음서를 쓴 의도부터 생각해봐야 풀리는 문제라는 말이죠. 저자들이 복음서를 쓸 때 깔린 중요한 의도가 '기독교인은 유대인과 달라요'입니다. 여기에 가룻 유다를 이용한 거죠.

복음서 저자들이 의도했든 하지 않았든, 이 목적이 성공적으로 달성된 것이 가룻 유다를 통해서입니다. 복음서를 읽는 사람들은 너나 할 것 없이 가룻 유다라는 인물을 통해 유대인에게 무시할 수 없는 이미지를 떠올리죠. 고금을 막론하고 어떤 집단을 나쁜 사람들로 만들고 싶을 때 쓰는 방법 중 하나가 그 집단 안에 있는 특정한 사람에게 나쁜 이미지를 씌우는 겁니다. 성숙한 사람은 '그 사람은 그 사람이고, 그 사람이 속한 집단은 별개'라고 생각하겠지만, 그렇게 생각할 줄 아는 사람이 많지 않습니다. 절대 다수에게는 나쁜 이미지가 씌한 사람의 이미지가 그 집단 전체의 이미지가 되죠. 역사상 이런 식으로 한 사람

의 실수를 활용하고 과대 해석해서 그 사람이 속한 집단까지 매도된
예는 매우 많았고, 사정은 요즘도 다르지 않습니다.

　복음서 저자들 역시 의도했든 하지 않았든, 배신자 유다를 통해 유
대인에게 강력한 색깔을 입힌 겁니다. '유대인도 유다처럼 배신하고
재정을 담당하면서 뒷구멍으로 돈이나 빼먹는 사람'이라는 이미지죠.
저자들은 "이런 유다에게 배신당해 돌아가신 예수를 믿는 우리는 유대
인과 본질적으로 다르다"는 말을 하고 싶었을 거예요. 이게 무슨 얄궂
은 운명의 장난인지 우리말로도, 영어로도 '유다Judas'와 '유대교Judaism'
와 '유대인Jew'은 매우 비슷합니다.

　불행히도 복음서 저자들의 '유대인 색깔 입히기'는 당대에서 끝나지
않았습니다. 콘스탄티누스 1세가 기독교를 로마의 국교로 삼고, 성경
이 서방세계에서 높은 권위를 가진 뒤에도 이 색깔은 사라지지 않았습
니다. 수많은 사람들이 돈 욕심 많고 꼼수 쓰고 억지 부리는 인간을 그
리고 싶을 때 흔히 끌어다 쓴 민족이 유대인입니다. 셰익스피어의 희
곡《베니스의 상인》에서도 악덕 고리대금업자 샤일록은 유대인이죠.

드레퓌스사건과 유대인 대학살 ｜ 드레퓌스사건은 유대인에 대한 편견
을 단적으로 보여주는 예입니다. 사
건의 전말은 이렇습니다.

　1894년 9월, 프랑스 군부는 중요한 군사기밀이 빠져나가고 있음을
탐지했습니다. 이 사건에 대한 단서는 정보 유출에 사용된 문건에서
발견된 'D'라는 글자입니다. 몇 달 뒤 프랑스 육군의 포병 대위로 성

실하게 복무하던 알프레드 드레퓌스는 졸지에 종신형을 선고받고, 외딴섬으로 유배를 당하죠. 이유는 그가 간첩이라는 것이지만, 드레퓌스가 무죄라는 것은 수사하고 재판한 사람들이 다 아는 사실입니다. 드레퓌스가 간첩 혐의를 받은 유일한 증거는 그의 이름이 'D'로 시작한다는 것이죠. 사실상 드레퓌스가 간첩 혐의를 받은 이유는 그가 유대인이기 때문입니다. 당시 드레퓌스에게 혐의를 씌운 고급 장교들은 이걸 잘 알았지만, 자신의 실수를 덮으려고 사실을 은폐했고, 평소 드레퓌스와 함께 지내던 동료들까지 상황이 이렇게 돌아가는 것을 감지하고 재판에서 위증을 했습니다. 게다가 반 유대적인 기독교 교회와 보수 언론도 이 사건을 침소봉대하여 유대인을 싸잡아 비난했고, 프랑스 전역이 반 유대 감정으로 들끓었습니다.

2년 뒤, 참모본부 정보부에서 일하던 조르주 피카르 중령은 이 사건을 조사하는 과정에서 우연히 진범이 에스테라지라는 걸 알아차립니다. 그는 참모본부 상부에 이 사실을 알리며 드레퓌스의 무죄를 주장했습니다. 하지만 상부는 이 사실을 받아들이지 않았고, 진범 에스테라지는 무죄로 풀려납니다. 놀라운 것은 간첩을 잡은 피카르가 군사기밀 누설죄로 체포된 점입니다. 도둑은 잡지 않고 '도둑 잡아라!'라고 외친 사람을 '시끄럽게 했다'는 명목으로 잡아들인 꼴이죠. 피카르는 이후에도 끊임없이 생명의 위협을 느꼈습니다.

그때 피카르의 증거 자료를 몰래 복사해서 실은 양심 있는 신문사에 의해 드레퓌스사건의 진상이 세상에 공개됩니다. 진실을 밝히려는 한 신문사의 용기가 없었다면 지금도 이 사건은 묻혀 있었을 테고, 드레퓌스와 피카르는 억울함을 풀 수 없었을 겁니다. 진실을 밝히려는 사람들의 집요한 추적에 진범 에스테라지는 이런저런 거짓말을 늘어놓았고, 참모본부 역시 에스테라지를 편들었을 뿐만 아니라, 이 사건을 잠재우기 위해서는 드레퓌스에게 진범이라는 자백을 받아내야 한다는 판단 아래 심한 고문을 했습니다.

이 사건의 진상을 알게 된 작가 에밀 졸라는 1898년 1월 13일 대통령에게 보내는 공개편지 〈나는 고발한다!〉를 한 신문에 기고함으로써 드레퓌스사건을 폭로합니다. 에밀 졸라는 대담하게도 "드레퓌스는 정의롭지 못한 힘에 의해 자유를 빼앗긴 평범한 시민입니다. 전 프랑스 앞에서, 전 세계 앞에서 나는 그가 무죄라고 맹세합니다. 나의 40년간의 역작과 그것으로 얻은 권위와 명성을 걸겠습니다. 그가 무죄가 아니라면 내 전 작품이 소멸돼도 좋습니다"라고 썼습니다. 그러나 에밀 졸라는 '정보부와 국가를 중상모략 했다'는 혐의로 체포되어 재판을 받고, 증거와 논리가 희박한데도 징역 1년을 선고받았습니다.

당시 보수 언론이 계속 주장한 걸 사실로 믿은 대중 역시 이를 묵인했습니다. 이 밖에도 여러 용기 있는 지식인과 일부 신문사가 에스테라지 범인설을 주장했지만, 대다수 보수 언론과 반 유대 감정 때문에 오히려 "드레퓌스는 죽어버려라" 등의 폭언이 나돌았습니다. 뭐든 오랫동안 지속되면 사실로 바뀌는 법이죠.

억울한 일이 결국 이렇게 끝나는가 싶더니만, 진실을 밝히라고 요구하는 진보적인 지식인들이 점점 더 가세하면서 전세는 역전되기 시작합니다. 군부와 정부에 대한 비판이 날로 거세지고, 엎친 데 덮친 격으로 세계 언론과 각국 정부에서 외교적인 부담까지 가중되면서 프랑스 군부와 정부는 난처한 상황에 처했습니다. 이러던 차에 참모본부의 앙리 중령이 중압감을 이기지 못하고 면도칼로 목을 찔러 자살하는 일이 벌어집니다. 거짓은 이렇게 부담스러운 겁니다. 드디어 드레퓌스에게 재심의 기회가 주어지지만, 군사법원에서는 드레퓌스를 10년 형으로 감형했을 뿐 유죄판결을 뒤집지 않았습니다. 한 번 거짓된 선택을 하면 시간이 갈수록 자신이 그동안 만들어놓은 거짓의 덫에서 빠져나오기 어렵다는 걸 알 수 있습니다. '자기기만' 때문이죠.

드레퓌스사건으로 정치적 압박을 받던 대통령이 어쩔 수 없이 사면 조치를 취해서 드레퓌스는 감옥에서 풀려났지만, 여전히 유죄였으며 복권되지 않았습니다. 그 후로도 지식인들의 끈질긴 요구가 이어져 1904년 재심이 청구되었고, 드디어 1906년 무죄가 선고되어 드레퓌스는 모든 혐의를 벗고 육군에 복직했습니다. 종신형을 받은 지 12년이 흐른 뒤에 말입니다. 드레퓌스는 유형 기간 동안 심신이 몹시 쇠약해져서 이듬해 전역할 수밖에 없었습니다.

이런 어처구니없는 사건이 발생한 이유는 당시 프랑스가 독일과 치른 전쟁에서 패했고, 프랑스 국민 전체의 분노를 해결할 대상이 필요했기 때문입니다. 유대인은 프랑스 국민의 분노를 풀기에 딱 좋은 대상이었습니다. 마녀사냥 때처럼 말이죠.

시오니즘과 나치즘 | 한편 무죄가 분명한데도 유대인이라는 이유만으로 간첩으로 몰리는 사태를 지켜본 전 세계 유대인은 분노한 가운데 '우리도 국가가 있어야 우리를 보호할 수 있다'는

생각을 하죠. 이들은 테오도어 헤르츨을 중심으로 '약속의 땅' 팔레스타인에 이스라엘 나라를 건국하겠다는 '시오니즘'을 시작합니다. 그 결과 유대인은 1948년 팔레스타인 원주민을 무력으로 쫓아내고, 그 자리에 자신들의 나라를 세웁니다. 그리고 원주민과 유대인의 치열한 분쟁이 오늘날까지 이어지고 있습니다. 이게 무슨 업보인지 모르지만, 역사에는 이런 얄궂은 일이 많습니다.

더 황당한 건 이슬람 원리주의자도 예루살렘을 성지로 보고, 유대인이 파멸될 때까지 종말이 오지 않을 거라고 가르쳤습니다. 문자주의 유대인 역시 예루살렘에 다윗의 왕국을 재건하기 위해 이슬람교도를 억압하고 살해합니다. 설상가상으로 기독교 근본주의자 역시 종말이 오기 전에 유대인이 구원받을 것이라는 생각 때문에 이스라엘에 유대왕국을 존속해야 한다는 믿음으로 유대인을 음양으로 지원하죠. 팔레스타인은 요즘도 화약고와 같아서 언제 무슨 일이 벌어질지 모릅니다. 그럼에도 불구하고 세 종교의 문자주의자는 각자 자기 경전을 문자 그대로 숭배하고 다른 모든 주장을 배척하려는 성향이 있기 때문에, 문제를 풀기가 쉽지 않아 보입니다. 우리는 이들이 무슨 황당한 일을 벌이는지 깨어서 지켜봐야 합니다.

유대인에 대한 편견이 가장 심해진 건 2차 세계대전 때일 겁니다. 히틀러는 성경을 읽으면서 배신자 유다와 유대인에 대한 증오를 키웠습니다. 유대인에 대한 히틀러의 증오는 독일 국민에게 엄청난 공감을 불러일으켰고, 히틀러는 정권을 잡은 뒤에 '하나님의 이름으로' 유대인을 학살합니다. 당시 히틀러 휘하 나치 당원의 배지 아래에는 버젓이 '하나님이 우리와 함께하신다'는 문구가 새겨졌습니다. 히틀러가 등장할 때 독일의 보수적인 교회들은 그를 반대하기는커녕 메시아로 숭배했죠. 불행한 건 유대인 폄하 사상이 요즘도 그치지 않고 있다는 사실입니다.

　이런 모든 불행은 자기 종교의 경전이 하늘에서 떨어진 줄 알고, 경전의 모든 글자를 그대로 믿고 따르는 문자주의에서 비롯됩니다. 이들이 성경을 읽을 때 성경 저자가 시대적인 상황에서 독자에게 뭔가를 호소하려고 썼다는 사실을 이해했다면 최소한 이런 일들은 벌어지지 않았을 겁니다. 부디 독자 여러분은 이런 식으로 성경을 읽지 마시기 바랍니다.

5
종말론과 하늘나라

종말론은 왜 생겼나? | 오늘날 수많은 사람들이 종말론의 영향을 받습니다. 인류가 종말을 맞이한다는 예언이 주기적으로 등장하고, 이런 두려움을 불러일으키는 재난 영화도 많죠. 이는 성경의 영향이 매우 큽니다. 많은 사람들이 종말론 역시 하늘의 예언인 줄 알지만, 복음서에 나오는 종말론은 기원후 66년에 발발한 유대 전쟁 때문에 생긴 겁니다. 유대인은 예루살렘이 함락되고 거기 있던 대다수 유대인이 죽었을 때 자신들의 정체성이 무너지는 듯한 충격에 휩싸였을 겁니다. 그 충격을 완화하는 좋은 방법 중의 하나가 '이것 역시 하나님의 뜻이고 예언된 것이며, 하나님의 정당한 벌이다'라고 믿는 것이었습니다.

특히 복음서 저자들은 예루살렘 함락 사건이 하나님의 아들을 저버리고 죽인 유대인에 대한 하나님의 준엄한 심판이라는 것을 암시하려고 했습니다. 〈마태복음〉 21장 33절~22장 8절에는 임금의 혼인 잔치에 초대하러 온 사람을 죽인 사람들과, 이에 대한 보복으로 그 사람들을 모두 죽이고 도시까지 불사른 뒤 다른 사람들을 초대한 임금의 얘기가 나옵니다. 이 비유를 처음 읽는 사람은 당혹스럽죠. 혼인 잔치에 초대받았는데 가기 싫다고 굳이 초대하러 온 사람을 죽인 사람들도, 사람들이 자신의 초대에 응하지 않는다고 그들을 모두 죽이고 도시까지 불사른 임금도 상식적으로 이해하기 어려우니까요.

이건 예수를 받아들이지 않은 유대인을 정죄하고, 예루살렘에 있던 유대인이 대부분 죽고 도시가 불살라진 것이 하나님의 심판이었음을 암시한 비유입니다. 그러면서 '하나님이 택한 백성의 자리가 다른 사람들에게 돌아갈 거다', 즉 '택한 백성이 유대교에서 기독교로 넘어갔다'는 얘기를 하고 싶었던 거죠. 수백 년 뒤 교회 역사를 쓴 에우세비오스도 유대인이 로마군에게 멸망한 사건을 "유대인이 하나님이 보낸 그리스도를 부정하고 탄압한 것에 대한 벌이었다"고 표현했습니다. 〈마가복음〉과 〈누가복음〉 저자들 역시 예수가 "예루살렘이 곧 멸망할 것인데, 그중에 택한 소수만 살아남을 것이다"라고 예언했다고 썼습니다. 이게 인류가 멸망하고 소수 선택받은 사람들만 구원에 이를 거라는 식으로 확대해석 된 거죠.

이런 생각은 구약성경에서 강한 영향을 받았음이 분명합니다. 단적인 예로 노아의 홍수 때 야훼의 진노로 인류가 몰살되는 와중에 선택받은 노아의 가족만 살아남습니다. 구약성경은 이런 패러다임을 유지할 수밖에 없었습니다. '선택받은 소수'의 특권을 강조하려면 다른 사람들은 선택받지 못한 걸로 그려야 하니까요. 이는 매우 황당한 얘깁니다. 자기가 택한 사람들만 살리고 나머지는 다 죽이는 하나님이 어떻게 사랑의 하나님이 될 수 있을까요? 그렇게 선택받은 사람들만 가는 하늘나라가 과연 좋은 곳일까요? 이 발상은 지긋지긋하게 오래 지속되었습니다. 그러나 예수가 실제로 종말론적인 가르침을 펼쳤을지, 하늘나라에 대해 그런 식으로 가르쳤을지는 의문점이 많습니다.

〈마가복음〉: 임박한 하늘나라 │ 오늘날 대다수 기독교인은 하늘나라를 '죽은 뒤에 가는 어떤 곳'으로 생각합니다. 그러나 복음서를 쓰인 순서대로 보면 하늘나라에 대한 가르침에 상당한 변화가 있었습니다. 〈마가복음〉 1장 15절에서 저자는 예수가 "때가 찼다. 하나님의 나라가 가까이 왔다. 회개하여라. 복음을 믿어라"라고 선언했다고 썼습니다. 〈마가복음〉 저자는 '현재는 고난이지만 새로운 세상, 하늘나라가 임박했다'고 가르칩니다. 얼마 지나지 않아 하늘나라가 올 것처럼 생각했죠.

한번은 베드로가 예수께 "보십시오, 우리는 모든 것을 버리고 선생님을 따라왔습니다"라고 말합니다. '이렇게 희생하는데 나한테 도대체 무슨 대가가 돌아옵니까?'라는 얘기죠. 베드로 입장에서는 당연한 질문이었을 겁니다. 이에 예수는 "내가 진정으로 너희에게 말한다. 나를 위하여, 또 복음을 위하여, 집이나 형제나 자매나 어머니나 아버지나 자녀나 논밭을 버린 사람은, 지금 이 세상에서는 박해도 받겠지만 집과 형제와 자매와 어머니와 자녀와 논밭을 백배나 받을 것이고, 오는 세상에서는 영원한 생명을 받을 것이다"〈마가복음〉 10:28~30라고 말했습니다. 〈마태복음〉과 〈누가복음〉 저자 역시 예수가 제자들에게 하늘나라에 가면 그들로 하여금 열두 보좌, 즉 높은 자리에 앉게 해준다고 약속했다고 썼습니다. 〈마태복음〉 19:28, 〈누가복음〉 22:28~30

〈마가복음〉〈마태복음〉〈누가복음〉의 저자가 보기에 이 세상의 모든 소유나 심지어 가족도 중요한 게 아니었습니다. 왜냐고요? 하늘나라가 임박했으니까요! 〈마가복음〉의 저자가 생각한 신앙은 '지금 이 세상에서는 집이고 가족이고 뭐고 필요 없이 오직 예수와 복음을 위해 살고, 그러면서 고난도 받지만 곧 하늘나라가 오면 좋은 곳에 가서 이 모든 희생과 고난을 보상받는다'는 사실을 믿는 것이었습니다. 하늘나라가 임박했으니 현세의 삶은 그리 중요하지 않다는 얘기죠. 〈마가복음〉만 놓고 보면 하늘나라의 개념은 오늘날 극단적인 종말론에 사로잡힌 일부 기독교 종파에서 주장하는 하늘나라와 크게 다르지 않습니다. 성경에서 굳이 이런 구절만 골라 "곧 하늘나라가 온다. 그러니 재산을 모두 바쳐라. 가족이 말리거나 핍박해도 절대 굴하지 마라. 곧 하늘나라가 오면 다 보상받을 거다"라고 사기 치는 사람도 많았습니다. 성경을 문자적으로 해석하면 이렇게 어리석은 결론에 이릅니다.

〈마태복음〉과 〈누가복음〉까지 이렇게 치부할 수는 없습니다. 두 복음서는 〈마가복음〉보다 훨씬 뒤, 예루살렘이 함락되고 시간이 좀더 지났을 때 쓰였습니다. 〈마가복음〉에 나오는 예수의 예언에 따르면 예루살렘이 함락되자마자 하늘나라가 와야 하는데, 몇 달이 지나고, 몇 년이 지나고, 수십 년이 지나도 하늘나라는 오지 않았습니다. 예수의 예언이 빗나갔다고 생각하는 신도가 나왔을 법도 하죠. 그러니 두 저자는 이 부분에 대해 〈마가복음〉처럼 "예루살렘이 멸망한 뒤 하늘나라가 온다고 했으니 믿고 기다려라"라고 밀어붙일 수만은 없었을 겁니다.

특히 〈누가복음〉 저자는 이 점에 대해 〈마가복음〉과 획기적으로 다른 주장을 제기합니다. "하나님의 나라가 언제 오느냐?"는 질문에 예수가 "하나님의 나라는 눈으로 볼 수 있는 모습으로 오지 않는다. 또 '보아라, 여기에 있다' 또는 '저기에 있다' 하고 말할 수도 없다. 보아라, 하나님의 나라는 너희 가운데에 있다"〈누가복음〉 17:20~21고 답했다고 썼습니다. 이렇게 해도 '예루살렘이 멸망했는데, 왜 하늘나라는 아직 안 왔는가?'라는 질문에 대한 답변은 되지 않았습니다. 가장 마지막에 쓰인 〈요한복음〉에 가면 이 질문에 근본적으로 완전히 다른 답변을 줄 수밖에 없는 상황에 이릅니다.

〈요한복음〉: 위에 있는 하늘나라 | 하늘나라에 대한 생각은 〈요한복음〉에서 다시 한 번 바뀝니다. 목이 빠져라 기다리던 하늘나라가 한 세대가 지나가도록 올 기미도 없는 이유를 궁금해하는 신도에게 답을 해줘야 했으니까요. 이런 이유로 〈요한복음〉에서는 〈마가복음〉〈마태복음〉〈누가복음〉에 나오는 것과 비슷한 종말에 대한 내용을 찾기 힘듭니다. 〈요한복음〉에는 예수가 "예루살렘이 멸망할 것이고, 그 후 하늘나라가 온다"고 예언했다는 이야기도 넣지 않았습니다. '어, 이거 틀린 거 아니야?'라는 의심을 불러일으킬 테니까요. 그렇다고 넣지 않을 수도 없었을 겁니다. 당시 독자 가운데 〈마가복음〉〈마태복음〉〈누가복음〉에서 예수가 예루살렘 성전이 함락될 걸 예언했다는 사실을 아는 사람들이 많았으니, 〈요한복음〉의 예수는 이런 언급을 하지 않았다고 하면 의아해할 테니까요.

저자는 예수가 성전에서 소동을 벌인 에피소드 중간에 인상적인 말을 집어넣었습니다. 예수가 성전에서 "이 성전을 허물어라. 그러면 내가 사흘 만에 다시 세우겠다"〈요한복음〉 2:19고 말했다는 거죠. 이 부분은 매우 효과적이었을 겁니다. 예수가 성전이 무너진다는 예언을 한 것처럼 보이기도 하고, 하지 않은 것처럼 보이기도 하니까 여러 독자들의 기분에 맞게 쓰인 셈이죠. 그리고 "예수께서 성전이라고 하신 것은 자기 몸을 두고 하신 말씀이었다"〈요한복음〉 2:21라는 설명을 덧붙였습니다.

저자는 예루살렘 함락의 심층적인 의미를 알려주고 싶었을 겁니다. '예루살렘 성전은 이제 의미가 없다. 그게 무너져도 상관없다. 외적인 건물로서 성전은 무너졌지만, 영적으로 진정한 성전인 그리스도는 사흘 만에 부활했다. 이제는 살아 있는 그리스도의 몸인 교회가 성전이다. 우리가 성전이고, 우리가 바로 그리스도의 몸이다'라고요. 이런 장치를 만들었기 때문에 예루살렘 함락 사건을 언급해도 그 의미는 얼마든지 해석할 여지를 남길 수 있죠. 역시 〈요한복음〉 저자는 다른 복음서의 저자들과 차원이 다릅니다.

더 나아가 〈요한복음〉 저자는 종말에 초점을 두지 않습니다. 종말에 초점을 두면 앞서 말한 딜레마에서 벗어날 수 없기 때문이죠. 그래서 종말보다 시작을 이야기합니다. 태초부터 있던 로고스의 현신인 예수가 사람의 몸을 입고 이 땅에 왔기 때문에, 하늘나라의 문제는 '로고스를 받아들이느냐 마느냐에 달렸다'고 말합니다.

또 하늘나라가 위에 있는 것이라고 가르칩니다. 예수 역시 '하늘에서 내려온 이' '위에서 오시는 이'〈요한복음〉 3:13, 3:31 '하늘에서 내려온 살아 있는 빵'〈요한복음〉 6:51, 6:58 '위에서 온 자'〈요한복음〉 8:23 등으로 표현됩니다. 니고데모에게 "누구든지 다시 나지(거듭나지) 않으면, 하나님 나라를 볼 수 없다"〈요한복음〉 3:3고 한 구절의 '다시 나다'도 원문을 보면 '위에서 태어나다'라는 뜻입니다. 오늘날 '하늘나라kingdom of heaven' 하면 막연히 하늘을 연상하는 사람이 많은데, 이건 〈요한복음〉의 영향이 큽니다. 과학이 발달해서 우주의 실체가 밝혀지고, 달에 로켓을 쏘아 올리는 시대가 되기 전에 대다수 서양 사람은 하늘나라가 저 하늘 어딘가에 있다고 생각했습니다.

■■■■■■■■■■■■■■■■■■■■■■■■■■■■■■■■■■■■■

성경에서 설명하는 하늘에는 세 차원이 있었다
〈요한복음〉의 저자가 물리적으로 위쪽인 공간만 말한 것 같지는 않다. 복음서보다 먼저 기록된 바울의 편지에도 '셋째 하늘'〈고린도후서〉 12:2이 언급되었다. 당시의 개념에서 첫째 하늘은 구름이 떠다니는 하늘(대기권)이고, 둘째 하늘은 밤에 별이 떠다니는 하늘(우주 공간)이며, 셋째 하늘은 영적인 세계다. 바울이 말한 셋째 하늘이 영적인 세계라는 것을 〈요한복음〉 저자가 몰랐을 리 없다. 〈요한복음〉의 저자 역시 단순히 '위쪽'이 아니라, 더 높은 차원의 영적인 세계를 말했을 것이다.

■■■■■■■■■■■■■■■■■■■■■■■■■■■■■■■■■■■■■

지금, 여기에 있는 하늘나라 | 〈요한복음〉 저자는 종말에 대해서도 다른 복음서 저자들과 시각이 조금 달랐습니다. 〈요한복음〉의 예수는 "때가 찼다. 하늘나라가 임박했다"고 하지 않습니다. 오히려 "죽은 사람들이 하나님의 아들의 음성을 들을

때가 오는데, 지금이 바로 그때이다. 그리고 그 음성을 듣는 사람들은 살 것이다"⟨요한복음⟩ 5:25라고 말합니다. ⟨마가복음⟩의 개념으로는 하늘나라가 도래해야 죽은 자들이 다시 살아날 텐데, ⟨요한복음⟩ 저자는 죽은 자들이 지금 바로 살아난다고 했죠.

■■■

신앙은 관념적인 신조 고백이 아니다

"죽은 사람들이 하나님의 아들의 음성을 들을 때가 오는데, 지금이 바로 그때이다. 그리고 그 음성을 듣는 사람들은 살 것이다"⟨요한복음⟩ 5:25라는 예수의 선언을 실증이라도 하듯, ⟨요한복음⟩ 11장에는 죽은 나사로를 살린 이야기가 있다. 이 장면에서 인상적인 대화가 나온다.

나사로를 살리기 전에 예수는 나사로의 누이 마르다에게 "네 오라버니가 다시 살아날 것이다"23절라고 말한다. 마르다는 "마지막 날 부활 때에 그가 다시 살아나리라는 것은 내가 압니다"24절라고 답한다. 마르다는 나사로가 지금은 죽지만 종말이 오고 하늘나라가 도래하면 다시 살아날 거라고 생각했고, 이는 당시 기독교인의 믿음을 반영하는 것 같다. 하지만 예수는 "나는 부활이요 생명이니, 나를 믿는 사람은 죽어도 살고, 살아서 나를 믿는 사람은 영원히 죽지 아니할 것이다. 네가 이것을 믿느냐?"25~26절라고 묻는다. 이에 대해 마르다는 "예, 주님! 주님은 세상에 오실 그리스도이시며, 하나님의 아들이심을, 내가 믿습니다"27절라고 답한다. 기독교의 교리문답에서 가르치는 모범 답안 같은 느낌을 주는 답변이다. 이 역시 당시 기독교인의 믿음을 반영하는 것 같다. 어쩌면 이런 신조creed를 고백하는 게 유행했을 수도 있다.

하지만 ⟨요한복음⟩ 저자는 이걸 그리 좋게 보지 않는 듯하다. 저자는 예수가 보란 듯이 죽은 나사로를 살려냈다고 썼다. 마르다의 신앙이 미래형이고 관념화된 것이라면, 예수가 가르치는 신앙은 현재형이고 체험적인 것이다. 저자는 이를 통해 신앙은 '먼 훗날'이나 '종말', 멋있는 신조가 아니라, 현재 벌어지는 일에 달렸음을 보여주려는 것 같다.

■■■■■■■■■■■■■■■■■■■■■■■■■■■■■■■■■■■■

가만히 보면 〈요한복음〉에는 '지금 현재'에 대한 표현이 많습니다. 〈요한복음〉에서는 '영생'을 '먼 미래에 갈 하늘나라'로 그리지 않습니다. 예수는 "나를 믿는 사람은, 영원한 생명을 '얻을 것이다'라고 말하는 게 아니라, '영원한 생명을 가지고 있다'[5:24, 6:47]고 현재형으로 선언합니다. 불신에 대한 심판 역시 "믿지 아니하는 자는 하나님의 독생자의 이름을 믿지 아니하므로 벌써 심판을 받은 것이다"[3:18]라고 선언하여 현재형으로 바꿉니다.

〈요한복음〉의 하늘나라와 영생의 개념은 17장에서 한 번 더 획기적으로 바뀝니다. "영생은 오직 한 분이신 참 하나님을 알고, 또 아버지께서 보내신 예수 그리스도를 아는 것입니다"[17:3]라는 예수의 선언입니다. 영생이 먼 미래에 천국에 가는 문제가 아닌, '앎'의 문제로 바뀐 거죠. 그 하나님을 아는 것에 대해서도 "참되게 예배를 드리는 사람들이 영과 진리로 아버지께 예배를 드릴 때가 온다. 지금이 바로 그때이다"[4:23]라고 선언합니다. 먼 미래가 아닌 지금이라는 얘기죠.

이는 바울의 사상과도 일맥상통합니다. 〈에베소서〉 저자 역시 "하나님께서…… (믿는 자들을)…… 살리시고, 하늘에…… 앉게 하셨다"〈에베소서〉 2:6고 썼습니다. '먼 훗날 하늘에 앉힐 것이다'가 아니라, '지금 현재 앉아 있다'고 한 걸 주목할 필요가 있습니다. 이런 개념은 유명한 기독교 찬송가의 가사인 "내 주 예수 모신 곳이 그 어디나 하늘나라"와 같은 맥락입니다.

1945년에 발견된 〈도마복음〉에는 예수의 원래 가르침이 많이 들어 있다고 여겨지는데, 〈도마복음〉을 보면 이 개념이 훨씬 더 선명합니다. 〈도마복음〉에서 제자들은 "어느 날에 죽은 사람의 안식이 오며, 어느 날에 새 세상이 오겠습니까?"라고 묻습니다. 예수는 "너희가 기다리는 안식은 이미 왔다. 그런데 너희가 그걸 깨닫지 못했다!"고 답합니다. 하늘나라는 언제나 지금 여기에 존재합니다. 내가 깨닫지 못하는 게 문제죠. 이걸 보면 "천국은 없다Heaven is nowhere"고 말하는 사람에게 w와 h 사이에 띄어쓰기를 해서 "천국은 지금 여기에 있다Heaven is now here"고 답해주면 된다는 명언이 생각납니다.

〈마가복음〉에서 〈요한복음〉을 넘어 〈도마복음〉까지 뒤로 갈수록 하늘나라는 먼 미래의 일이 아닌 지금 현재의 일로, 어느 특정한 장소에 가는 문제가 아닌 '앎' '깨달음'의 문제로 바뀝니다. 최소한 〈요한복음〉과 〈도마복음〉에 나온 하늘나라에 대한 개념은 오늘날 많은 기독교인의 생각과 다르죠. 오늘날 대다수 기독교인은 하늘나라를 먼 미래의 일로 생각합니다. 지금은 힘들지만 죽은 뒤 하늘나라에 가면 영원한 안식과 즐거움을 누릴 거라고 생각하는 사람도 있고, 심한 경우 지금 자기가 하나님을 위해 헌신한 만큼 나중에 더 많은 보상을 받을 거라고 생각합니다. 일종의 보험이죠. 하지만 이는 〈마가복음〉에서 보여주는 하늘나라입니다. 진정한 신앙은 '지금 여기here and now'를 강조합니다. 지금 여기의 현실을 무시하고 현실이 없는 미래로 도피하는 관념적인 신앙은 최소한 〈요한복음〉이나 〈도마복음〉의 지지를 받지 못합니다.

6

꼼꼼하게 보는 〈사도행전〉

각하 헌정 보고서

〈사도행전〉은 〈누가복음〉 저자가 썼거나, 최소한 〈누가복음〉을 흉내 내려고 애쓴 것 같다. 첫마디부터 〈누가복음〉 헌정 대상인 데오빌로에게 바쳐졌기 때문이다. "데오빌로님, 나는 첫 번째 책에서 예수께서 행하시고 가르치신 모든 일을 다루었습니다." 〈사도행전〉 1:1 흥미로운 건 〈누가복음〉에서는 데오빌로를 '각하'로 깍듯이 높였는데, 이 구절에는 그냥 '님'으로 나온다. 그 사이에 각하가 퇴임했거나 실각했나 보다.

실제 바울과 〈사도행전〉의 바울은 다르다 | 신약성경의 〈사도행전〉을 짚어보겠습니다. 더 이상 세부적인 것에 지면을 할애하고 싶지 않습니다만, 저자가 〈사도행전〉

을 쓴 의도는 알 필요가 있습니다. 〈사도행전〉의 주인공은 바울입니다. 바울은 골수 유대교 신자였고, 기독교 신자를 핍박하다가 예수의 계시를 받고 극적으로 개종한 뒤 기독교 포교에 앞장선 입지전적인 인물입니다. 오늘날 기독교의 핵심 교리에도 바울의 영향력은 가히 절대적이죠. 〈사도행전〉을 쓴 중요한 이유는 바울의 행적에 정당성을 부여하기 위해서입니다. 〈사도행전〉에서는 바울에 반대하는 사람은 모두 나쁜 사람 취급을 받습니다.

〈사도행전〉 저자는 바울을 예수와 비슷하게 그리려고 애썼죠. 열심히 복음을 전하고 제자를 삼다가 동족에게 가장 심하게 핍박을 당합니다. 나중에는 유대인이 고소하고, 로마 총독은 마지못해 바울을 로마로 호송하고, 바울은 결국 재판을 받고 죽습니다. 어디에서 많이 들어본 얘기죠?

그런데 바울의 편지에서 나타나는 바울과 〈사도행전〉의 바울은 달라도 너무 다릅니다. 바울이 직접 쓴 편지를 보면 그는 유대교에 강경한 자세를 취합니다. 바울이 세운 교회와 유대에 있는 교회 사이에는 심한 갈등이 있었습니다. 아무래도 그가 전한 복음은 유대 교회에서 전해지던 가르침과 다른 것 같습니다. 그래도 바울은 자기가 전한 복음이 맞다고 계속 주장했습니다. 심지어 "하늘에서 온 천사일지라도, 우리가 여러분에게 전한 것과 다른 복음을 여러분에게 전한다면, 마땅히 저주를 받아야 합니다"〈갈라디아서〉 1:8라고 썼습니다. 자신이 전하는 복음은 다른 사도들에게 받은 것도 아니고, 배운 것도 아니고, '예수그리스도의 나타나심'으로 받은 것〈갈라디아서〉 1:12이라고 주장했습니다.

어떤 사람이 예수의 가르침을 환상 속에서 계시로 받았다면 그 사람은 궁금해서라도 예수에게 직접 배운 제자들을 찾아가서 배움을 청하고, 자신이 받은 계시가 맞는지 확인해보고 싶을 겁니다. 하지만 바울은 '예수그리스도의 나타나심'을 받았을 때 다른 사람들과 의논하거나 사도들을 만나러 갈 필요성조차 인정하지 않았고〈갈라디아서〉 1:16~17 편지에 "나는 저 거물급 사도들보다 조금도 못할 것이 없다고 생각합니다"〈고린도후서〉 11:5 "내가 비록 보잘것없는 사람일지라도, 저 우두머리 사도들보다 부족한 것이 하나도 없습니다"〈고린도후서〉 12:11라고 썼습니다. 예수에게 직접 배운 사도들이 이 편지를 봤다면 황당하지 않았을까요? 아무리 봐도 바울은 자기 확신이 강해서 절대 굽히지 않는 유형인 것 같습니다.

하지만 〈사도행전〉에 나타나는 바울은 열정적이면서도 온유하고 원만하고 포용력 있고 소통에 능한 리더입니다. 자기가 세운 교회와 유대 교회 사이에 갈등이 있을 때 독단적으로 해결하려 하지 않고, 정중하게 예의와 절차를 밟아서 예루살렘 교회의 지도자들에게 이 문제를 해결해달라고 의뢰했죠. 심지어 바울은 불필요한 충돌을 피하기 위해 그토록 혐오한 할례 의식을 자기 제자인 디모데에게 행했습니다.〈사도행전〉 16:3 〈사도행전〉과 〈누가복음〉의 저자가 동일인이라면 이렇게 쓴 것을 충분히 이해할 수 있습니다. 로마 사람에게 '기독교인은 유대인과 달리 순응적이고 외골수가 아니다'라는 메시지를 전하고 싶었을 테니까요. 로마 세계에 본격적으로 기독교를 전파한 바울이야말로 가장 이성적이고 합리적이고 순응적인 사람으로, 바울이 한 일이 정당한 것이었음을 알리고 싶었겠죠.

다마스쿠스 사건 역시 창작이다 | 〈사도행전〉 저자가 가장 크게 바울을 변호해준 건 '다마스쿠스(개역성경에는 다메섹으로 표기됨) 사건'입니다. 〈사도행전〉 9장에 따르면 바울이 기독교인을 핍박하려고 다마스쿠스로 가는 도중에 갑자기 하늘에서 환한 빛이 바울을 둘러 비추더니, "사울아, 사울아, 네가 왜 나를 핍박하느냐?" 하는 예수의 음성이 들립니다. 그리고 사울은 사흘 동안 눈이 멀었다가 기독교인을 만나고 나서야 눈에서 비늘 같은 것이 떨어지고 다시 보게 되고 회심하죠.

문제는 이 놀라운 사건이 〈사도행전〉에만 기록되었다는 겁니다. 바울은 회심한 뒤에도 "너는 예수를 직접 보지도 못했는데 어떻게 사도라고 볼 수 있겠느냐?"라는 식으로 수많은 의심과 공격을 받았습니다. 이에 대해 바울은 "그 복음은, 내가 사람에게서 받은 것도 아니요, 배운 것도 아니요, 예수그리스도의 나타나심으로 받은 것입니다"〈갈라디아서〉 1:12라고 주장합니다. '나도 너희처럼 예수한테 직접 배웠다!'고 말하고 싶었던 거죠. 그럼에도 불구하고 바울은 편지에서 다마스쿠스에서 겪은 일을 언급하지 않습니다. 다마스쿠스 도상에서 벌어진 그 어마어마한 일이 사실이라면 담담하게 서술하는 것으로 많은 의혹이 해소되었을 겁니다. 〈사도행전〉에 따르면 그 사건은 많은 일행이 보는 가운데 벌어졌으니 증인도 많고, 소문도 퍼졌을 테니까요.

하지만 이 사건 기록에 치명적인 불일치가 있습니다. 〈사도행전〉 9장 7절에는 "그(바울)와 동행하는 사람들은 소리는 들었으나, 아무도 보이지는 않으므로, 말을 못 하고 멍하게 서 있었다"고 나오지만, 〈사도행전〉 22장 9절에서 바울은 "나와 함께 있는 사람들은, 그 빛은 보았으

240

나, 내게 말씀하시는 분의 음성은 듣지 못하였습니다"라고 증언합니다. 한쪽은 듣기는 했는데 보지 못했고, 다른 한쪽은 보기는 했는데 듣지 못했다니 둘 중 하나는 틀린 설명이죠. 기록한 사람 잘못이라고 보기 힘든 게, 이들이야말로 이 중요한 사건의 증인이기 때문입니다. 듣기만 한 사람들의 증언과 보기만 한 사람의 증언은 많이 달랐을 겁니다. 뭔가 이상하죠? 바울이 겪었다는 다마스쿠스 사건 역시 저자의 창작일 가능성이 큽니다.

〈사도행전〉 저자는 바울을 존경하고, 바울이 쓴 편지를 자주 접한 사람일 겁니다. 바울이 〈갈라디아서〉에 "나는 사람에 의해서 복음을 전해 들은 게 아니라, 예수그리스도의 나타나심으로 받았다"고 쓴 글도 읽었을 겁니다. 저자가 이 구절에서 유추해 다마스쿠스 사건을 창작했다고 하면 지나친 상상일까요?

〈누가복음〉과 〈사도행전〉 저자가 동일인이라면 그는 예수의 탄생을 '태어나기는 예루살렘에서, 자라기는 나사렛에서'로 만들기 위해 로마 제국 전체에 걸친 인구조사까지 창작한 사람입니다. 또 "그 뒤에 그들(예수의 제자들) 가운데 두 사람이 걸어서 시골로 내려가는데, 예수께서는 다른 모습으로 그들에게 나타나셨다"〈마가복음〉 16:12는 짧은 구절을 단서로 〈누가복음〉의 '엠마오 마을로 가던 두 제자'라는 상징성이 풍부하고 드라마틱한 이야기를 창작한 사람이죠. 그런 사람이 "나를 모태로부터 따로 세우시고 은혜로 불러주신 (하나님께서) 그 아들을 이방 사람에게 전하게 하시려고, 그(예수)를 나에게 기꺼이 나타내 보이셨습니다"〈갈라디아서〉 1:15~16라는 바울의 편지 구절을 단서로 이 정도의 창작을 하지 못했을 리 없습니다.

프루프텍스팅의 위험 | 여러분은 성경에 나타난 증거만으로도 성경이 하늘에서 뚝 떨어진 책이 아니라는 걸 알았을 겁니다. 성경에 나왔다고 모두 객관적이고 역사적인 사실은 아니라는 것 역시 알았을 겁니다. 성경 저자들은 자신이 처한 상황에서 분명한 의도를 가지고, 주 독자층에게 뭔가를 호소했습니다. 독자에게 어필하기 위해 창작도 마다치 않았습니다. 성경을 경전처럼 떠받들어 읽으면 참뜻을 알기 힘듭니다.

그렇다고 성경의 권위를 깎아내리려는 게 아닙니다. 저는 무수한 영감을 주는 보석 같은 성경 구절을 사랑합니다. 제가 우려하는 건 성경의 모든 구절을 절대적인 진리처럼 떠받드는 분위기입니다. 문자주의는 이런 면에서 문제가 많습니다. 성경이 쓰일 때의 상황과 배경, 독자를 무시하고 성경 말씀이 모든 시대에 적용되는 절대불변의 진리라고 믿으니까요. 세상에 그런 책은 없습니다. 성경도 예외가 아니고요.

문맥과 상관없이 성경의 모든 구절이 하늘에서 떨어진 진리라면, 어떤 논리든 성경을 잘 조작해서 하나님의 뜻이라고 증명할 수 있습니다. 방법은 간단합니다. 먼저 자신이 주장하는 바를 정합니다. 그리고 성경을 뒤져서 자신의 주장을 뒷받침할 수 있는 구절을 갖다 붙입니다. 문맥이나 그 구절의 원래 뜻은 상관없죠. 이런 방식을 프루프텍스팅prooftexting이라고 합니다. 여기에 목회자들이 잘 쓰는 예화나 비유까지 곁들이면 신도들이 곧이곧대로 믿게 만들 수 있습니다. 이런 방식으로 성경 구절을 인용해서 뭐든지 증명할 수 있습니다. 간단한 예를 들어 보겠습니다.

유다는 …… 스스로 목을 매달아 죽었다.〈마태복음〉 27:5

예수께서 그에게 말씀하셨다. 가서, 너도 이와 같이 하여라.〈누가복음〉 10:37

문맥과 전혀 상관없이 두 구절을 연결하면 순식간에 예수가 유다에게 자살을 명한 것이 됩니다. 극단적이고 우스꽝스러운 예지만, 오늘날 이런 방식으로 행해지는 수많은 설교 역시 똑같은 모순이 있습니다. 게다가 그 근거가 사람들이 하늘처럼 떠받드는 성경이기 때문에 속기도 쉽죠.

기독교 근본주의 신앙 | 이제까지 기독교의 문자주의인 근본주의에 대해 잠깐씩 언급했는데, 이게 뭔지 간략하게 정리해보겠습니다. 근본주의자는 다음 신조를 믿는 사람이 진짜 기독교인이라고 생각합니다.

- 예수는 참된 하나님이다.
- 예수는 사람들의 죄를 대신해서 죽었다.
- 예수는 육체적으로 부활했다.
- 예수는 동정녀에게서 태어났다.
- 성경의 모든 문자는 하나님의 영감을 받을 것이며(축자영감설), 성경에는 어떤 오류도 없다(성경무오설).

성경의 모든 건 문자 그대로 진실이 아니라, 영적인 진실이라고 봐야 합당합니다. 진지하게 성경을 연구한 기독교 신학자 중에서 이 다섯 가지를 문자 그대로 진실이라고 믿는 사람은 그리 많지 않습니다. 원래 기독교도 역시 이렇게 문자적으로 믿지 않았습니다. 4부에서는 기독교가 어떻게 해서 왜곡되었는지, 누가 왜 기독교를 왜곡했는지 알아보겠습니다.

4부

누가 어떻게
기독교를 왜곡했나?

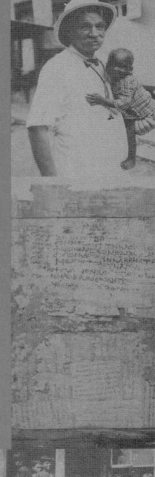

새로운 진실은 처음에는 조롱당하고, 다음에는 격렬한
반대에 부딪히며, 나중에는 마치 처음부터 자명했던
사실처럼 받아들여진다.

-쇼펜하우어

1
4세기의 왜곡

나그함마디문서 | 1945년은 우리 민족의 해방과 동시에 그 뒤 일어난 쓰라린 역사의 소용돌이로 들어가는 원년으로 기억됩니다만, 이집트의 나그함마디라는 마을에서는 다른 형태의 거대한 소용돌이를 만들 위대한 발견이 있었던 해입니다. 1945년 12월 무함마드 알리라는 청년이 그 지역에 흔한 비료 '사바크'를 구하려고 땅을 파다가 웬 항아리를 발견합니다. 청년은 보물이 있을까 싶어 항아리를 깼는데, 거기에서 나온 건 보물이 아니라 아주 오래된 책들이었습니다. 청년은 실망했지만 이 책들을 집으로 가져왔습니다. 이 책들의 가치를 모르는 청년의 어머니는 일부를 불쏘시개로 쓰기도 했죠.

이 문서는 우여곡절을 겪으면서 결국 세상에 드러났고, 1970년대에는 각국의 언어로 번역되었습니다. 이게 바로 '나그함마디문서'입니다. 이 문서의 발견에 대해서 어떤 이는 "핵폭탄과 맞먹는 위력이다"라고 했습니다. 이 문서에 어떤 내용이 들어 있기에 이런 말이 나오는지

설명하기 전에, 나그함마디문서가 도대체 어디에서 나왔는지 살펴보
겠습니다.

나그함마디문서가 발견된 장소는 이집트입니다. 초기 기독교 신앙
이 가장 왕성했던 곳이죠. 그런데 왜 이집트의 기독교인이 항아리에
성경을 잔뜩 담아서 묻어놨을까요? 여기에는 깊은 역사적 배경이 있습
니다. 이걸 설명하려면 역사를 거슬러 올라가서 아리우스와 아타나시
우스라는 사람부터 설명해야 합니다.

Q자료

성경을 연구하는 사람들에게 이건 매우 중요한 개념이다. Q는 독일어
'자료Quelle'라는 말의 첫 자에서 따온 별 뜻 없는 말이지만, Q자료는 복
음서를 쓸 당시 예수에 대한 자료들이 어떤 것이 있는지 엿볼 수 있는
중요한 단서가 된다. Q자료가 뭔가? 앞서 설명한 대로 〈마태복음〉과
〈누가복음〉의 저자는 〈마가복음〉을 원전으로 썼다. 이건 구태여 설명
할 필요도 없이 〈마가복음〉〈마태복음〉〈누가복음〉을 읽어보면 누구나
짐작할 수 있는 내용이다. 여기에서 핵심적인 문제는 저자들이 복음서
를 쓸 때 우리가 아는 복음서만 존재하지 않았다는 점이다.

지금 우리가 보는 신약성경은 여러 차례 삭제와 편집을 거쳐서 정경화
canonization 작업이 진행되고, 이단적이라고 생각되는 문서는 모두 파기
된 결과 남은 것들이기 때문이다. 정경화 작업 중에 그 소중한 문서를
없애지 않았다면 오늘날 우리는 실제 예수에 대해 훨씬 더 많은 자료를
가지고 있었을 것이다. 우리는 당시 예수의 가르침에 대한 자료를 더
많이 얻어서 예수의 진짜 가르침에 가까이 가고 싶지만, 제한이 많다.
그런데 Q자료라는 개념이 생기면서 현재 우리가 아는 복음서 안에서

도 저자들이 복음서를 쓸 당시 어떤 문서를 참고했는지 알 수 있는 방법이 생겼다. 고고학적 발견에 따른 것이 아니라, 상식적으로 알 수 있는 방법이다.

〈마태복음〉이나 〈누가복음〉 저자는 기본적으로 〈마가복음〉을 참고했다. 두 저자에게는 〈마가복음〉 외에도 참고할 만한 자료가 있었을 것이며, 어떤 부분은 독창적으로 창작했을 것이다. 예를 들면 예수 탄생과 연관되어 '헤롯 왕이 두 살 이하의 사내아이를 죽이라고 한 사건이 복잡하게 얽혀 예수가 베들레헴에서 태어나고, 나사렛에서 자랐다'는 내용은 〈마태복음〉 저자의 창작이고, '로마 아우구스투스 황제가 인구조사를 명령해서 일이 복잡해지는 바람에 예수가 베들레헴에서 태어나고, 나사렛에서 자랐다'는 내용은 〈누가복음〉 저자의 창작이다. 이를 정리하면 다음과 같다.

〈마태복음〉 : ① 〈마가복음〉 내용 중 일부
         +② 당시 〈마태복음〉 저자가 구할 수 있는 예수에 대한 자료
         +③ 〈마태복음〉 저자의 독특한 이야기 혹은 창작

〈누가복음〉 : ① 〈마가복음〉 내용 중 일부
         +② 당시 〈누가복음〉 저자가 구할 수 있는 예수에 대한 자료
         +③ 〈누가복음〉 저자의 독특한 이야기 혹은 창작

당시 예수에 대한 다른 기록을 엿볼 수 있는 것으로는 ②가 유일하다. ①은 〈마가복음〉에 있는 내용이고, ③은 저자들이 창작한 내용이기 때문이다. ②가 어떤 부분인지는 여러분이 가진 성경에서도 뽑아내기 쉽다. 〈마태복음〉과 〈누가복음〉에서 ①과 ③을 빼면 된다. 〈마태복음〉 〈누가복음〉 〈마가복음〉에 동일하게 있는 ①을 제외하고, 〈마태복음〉과

〈누가복음〉에만 있는 ③을 빼면 ②가 남는다. 이게 'Q자료'다. 최근에는 더 나아가 'Q복음'이라고 부르는 경우가 많다. Q자료만 발췌하면 복음서를 쓸 당시 예수에 대한 자료가 어떤 것들이 있었는지 어느 정도 예상할 수 있다. 실제로 학자들이 복음서에서 Q자료만 추렸더니, 놀라운 결과가 나왔다. Q자료에는 예수의 탄생 이야기도 없고, 기적도 없고, 부활도 없고, 예수의 말씀 "예수께서 가라사대……"뿐이었다는 점이다. 이게 왜 놀랍냐고? 간접적이지만 중요한 점을 암시하기 때문이다. '예수는 사람들에게 가르침만 전했을 뿐이고, 예수의 탄생과 기적, 부활 등은 순전히 후대의 창작이 아닐까?'라는 생각 말이다. 더 나아가면 '예수는 기적을 행하고 부활한 하나님의 아들, 기독교의 창시자라기보다 많은 사람들에게 가르침을 준 분, 오늘날로 치면 매우 지혜롭고 깨달음이 깊은 영적 스승이 아니었을까?'라는 생각으로 번진다. 이것은 가설이고 이론일 뿐이지만, 이론이라고 치부하기에는 무척 설득력 있다. 그런데 1945년 〈도마복음〉이 발견됨에 따라 이론으로만 남지는 않게 되었다(김용옥, 《도올의 도마복음 이야기》 시리즈 참고).

아리우스와 아타나시우스 | 아리우스와 아타나시우스는 콘스탄티누스 1세 시대의 성직자입니다. 아리우스는 근본주의 시각으로 쓰인 교회사에서 이단으로 그려집니다. 하지만 역사를 객관적으로 알아보면 전혀 그렇지 않았다는 걸 알 수 있습니다. 초기 300년의 기록을 보면 아리우스보다 아타나시우스가 소수였습니다. 물론 이때는 정통이 뭔지 정해지지 않았으니 정통이니, 이단이니 하는 구분도 '누가 더 세력이 강했는가'로 봐야겠죠. 그렇게 보면 아타

나시우스가 훨씬 더 세력이 약했고, 영향력도 별로 없었습니다.

아타나시우스는 삼위일체, 즉 '예수=하나님'이라는 논리를 주장했고, 아리우스는 그렇게만 볼 건 아니라고 했습니다. 오늘날 '정통' 기독교인이 아리우스의 주장을 들으면 이단으로 생각할지 모르지만, 아리우스는 예수를 깎아내리려고 했다기보다 하나님을 인간 수준으로 끌어내리는 것에 반대했습니다. 초기 기독교에서는 아리우스의 주장에 동의하는 사람이 아타나시우스에 동의하는 사람보다 훨씬 많았습니다. 아리우스는 자유로운 사고와 깨달음을 중시하는 사람이었습니다. 오늘날에는 그를 '영지주의자'로 분류합니다. 이 가르침에 대한 기록이 많이 남아 있지 않고, 영지주의에 반대하는 주장에 대한 기록이 많기 때문에 오늘날 영지주의에 대한 시각은 매우 편협하죠. 오늘날 많은 기독교인은 '영지주의' 하면 지독한 이단으로 생각합니다. 수많은 사람들이 영지주의에 색깔을 입혔기 때문입니다. 하지만 초기 기독교에서는 오히려 영지주의자가 주류였다는 증거가 많습니다.

영지주의 : 깨달음의 종교 | '영지'라는 말은 영어로 그노시스gnosis입니다. 영어 단어 'knowledge'에는 묵음 k가 맨 앞에 있는데, 'gnosis'와 같은 어원에서 온 말이기 때문입니다. 영지는 말 그대로 '영적인 지식' '비밀스러운 지식'이라는 뜻입니다. 이건 책이나 경험을 통해서 얻는 지식이 아니라 통찰력, 직관력 혹은 영감에 가깝습니다. 우리에게 익숙한 말로 하면 '깨달음'에 가깝다고 봐야 할 겁니다. 영지주의자는 모든 인간에게 그노시스가 있고, 그로

인해 하나님과 직접 만날 수 있다고 보았습니다. 따라서 영지주의자는 사제의 가르침만이 하나님에게서 나온 것이라는 생각을 비웃었습니다. 이들은 정해진 교리보다 자신의 깨달음과 체험에서 나온 것을 중시했으며, 이런 것들을 자주 나누었습니다. 이들은 깨달음에서 남자와 여자를 차별하지 않았습니다. 외모나 외양의 껍데기에 집착하지 않았죠. 모임의 형식 역시 자유로웠습니다. 그날의 모임에서 진행할 사람을 제비뽑기로 결정하는 공동체도 있었습니다.

영지주의자에 반대되는 사람들이 문자주의자입니다. 이들은 성경의 모든 구절을 문자적으로 믿었고, 사제의 가르침만이 하나님에게서 왔다고 가르쳤습니다. 이들은 사제를 통해서 하나님을 아는 것만 올바르며, 개개인이 직접 하나님을 만나는 건 위험하다고 가르쳤습니다. 문자주의자의 눈에 비친 영지주의자의 모임과 나눔은 이해하기 힘든 것이었습니다. 그도 그럴 것이 영지주의 모임에서는 매주 각기 다른 사람들에게서 다양한 가르침이 나누어졌고, 통일된 교리가 없었으니까요. 문자주의자 중 많은 사람들은 예수를 믿는 모든 사람이 통일된 교리를 믿어야 한다고 생각했습니다. 문자주의자의 눈에는 영지주의자의 모습이 매우 혼란스럽고, 통일된 교리도 없이 모여서 영감을 나누는 모습이 위험해 보였을 겁니다. 이런 우려는 이레나이우스 주교가 정통과 이단을 구분하면서 구체화되기 시작했습니다. 문자주의자는 예수를 하나님의 위치로 높이고 숭배했습니다. 이들은 복음서에 나온 예수의 동정녀 탄생, 죽음과 부활을 그대로 믿었으며, 이를 사실로 믿지 않으면 예수를 믿지 않는 사람으로 보았습니다.

하지만 영지주의자는 예수를 이들과 다른 시각으로 보았습니다. 영지주의자가 보는 예수는 '먼저 깨달은 자' 그 이상도, 그 이하도 아니었습니다. 예수는 '유일한 하나님의 아들'이 아니라, 그냥 '하나님의 아들'이었습니다. 이들은 예수 신화가 역사적 사실인지 아닌지 문제삼지 않았습니다. 예수가 신의 아들로 태어나서 죽고 부활하고 승천한 이야기는 역사적인 사실 이전에 그들의 내면에서 경험한 진리였기 때문입니다. 이들은 다른 모든 사람에게도 하나님의 아들이 될 길을 열어놓았습니다. 이들에게 예수는 유일한 하나님도, 절대적인 존재도 아닌, 깨달음으로 인도하는 매개체이자 위대한 스승이었습니다. 이들에게 그리스도는 숭배의 대상이 아니었습니다. 오히려 모든 사람이 그리스도가 될 수 있으며, 그렇게 되어야 한다고 보았습니다.

반면에 삼위일체를 주장하는 문자주의자가 보는 예수는 '유일한 하나님의 아들'이었습니다. 인간은 원래 악하기 때문에 오직 그 한 사람을 통해서 구원받을 수 있다는 논리죠. 삼위일체를 주장하는 사람, 특히 사제에게는 영지주의자가 눈엣가시 같았을 겁니다. 이들은 사제들만 영감을 받았다는 걸 인정하지 않고, 모든 사람에게 영감 혹은 직관이 있어 하나님과 직접 만날 수 있다고 가르쳤는데, 이런 주장이 사제의 권위를 뒤흔들었기 때문입니다. 이레나이우스, 에우세비오스 같은 주교들은 영지주의자의 가르침을 강하게 반박했습니다. 이그나티우스는 "진짜 신자는 주교를 하나님처럼 숭배하고 복종해야 한다"고 가르쳤습니다. 이들은 하나님의 영감은 오직 주교를 통해서 오며, 주교의 가르침을 따르지 않는 사람은 사탄의 세력이라고 했습니다.

영지주의자의 단계별 학습이 문자주의자의 오해를 샀다 | 영지주의자는
표면적인 신화

만 알고 관심을 기울이는 대다수 사람들과 그 신화의 영적인 의미를
깊이 알고 체험하고자 하는 사람들을 구분하여 후자처럼 심층적인 진
리를 알고자 하는 이들에게 자신의 영적인 지식, 그노시스를 가르쳤습
니다. 이게 문자주의자에게 강한 오해를 샀습니다. '저들이 세력을 만
들어서 교회를 분열시키고 있다'고 오해한 거죠. 하지만 영지주의자에
게 이건 당연한 일이었습니다. 표면적인 교리에 만족하는 사람들에게
는 그 수준에 맞는 가르침이 필요하고, 심층적인 진리를 알고 싶어하
는 사람들에게 가르치는 내용을 표면적인 교리에 만족하는 사람들에
게 알려주면 혼란을 넘어 오해할 수 있기 때문에 그러고 싶어도 그럴
수가 없었습니다.

이는 성경 저자들의 고민이기도 했습니다. 바울 역시 신령한 사람과
그렇지 못한 사람, 성숙한 사람과 미성숙한 사람을 구분해서 다른 내
용으로 가르쳤습니다.〈고린도전서〉2:13~14 〈히브리서〉저자도 초보적인 교
리에 머물러 있는 교인과 성숙한 교인에게 다른 가르침을 주었습니다.
〈히브리서〉5:12~14 이들은 '젖과 단단한 음식'을 비유로 들었습니다. 젖은
영적인 수준이 낮은 사람들을 위한 표면적이고 기초적인 가르침이고,
단단한 음식은 영성이 있는 사람들을 위한 심층적인 가르침입니다.
〈히브리서〉저자에게 회개, 믿음, 세례, 안수, 죽은 사람의 부활, 영원
한 심판 등에 대한 가르침은 기초적이고 표면적인 가르침이고〈히브리서〉
6:1~2 깊고 성숙한 가르침은 따로 있었습니다. 이걸 보면 오늘날 기독교
에서 중요하게 가르치는 교리는 대부분 표면적인 가르침에 속하죠.

예수 역시 자신의 가르침이 모든 이에게 이해될 거라고는 생각하지 않았습니다. 그래서 이해하지 못하는 사람들이 빠져나가고 이해할 만한 몇몇 제자들이 있는 자리가 되어야 심층적인 의미를 가르쳤습니다. 〈마가복음〉 4:1~34 예수는 모든 사람이 알아들을 거라고 생각하지 않았습니다. 그래서 "들을 귀가 있는 사람은 들어라"〈마가복음〉 4:9, 4:23라고 했습니다. 예수는 비유로 가르쳤고, 제자들에게는 따로 모든 것을 설명해주었습니다.〈마가복음〉 4:33~34 예수가 살던 때 문자주의자가 있었다면 예수도 교회를 분열시키는 사람이라고 했을지 모르죠.

이렇게 수준을 나눠 어느 한쪽에 하는 얘기를 다른 쪽에 하지 않는 건 매우 지혜로운 방법입니다. 수준 높은 얘기를 수준 낮은 사람들에게 들려주면 오해를 낳고 문제를 만들기 쉬우니까요. 바울이나 〈히브리서〉 저자나 예수는 자기들의 세력을 만들어 교회를 분열시키려고 한 게 아니라, 상식적으로 행동한 겁니다. 예수는 비유로 가르치기를 좋아했는데, 이렇게 하면 표면적인 내용은 누구나 알아들을 수 있고, 깊은 의미는 알아들을 사람만 알아듣습니다. 깊은 의미를 알아듣지 못하는 사람도 표면적인 가르침을 들은 것에 만족하니까 불만이 없고, 알아듣는 사람은 깊은 의미를 들으니 좋습니다. 서로 오해도 별로 없죠.

기독교의 판도가 바뀐 이유 | 오늘날 종교적인 배경이나 편견이 없는 상식적인 사람에게 영지주의자의 가르침과 문자주의자의 가르침을 객관적으로 가르친다면, 아마도 영지주의자의 주장이 더 많은 사람들의 공감을 얻을 것 같습니다. 이건 초기

기독교에도 마찬가지입니다. 안타까운 것은 그 후 일어난 일련의 사건들 때문에 영지주의자가 대부분 이단으로 취급받아서 죽거나 억압당했고, 그들의 가르침이 담긴 책 역시 폐기되거나 사라지고, 결국 영지주의에 반대하는 이들의 주장만 남았다는 것입니다.

하지만 철저하게 박해를 받아 사라진 뒤에도 영지주의의 사상과 의식은 서양 문화사 곳곳에서 뚜렷하게 흘러왔습니다. 정통 기독교의 핍박으로 소수에 머무르던 기독교 종파 중에는 영지주의의 영향을 받은 경우가 많았습니다. 영지주의는 심지어 유대교에서 파생한 신비주의 종교 카발라에도 영향을 주었습니다. 윌리엄 블레이크, 쇼펜하우어, 앨버트 파이크, 블라바츠키, 허먼 멜빌, 한스 요나스, W. B. 예이츠, 헤르만 헤세, 카를 융 등은 영지주의의 영향을 직접적으로 받은 사람들입니다. 이 후에 일어난 일들이 없었다면 오늘날 기독교는 그 양상이 매우 달라졌을 겁니다. 영지주의가 기독교에 포함되었다면 기독교는 훨씬 자유롭고 포용적으로 다른 사상과 공존하여 발전할 수 있었을 테니까요. 그러면 도대체 무슨 일이 있었기에 오늘날 영지주의자가 문자주의자에게 이런 취급을 받을까요? 콘스탄티누스 1세의 등장과 더불어 일어난 일련의 사건들입니다.

오늘날의 기독교를 만든 건 콘스탄티누스 1세다 | 오늘날의 기독교를 만든 게 예수라고 생각하는 사람들이 많지만, 기독교의 창시자는 예수라기보다 바울이고, 바울이라기보다 콘스탄티누스 1세라고 봐야 정확합니다. 예수의

원래 가르침과 오늘날 기독교의 가르침은 달라도 너무 다르거든요. 예수뿐만 아니라 초기 기독교의 가르침도 오늘날 기독교의 가르침과는 다릅니다. 뭐가 어떻게 다른지는 차차 설명하기로 하고, 먼저 콘스탄티누스 1세가 어떻게 해서 오늘날 기독교를 정립했는지 살펴보겠습니다. 이게 바로 유명한 '니케아종교회의'입니다.

콘스탄티누스 1세는 로마제국 전체의 유일한 황제가 된 후, 기독교의 모든 지도자를 니케아로 불러들였습니다. 기독교의 실태를 파악하고, 로마의 국가 위상에 맞는 기독교를 정립하기 위해서죠. 오늘날 많은 사람들이 당시 기독교에 예수의 가르침을 중심으로 통일된 교리가 있었다고 생각하지만, 사실은 그렇지 않았습니다. 당시 기독교는 교리가 통일되지 않았고, 지역과 공동체마다 신앙이 달랐으며, 이들 사이에도 논쟁이 많았습니다. 이 모습만 보면 원래 기독교는 교리가 획일적으로 통일된 오늘날의 기독교나 로마가톨릭교보다 붓다의 수많은 가르침과 그 가르침을 뒷받침하는 방대한 문서가 존재하는 불교와 비슷했을지 모릅니다.

수많은 가르침 중에서도 아리우스로 대표되는 영지주의에 동조하는 사람들이 대부분이었습니다. 니케아종교회의에 모인 주교 300여 명 가운데 6명만 아타나시우스의 삼위일체 신앙에 동조했고, 나머지는 아리우스의 신앙에 동조했으니까요. 이것만 봐도 초기 기독교에서 삼위일체 신앙이 얼마나 적었는지 짐작할 수 있죠. 처음에는 콘스탄티누스 1세도 삼위일체파의 주장을 받아들이지 않은 것으로 보입니다. 그런데 회의가 거듭될수록 콘스탄티누스 1세는 삼위일체파의 주장을 받아들이기 시작했고, 결국 아타나시우스의 삼위일체 신앙을 기독교 정통 교리로 인정하게 만들었습니다. 콘스탄티누스 1세의 등살에 대다수 주교들이 이를 인정할 수밖에 없었고, 아리우스와 주교 몇 명만 끝까지 반대했습니다.

문자주의를 인정한 콘스탄티누스 1세

콘스탄티누스 1세는 왜 문자주의자들이 주장하는 삼위일체 신앙을 그토록 고집했을까요? 일차적인 이유는 간단히 추측할 수 있습니다. 기독교를 국교로 확립하려는 입장에서 영지주의자들의 주장은 모호하게 비쳤을 겁니다. 정립된 교리가 있는 것도 아니고, 예배나 모임에 '이건 반드시 이러이러해야 한다'는 공식적인 절차가 있는 것도 아니니, 이런 종교를 국교로 확립하기에는 뭔가 미흡하다고 느껴졌을 법합니다.

반면에 문자주의자들의 주장은 명쾌하게 들렸을 겁니다. "우리는 첫째 ○○○, 둘째 ○○○, 셋째 ○○○를 믿는다. 이걸 믿고 고백하는 사람은 기독교인이고, 이걸 믿지 않는 사람은 기독교인이 아니다"라고 딱 떨어지게 말할 수 있으니까요. 이래야 교인과 교인이 아닌 사람의 경계가 분명해지고, 한 나라의 국교로 관리하기도 쉬울 겁니다. 예나 지금이나 강력한 정치를 원하는 사람들은 통일된 것, 더 나아가 획일화된 걸 좋아하게 마련입니다.

영지주의자들은 이런 주장이 유치하다며 코웃음 쳤을 겁니다. 이들이 생각하기에 '기독교인이 믿는 바가 무엇인가'를 체계화해서 신조로 정리하고 '이러이러한 조항을 믿는 사람만 정통 기독교인이다'라고 주장하는 것은, 마치 '인간이라는 존재는 무엇인가'를 체계화해서 문서로 정리한 뒤 '이러이러한 게 인간이다'라고 주장하는 것과 마찬가지였을 테니까요. 인간이라는 복잡 미묘한 존재를 몇 마디 문자로 표현할 수 없는 것처럼, 기독교인의 신앙 역시 그랬습니다. 하지만 이런 건 기독교의 심층적인 가르침을 접한 영적인 사람들 사이에서나 먹힐 법한 얘기고, 기독교의 깊은 세계를 알지 못한 채 기독교를 체계화된 종교로 확립하려는 입장에서 보기에는 교리가 정립된 문자주의자들이 훨씬 체계적으로 보였을 겁니다.

물론 이것만으로는 콘스탄티누스 1세가 기독교에서도 소수인 삼위일체 신앙을 밀어붙인 이유에 대해 충분한 답변이 되지 않습니다. 이 답을 알아보려면 콘스탄티누스 1세가 기독교를 공인한 이유부터 알아야 합니다.

콘스탄티누스 1세가 기독교를 공인한 이유

오늘날 기독교 내부에서도 콘스탄티누스 1세를 기독교가 타락의 길을 걷게 만든 장본인으로 취급하는 경우가 많습니다. 하지만 콘스탄티누스 1세가 어떤 과정을 거쳐서 기독교를 타락시켰는지는 잘 모르죠. 콘스탄티누스 1세는 유일한 황제가 되기 전에 밀라노칙령을 통해서 기독교를 공인했습니다. 밀라노칙령은 흔히 알려진 것처럼 기독교를 공인한 내용이라기보다 '모든 종교에 자유를 준다'는 것이 골자입니다. 이것만 보면 밀라노칙령은 매우 상식적이고 보편타당한 조치죠. 그러나 이런 분위기는 그가 로마제국의 유일한 황제가 된 후 달라졌습니다. 그는 황제가 되자마자 기독교에 어마어마한 특혜를 주기 시작했고, 이후에는 기독교만 부흥하고 나머지 종교는 억압하는 전략을 취했습니다.

콘스탄티누스 1세는 왜 그토록 기독교를 부흥하려고 애썼을까요? 기독교에 익숙한 사람들은 황제의 신앙 때문이라고 생각하겠지만, 결코 그렇지 않습니다. 콘스탄티누스 1세는 죽기 직전에야 세례를 받고 정식 기독교인이 되었으니까요. 그는 자신이 세례를 받으면 성직자들이 황제까지 좌지우지할 수 있다고 생각한 모양입니다. 그래서 미루고 미루다가 죽기 직전에야 세례를 받았죠. 그가 기독교를 밀어준 이유는 정치적인 데 있습니다. 이를 설명하자면 꽤 긴 얘기를 해야 하는데, 먼저 로마의 역사를 살펴보겠습니다.

로마 역사 : 공화정에서 제정, 4인 황제까지 | 로마는 원래 왕정이었으나, 왕정의 폐해를 깨닫고 공화정으로 바꾼 나라입니다. 그렇다고 그리스의 아테네처럼 모든 사람이 참여하는 민주주의를 채택하지도 않았습니다. 이것 역시 폐단이 많다는 걸 알았기 때문이죠. 로마는 귀족의 대표인 원로원과 평민의 대표인 민회가 해마다 집정관을 뽑아 나랏일을 처리하는 독창적인 시스템을 선택했습니다. 종신 독재의 폐단을 막으면서도 나라의 시급한 일을 일사불란하게 처리할 수 있도록 한 체제죠. 이 체제가 얼마나 효과적이었는지는 로마가 이 체제를 선택하고 불과 몇백 년 사이에 지중해 세계를 정복한 것만 봐도 알 수 있습니다.

공화정 체제는 카이사르가 등장하면서 바뀌기 시작합니다. '시저'는 카이사르의 영어 이름이고, 개역 성경에서는 '가이사'로 번역되었죠. 이 말이 훗날 독일에서 '카이저'가 되고, 러시아에서 '차르'가 됩니다. 나라마다 발음은 다르지만 모두 '황제'라는 뜻입니다. 카이사르는 로마를 여러 사람이 돌아가면서 다스리는 공화정에서 한 사람이 다스리는 제국으로 개조하고, 자신이 '한 사람'인 황제가 되려고 했습니다. 영리한 그는 처음부터 이렇게 하지는 않았습니다. 카이사르는 당시 세력가인 폼페이우스, 크라수스와 함께 '삼두정치'를 결성했습니다. 겉으로는 공화정 같은데 실제로는 세 실력자가 로마를 다스리는 체제지요. 하지만 크라수스가 죽고 원로원이 카이사르를 반역자로 규정하자, 폼페이우스 역시 등을 돌리면서 삼두정치는 붕괴되었습니다. 카이사르는 군대를 이끌고 루비콘강을 건너서 로마로 진군하고, 폼페이우스를 비롯한 정적들에게 승리함으로써 모든 권력을 장악합니다. 이 개혁은 카이사르 때 거의 다 이룬 것처럼 보였지만, 어느 날 카이사르가 부하들에게 암살당하고 개혁은 중단됩니다.

카이사르의 뒤를 이어 로마의 실권자가 된 것은 그의 양자 옥타비아누스인데, 정권을 잡으면서 아우구스투스로 이름을 바꿉니다. 〈누가복음〉 저자는 이 사람이 다스릴 때 예수가 태어났다고 썼죠. 아우구스투스 역시 양아버지 카이사르를 닮아서 1인 황제가 다스리는 정치 체제를 지향했지만, 카이사르처럼 급격하게 로마의 체제를 바꾸려고 하지는 않았습니다. 그는 양아버지가 황제가 되려 한다는 의심을 받고 암살당했다는 사실을 염두에 두고, 겉으로는 공화정을 존중하는 모습을 취하면서 속으로는 착실하게 모든 권력을 자신에게 집중시켰습니다.

결국 그가 죽을 시점에는 로마의 모든 권력이 그에게 집중되었고, 대다수 로마 시민은 아우구스투스의 후계자를 황제로 세우는 걸 당연시했습니다. '1인 황제의 세습 체제'가 된 겁니다. 흔히 아우구스투스를 '로마제국의 초대 황제'로 부릅니다. 겉으로는 공화정을 존중하는 듯했지만, 황제로 가는 길을 확고히 만들었죠. 로마를 공화정에서 제국으로 바꾸려던 카이사르의 뜻을 아우구스투스가 이룬 셈입니다.

오랜 기간 동안 숙성된 로마의 제국 시스템은 2세기 '오현제 시대'를 거치면서 꽃피우지만, '3세기의 위기'를 거치면서 시험대에 오르죠. 이 위기의 주된 원인은 이민족의 침략과 로마 지도층의 무능입니다. 이 시대는 군인들의 지지만 받으면 황제로 추대되었기 때문에 '군인황제시대'로 불립니다. 50년 동안 황제가 26명이나 등장했을 정도니 말 다했죠. 하지만 군부 출신 황제들의 리더십으로 한 명이 그 넓은 로마제국을 이민족의 공격에서 지켜내고 번영시키기엔 역부족이었습니다. 이 위기를 수습하고 제국을 안정화한 주인공이 행정관 출신 디오클레티아누스 황제입니다. 디오클레티아누스는 1인 황제가 그 넓은 로마제국을 다스리는 것은 비현실적이라고 판단했습니다. 그가 만든 고육지책이 '사분 통치', 즉 로마제국을 네 개로 쪼개어 네 황제가 다스리는 체제입니다.

콘스탄티누스 1세, 유일한 황제로 등극하다 | 이 체제는 유능한 무장 콘스탄티누스 1세가 등장하면서 깨지기 시작했습니다. 콘스탄티누스 1세는 나머지 황제들을

모두 제거하고 유일한 황제로 등극했습니다. 그는 이 과정에서 경쟁자를 잔인하게 제압했고, 처남도 죽였으며, 나중에 자신의 경쟁자가 될지도 모른다는 이유로 전쟁터에서 유감없이 실력을 발휘한 큰아들까지 죽였습니다.

큰아들을 죽이기 위해 '젊은 계모와 간통했다'는 혐의를 씌웠는데, 아무리 끔찍한 고문을 가해도 큰아들이 혐의를 극구 부인하자 본인의 자백도 없이 죽였습니다. 다음에는 상대편으로 지목된 자신의 젊은 부인을 목욕탕에 들여보낸 뒤 끓는 물을 부어서 죽였습니다. 콘스탄티누스 1세는 이처럼 잔인한 사람입니다. 그가 이런 무리수까지 두면서 집착한 것은 로마제국의 유일한 황제가 되는 것이었습니다. 콘스탄티누스 1세는 이처럼 야심이 큰 인간입니다.

기독교는 효과적인 지배의 도구 | 당시에는 황제들끼리 죽고 죽이는 상황이 오래 계속되다 보니, 콘스탄티누스 1세가 1인 황제가 되었다 해도 누가 또다시 황제를 지칭하고 나서서 칼을 맞대고 싸울지 알 수 없는 상황이었습니다. 당연히 정치적 안정이 절대적으로 필요했습니다. 이런 상황에서 나온 콘스탄티누스 1세의 정략적인 선택이 기독교를 로마의 강력한 국교로 만드는 것이었습니다. 동서양을 통틀어 수많은 정치 지도자들이 마찬가지 행보를 보이죠. 예를 들어 정도전은 조선을 개국하면서 불교를 억압하고 유교를 적극적으로 도입했습니다. 종교나 신앙 때문이 아니라 정치적인 이유였죠. 콘스탄티누스 1세도 같은 이유로 이 작업을 진행했습니

다. 그는 첫 단계로 밀라노칙령을 내려서 로마가 모든 종교를 공식적으로 인정하는 분위기를 만들고, 자신이 유일한 황제가 되고 나서 대놓고 기독교에게 특혜를 주고 다른 종교는 핍박하기 시작합니다. 콘스탄티누스 1세는 왜 기독교를 그토록 밀어주었을까요? 기독교가 효과적인 '지배의 도구'였기 때문입니다.

콘스탄티누스 1세는 왜 많은 종교 가운데 기독교를 효과적인 지배의 도구로 생각했을까요? 여기에는 기독교가 유일신 사상이라는 데 큰 이유가 있습니다. 유일신 사상이야말로 콘스탄티누스 1세가 생각한 '유일한 황제'의 패러다임과 맞아떨어지기 때문이죠. 콘스탄티누스 1세는 수많은 경쟁자들을 죽이고, 잠재적인 경쟁자라는 이유로 친아들까지 죽여서라도 유일한 황제가 되고 싶어서 몸부림친 사람입니다. 그러니 로마에 국교를 만든다면 그 종교 역시 유일신을 믿는 종교여야 했을 겁니다. '땅에는 유일한 황제, 하늘에는 유일한 신'이라는 패러다임이 설정되어야 사람들이 유일한 황제 체제를 받아들이기 쉽다고 생각했을 테니까요.

아직 이슬람교가 없던 로마제국에서 유일신 사상은 유대교와 기독교뿐이었습니다. 당시 이슬람교가 로마제국에 널리 퍼졌다면 콘스탄티누스 1세는 이슬람교를 국교로 고려했을지 모릅니다. 유대교는 역사는 오래되었을지라도 로마의 국교가 되기 힘들었습니다. 유대교는 율법과 안식일을 지키고, 할례를 받는 것 때문에 당시 로마 사람들에게 경멸의 대상이 되었습니다. 할례를 행하면 시술의 고통으로 남자들이 며칠씩 앓았고, 소독 등의 방법이 그다지 발달하지 않아 2차 감염 등으로 사망하기도 했습니다. 평생 동안 군대를 지휘한 콘스탄티누스 1세로서는 이걸 심각한 전력의 손실로 받아들였을 겁니다. 그런데 기독교에는 할례 같은 거추장스러운 의식이 없습니다. 물에 푹 잠겼다가 나오는 세례가 전부지요. 게다가 유대교는 포교하지 않아 구성원이 대부분 유대인이었습니다. 반면에 기독교는 적극적인 포교 활동으로 그 안에 다양한 민족이 있었습니다. '한 황제 밑에 여러 민족이 공존하는 제국'을 만들려는 콘스탄티누스 1세가 선택할 수 있는 옵션은 당연히 기독교뿐이었습니다.

유일신 개념이 지배에 유익했다 ｜ 콘스탄티누스 1세가 기독교를 집요하게 부흥한 데는 유일신교와 유일한 황제 패러다임이 비슷하다는 점 외에도 여러 가지 정치적인 통찰력이 깔려 있었죠. 당시 로마의 다신교에서 신은 '인간을 돕는 신', 즉 인간이 현재 잘 살도록 돕는 '수호신'의 개념이었습니다. 따라서 다신교에 길들여진 사람은 삶의 중심에 인간이 있고, 신은 인간을 돕는 존재로 생각합니다. 이런 개념에 익숙한 사람은 어떤 교리나 문구에도 얽매이지 않고 현실적으로 살죠. 이런 사람은 당연히 주체적으로 생각하고 결정하며, 모든 일에 주관적인 의견을 내세웁니다. 자연히 현실에 뭔가 문제가 생기면 문제를 제기하고, 그걸 바꾸려는 성향이 강하죠. 삶의 중심이 인간이니까요. 통치자 입장에서 이런 사람들이 달가울 리 없습니다.

하지만 유일신 종교에 길들여진 사람은 다릅니다. "저 하늘 위에 신이 있는데, 그 신의 명령을 듣지 않으면 벌을 받거나 지옥에 간다" "신의 가르침과 명령에 의심을 품어서는 안 되고, 오직 믿고 순종해야 한다"고 가르치는 종교에 길들여진 사람은 현실에 주관적인 생각과 문제의식을 표출하기보다 그동안 세뇌 받은 교리를 중심에 놓고 봅니다. 삶의 중심이 신이니까요. 이런 사고방식에 길들여진 사람은 신이 아니라 황제가 무슨 명령을 하더라도 순종하는 사람이 됩니다. 이는 통치자에게 매우 편리한 일이 아닐 수 없습니다. 나중에 콘스탄티누스 1세가 니케아종교회의에서 합리적이고 주관적인 생각, 직관, 체험 등을 중시하는 아리우스의 영지주의는 억압하고, 예수를 신의 수준으로 높여서 숭배하고, 기독교의 경전과 신조를 정해놓고 그걸 문자 그대로 믿고 순종해야 한다고 가르친 아타나시우스의 문자주의와 삼위일체 교리를 적극 장려한 것도 무리가 아닙니다. 기독교는 니케아종교회의에서 콘스탄티누스 1세의 입맛에 맞게 변형되었습니다.

내세 중심의 개념 역시 지배에 유익했다 | 콘스탄티누스 1세가 기독교를 장려한 또 다른 이유는 기독교가 내세를 강조하는 종교라는 점이 아니었을까 싶습니다. 콘스탄티누스 1세는 젊을 때부터 많은 병사들을 이끌고 전쟁을 치러봐서 종교에 따라 병사들의 성향이 어떻게 다른지 잘 알았을 겁니다. 현세를 강조하는 종교를 믿는 병사들보다 내세를 강조하는 종교를 믿는 병사들이 죽음에 저항이 덜하다는 것도 봤겠지요. 요즘도 자살 폭탄 테러 등 죽음을 마다하지 않는 건 유일신교에 내세를 강조하는 종교를 믿는 사람들입니다.

당시 기독교인, 특히 문자주의 기독교인은 죽어서 천국에 갈 수 있다면 순교도 마다하지 않는 사람들이었습니다. 반면에 영지주의자는 순교로 천국에 갈 수 있다는 것을 어리석은 생각이라고 보는 사람들이 많았고, 문자주의자는 이런 영지주의자를 비겁하고 신념 없는 사람이라고 비난했습니다. 우리는 로마제국의 통치자들이 기독교를 핍박해서 순교자가 많이 나왔다고 생각하지만, 역사적인 사실은 조금 다릅니다. 당시 로마 법정 기록을 열람한 아널드 토인비는 "초기 기독교 광신주의는 기독교 이전의 이교도 문화에서는 찾아보기 어려운 특징이었다. 기독교 순교자들의 재판에 관한 로마 의사록은 아주 정확한 역사적 문헌들로 보존되어 그 내용을 잘 알 수 있다. 로마 재판관들은 별 이유 없이 사형을 언도하고 싶지 않았는데, 사형을 언도할 수밖에 없도록 기독교 순교자들이 고의적으로 재판을 몰아갔다. 요즘 전제주의 국가에서 행해지는 정직한 재판 기록을 우리가 열람할 수 있다면 로마 시대의 인도주의적 정신이 지배되는 재판관을 발견하기 힘들 것이다. 요즘 재판이 훨씬 더 광적이라는 것을 누가 봐도 알 수 있을 것이다"라고 했습니다. 콘스탄티누스 1세는 이 종교에 오랫동안 길들여진 사람들이 나중에는 황제를 위해서도 기꺼이 죽을 수 있겠다고 판단하지 않았을까요?

콘스탄티누스 1세의 이런 생각은 나중에 로마 황제가 '신의 대리인' 교황으로 바뀌면서 현실이 됩니다. 십자군 전쟁 같은 때 교황이 "신이 원하신다"고 하면 수많은 사람들을 동원할 수 있었고, "이 전쟁에 참전해서 죽으면 천국에 갈 수 있다"고 하면 수많은 사람들이 기꺼이 자기 목숨을 내놓고 적진으로 뛰어들었습니다. 콘스탄티누스 1세는 흔히

'최초의 중세인'으로 불립니다. 중세 암흑기에 서양 문화는 그리스 · 로마 시대의 눈부신 발전을 멈추고 오히려 퇴보하기 시작했습니다. 콘스탄티누스 1세야말로 이 퇴보를 만든 장본인입니다.

종말론적 분위기 역시 지배에 유익했다 | 콘스탄티누스 1세 본인이 이걸 의식했는지 모르지만, 기독교가 지배를 위해 유익한 또 다른 이유는 기독교 안에 흐르는 종말론적 분위기 때문입니다. 종말론적인 세계관이 조금이라도 깔려 있으면 인류의 역사가 마치 종말로 향해 치닫는 것처럼 느껴집니다. 즉 현재는 문제도 많고 죄도 많은 시대지만, 인류 최후의 전쟁이나 기근, 지진 등으로 인해 종말이 오고, 그다음에 예수가 재림하면 새 세상이 올 거라는 논리죠. 종말론적인 분위기는 여러 면에서 통치자들이 효과적으로 지배하는 데 유리했습니다. 이런 논리에 길들여진 사람들은 현실이 아무리 힘들고 고달파도 그걸 '신의 뜻'으로 믿고 참고 견디는 방향으로 나가기 쉽습니다. 통치자나 사회구조에 뭔가 문제가 있어도 그걸 인식하고 해결하기 위해 애쓰기보다 '이것 역시 신의 뜻'이라며 참고 넘어가죠. 통치자에게는 참으로 편한 논리가 아닐 수 없습니다.

이 세상이 전반적으로 문제가 많고, 시간이 갈수록 죄악이 넘쳐나서 신이 정해놓은 종말로 치닫는다는 생각이 은연중에 깔려 있으면 사람들이 보수적인 성향이 됩니다. 역사가 점점 나빠지고 있다는 인식 때문에 미래는 나쁘고 과거가 좋다고 생각하죠. 그러면 무엇을 바꾸고 개선하기보다 현재 상태를 고수하게 마련입니다. 종말론을 믿는 미국의 근본주의자들이 극단적으로 보수적인 성향을 띠는 데는 이런 이유도 있습니다. 종말론은 과학적이고 합리적인 증거를 가지고 설득한다고 쉽게 바뀔 수 있는 게 아닙니다. 현대와 같이 과학이 발전한 시대에도 잊을 만하면 지진이나 홍수나 기근이 발생하고, 그때마다 종말론이 득세하니까요.

지배층의 입장에서는 참으로 편리한 일이죠. 한 종교의 경전을 광신적으로 받아들이는 경향이 거의 없는 동양에서는 어떤 왕조가 잘못하면 반대 세력이 일어나서 왕조를 바꾸려는 시도가 많았습니다. 우리나라만 해도 대단히 합리적이고 훌륭한 국가 체계를 갖춘 조선이 500년을 넘기지 못했고, 중국의 왕조 역시 길어야 100년 혹은 200년을 넘기기 힘들었습니다. 그런데 기독교 문화의 중세는 그토록 불합리한 제도를 가지고도 무려 1000년이나 지속되었죠. 결과적으로 기독교가 통치에 유익할 거라는 콘스탄티누스 1세의 통찰은 옳았습니다. 지배층과 기득권의 지배력을 강화하고 지속시키기 위한 관점에서 말입니다.

기독교는 위정자에게 순응적인 종교였다 │ 기독교는 위정자에게 순응적인 종교였습니다. 같은 유일신교라도 유대교에는 급진적인 사람들이 많아서, 급진파 유대인이 로마제국에서 폭동을 일으키고 문제가 된 적이 많았지만 기독교는 그렇지 않았습니다. 성경에는 "가이사(황제)의 것은 가이사에게, 하나님의 것은 하나님께 바쳐라"라고 나옵니다. 황제에게 세금을 잘 내라는 말입니다. 예수가 실제로 이렇게 가르쳤는지 잘 모르겠지만요. 성경 구절에서 콘스탄티누스 1세가 가장 좋아한 건 다음 구절이 아니었을까 싶습니다. 혹시 이것도 후세에 편집된 것인지 모르지만요.

사람은 누구나 위에 있는 권세에 복종해야 합니다. 모든 권세는 하나님께로부터 온 것이며, 이미 있는 권세들도 하나님께서 세워주신 것입니다. 그러므로 권세를 거역하는 사람은 하나님의 명을 거역하는 것이요, 거역하는 사람은 심판을 받게 될 것입니다. 치안관들은, 좋은 일을 하는 사람에게는 두려울 것이 없고, 나쁜 일을 하는 사람에게만 두려움이 됩니다. 권세를 행사하는 사람을 두려워하지 않으려거든, 좋은 일을 하십시오. 그러면 그에게서 칭찬을 받을 것입니다. 권세를 행사하는 사람은 여러분 각 사람에게 유익을 주려고 일하는 하나님의 일꾼입니다. 그러나 그대가 나쁜 일을 저지를 때에는 두려워해야 합니다. 그는 공연히 칼을 차고 있는 것이 아닙니다. 그는 하나님의 일꾼으로서, 나쁜 일을 하는 자에게 하나님의 진노를 집행하는 사람입니다. 그러므로 진노를 두려워해서만이 아니라, 양심을 생각해서도 복종해야 합니다. 같은 이유로, 여러분은 또한 조세를 바칩니다. 그들은 하나님의 일꾼들로서, 바로 이 일을 하는 데 힘쓰고 있습니다. 여러분은 모든 사람에게 의무를 다하십시오. 조세를 바쳐야 할 이에게는 조세를 바치고, 관세를 바쳐야 할 이에게는 관세를 바치고, 두려워해야 할 이는 두려워하고, 존경해야 할 이는 존경하십시오. 〈로마서〉 13:1~7

"세금을 잘 내라" "권력자는 신이 세운 사람이니 그들에게 순종해야 한다"고 가르치는 종교야말로 지배자들이 가장 좋아할 만한 종교죠.

동서양을 막론하고 '왕의 권위는 신이 내린 것'이라는 사상은 지배자에게 환영 받는 사상입니다. 왕권신수설은 16~17세기 유럽에만 있던 게 아닙니다.

콘스탄티누스 1세가 왜 기독교를 공인했을까요? 기독교야말로 백성에게 '황제의 권위는 신이 내린 것'이라는 생각을 심어주기에 가장 좋은 종교였기 때문입니다. 그는 이래야 황제의 권력이 안정될 수 있다고 보았습니다. 콘스탄티누스 1세의 통찰이 옳았다는 것은 이후의 역사가 증명해줍니다. 네로, 칼리굴라, 도미티아누스나 군인황제시대의 수많은 황제들처럼 자격이 없는 황제는 시민이나 원로원이 끌어내리고 심지어 측근이 암살하는 일이 많았지만, 콘스탄티누스 1세 이후로 이런 일이 사라지니까요.

기독교가 통치를 위해 유익하다는 콘스탄티누스 1세의 생각은 결국 통치에 유리하도록 기독교를 근본적으로 뜯어고치는 데까지 이릅니다. 그게 바로 니케아종교회의죠. 인간의 의식을 연구한 데이비드 호킨스 박사는 예수의 진실 수준은 인간으로서 측정 가능한 최고치지만 기독교 전체는 점점 진실 수준이 떨어졌다고 주장하는데, 그가 기독교의 진실 수준이 급격히 떨어진 시점으로 꼽는 것이 바로 니케아종교회의입니다(데이비드 호킨스, 《의식 혁명》 참고). 콘스탄티누스 1세는 니케아종교회의를 통해 기독교의 교리를 확실히 정립하고 싶었습니다. 따라서 자유롭고 합리적인 사상을 중시하고 뭐든 잘 받아들이는 영지주의보다 교리가 정해진 문자주의자의 주장이 훨씬 솔깃했을 겁니다. 신의 대리인인 예수도 인간 정도가 아닌 하나님의 위치로 올려놓고 싶었겠지요. 그래야 신의 통치를 대리해서 집행하는 황제의 권위 역시 높아질 테니까요. 이렇게 보면 문자주의자들이 믿는 삼위일체의 교리가 권력자들에 의해 받아들여진 건 당연한 귀결입니다.

예수를 신의 수준으로 높이면 자연스럽게 예수는 하나님이면서 선하고 완전한 존재가 되죠. 그리고 이 예수를 믿어야 하는 당연한 논리를 만들기 위해서 '하나님은 선한데, 인간은 원래부터 심각한 죄인이고 문제가 많다'고 가르칩니다. 이런 가르침에 길들여진 사람들은 자연스럽게 '나는 죄인이고 미천하고 부족하고 연약하고 벌레만도 못한 존재이며, 저 위에 있는 신만이 완벽하다'고 생각합니다. 더 나아가 '우리 인간은 감히 신의 뜻을 알 수 없으니, 신의 뜻을 잘 아는 대리인에게 우리의 자유와 권리를 위임해야 한다'고 생각하죠. 이런 패러다임이 자연스럽게 자신을 지배하는 지배층에 대입되면 사람들이 감히 지배층의 지위를 넘본다든지, 그들이나 그들이 만든 사회구조의 문제점을 알아보거나 드러내기를 꺼리게 마련입니다.

한술 더 떠서 콘스탄티누스 1세는 자신을 '신의 대리인'의 위치로 높이려고 했습니다. 콘스탄티누스 1세는 자신의 무덤도 자신이 중심에 있고 열두 사도가 주변에 있는 모양으로 계획했습니다. 자기야말로 진정한 신의 대리인이라는 거죠. 콘스탄티누스 1세를 '대제'로 부르는 기독교인에게는 김빠지는 얘기인지 모르지만, 콘스탄티누스 1세는 이런 사람입니다. 아무리 봐도 콘스탄티누스 1세는 자아가 지독히 강한 사람인 것 같습니다. 이런 사람이 오늘날 기독교의 기틀을 만들었다는 게 문제죠. 지금 우리가 알고 있는 기독교의 교리는 대부분 이때 확립된 것에서 별다른 변형 없이 오늘날까지 이어졌습니다.

에우세비오스 | 이때 교회사를 조금이라도 알아본 사람이라면 누구나 알 만한 인물이 등장합니다. '교회 역사의 아버지'로 알려진 에우세비오스입니다. 이 사람은 콘스탄티누스 1세를 찬양하는 데 적극 협조하죠. '정통' 기독교 역사에 익숙한 사람은 에우세비오스가 훌륭한 인물이라고 생각할지 모르겠지만, 그는 콘스탄티누스 1세 정권을 위해 역사를 날조한 사람입니다. 에우세비오스도 처음부터 이러진 않았을 겁니다. 기독교인으로서 모진 핍박을 받다가 갑자기 하늘에서 떨어진 것처럼 기독교를 옹호하는 황제가 나타나자, 감격스러운 마음에 콘스탄티누스 1세를 구세주처럼 따랐겠지요. 그런데 정도가 지나쳤습니다.

오늘날 보수적인 역사학자도 에우세비오스가 쓴 역사를 글자 그대로 믿는 사람은 많지 않습니다. 워낙 사실과 다른 부분이 많으니까요. 그도 그럴 것이 에우세비오스는 니케아종교회의에서 신학적 입장을 바꿔 삼위일체파에 협조했고, 더 나아가 콘스탄티누스 1세를 적극 지지하여 그의 치적을 찬양하고, 엽기적인 살인 행각을 미화하는 전기를 써서 총애를 받습니다. 그는 요즘 말로 하면 '정부 홍보 언론'이죠. 에우세비오스는 콘스탄티누스 1세가 좋아할 만한 말로 신도들을 가르쳤습니다. 심지어 "하나님의 말씀이 천국을 다스리듯, 로마 황제는 문명화된 세상의 정부를 다스리며 하나님의 의지를 실현한다"고 썼습니다. 이 정도면 콘스탄티누스 1세가 그를 총애한 것도 이해가 갑니다.

이게 나중에는 '교황은 신의 대리인'이라는 생각으로 이어집니다. 교황을 신의 대리인의 위치까지 올려놓은 사람이 에우세비오스입니다. 초기 기독교 수백 년 역사의 기록 중 파기되지 않고 남은 것에는 에우세비오스가 쓴 것이 많아, 후세 사람들이 그의 말을 믿을 수밖에 없었다는 것이 불행한 현실이죠. 에우세비오스는 기독교 순교자들을 높이기 위해 그들의 전기를 쓰기도 했는데, 그중 많은 부분은 진실이 아닙니다.

메시아 열전

여기까지만 해도 메시아가 여러 명 나온다. 고대 페르시아가 지배하던 시대를 배경으로 쓰인 구약성경에서는 페르시아 정복자 고레스를 '신이 택한 메시아 고레스'로 떠받들면서 페르시아의 지배를 합리화했다. 로마와 유대 전쟁이 벌어졌을 때 요세푸스는 로마 황제 베스파시아누스를 메시아로 떠받들면서 로마의 지배를 합리화했다. 에우세비오스는 콘스탄티누스 1세를 하늘처럼 떠받들면서 그의 지배를 합리화했다. 히틀러가 등장했을 때 독일의 일부 보수적인 교회들도 그를 메시아로 숭배하면서 그의 지배를 합리화했다. 앞서 살펴본 성경 구절 역시 로마의 국가 관리를 '하나님의 일꾼, 나쁜 일을 하는 자에게 하나님의 진노를 집행하는 사람'으로 떠받들고 세금을 잘 내라면서 로마의 지배를 합리화했다.

이걸 보면 오늘날 우리나라에서도 독재 정권을 찬양하고 합리화하는 일부 목회자들이 떠올라서 쓴웃음이 나지만, 이런 경향은 어느 시대에나 있는 것 같다. 이게 바로 종교 시스템이 생존하는 방식이다. 이런 걸 알고도 종교의 가르침이 하늘에서 뚝 떨어진 절대적인 진리라고 생각하는 교조적인 사람이 과연 얼마나 있을까?

이렇게 보면 니케아종교회의의 결정 이후 삼위일체파가 승리한 것 같지만, 꼭 그런 건 아니었습니다. 누누이 얘기하지만, 당시에는 워낙 아리우스파의 영지주의 신앙이 대세였기 때문입니다. 콘스탄티누스 1세조차 나중에는 대세를 따를 수밖에 없었고, 자신이 지지하던 삼위일체파의 우두머리 격인 아타나시우스를 추방합니다. 콘스탄티누스 1세 이후 아리우스에 동조하는 황제도 있고, 삼위일체 신앙에 동조하는 황제도 있었습니다. 아리우스에 적극 동조한 대표적인 황제가 바로 율리아누스입니다.

율리아누스의 등장 | 기원후 337년 콘스탄티누스 1세가 죽고 얼마 지나지 않았을 때, 황궁에서 학살극이 벌어집니다. 그 결과 콘스탄티누스 1세의 핏줄은 거의 다 죽고, 콘스탄티누스 1세의 삼형제와 이들의 사촌 형제 갈루스(당시 열두 살), 율리아누스(당시 여섯 살)만 남았습니다. 이 학살극은 전후 상황으로 미루어 콘스탄티누스 1세의 큰아들 콘스탄티누스 2세가 일으킨 것으로 보입니다. 권력을 나눠 갖기 극도로 싫어한 그가 친형제를 제외한 친척을 대부분 제거한 겁니다. 콘스탄티누스 1세의 잔인함이 자기 핏줄에게 향한 셈이죠. 피는 피를 부른다지만, 역사는 이렇게 얄궂습니다.

이후 로마제국은 콘스탄티누스 1세의 삼형제에 의해 삼등분되었습니다. 갈루스와 율리아누스는 사촌 형이 보낸 수하들의 싸늘한 감시를 받으며 요새에 갇혀 지냈습니다. 이들이 아리우스파 성직자들 사이에서 교육을 받았다는 점이 그나마 다행이죠. 아리우스파 성직자들은 자유롭고 합리적인 사상을 추구하는 사람들이기에, 갈루스와 율리아누스는 기독교 신앙뿐만 아니라 고대 그리스·로마의 철학, 문학, 수학, 과학 등 다양한 사상을 배울 수 있었습니다.

예상대로 삼형제의 분할 통치도 오래가지 않았습니다. 이들이 서로 싸우고 죽인 결과, 콘스탄티누스 1세의 둘째 아들인 콘스탄티우스 2세만 살아남아 제국의 유일한 통치자가 되었죠. 그는 사촌 형제 갈루스도 반역죄라는 누명을 씌워서 재판 없이 처형했습니다. 잠재적 경쟁자라고 생각한 거죠. 아버지 콘스탄티누스 1세와 무척 비슷합니다. 역시 피는 못 속이나 봅니다.

당시 로마제국의 서방에서는 야만족이 들끓었고, 동방에서는 새로 생겨난 사산조페르시아가 위협적인 존재로 대두되었습니다. 콘스탄티우스 2세는 서방까지 돌아볼 여유가 없었고, 다른 사람을 부제副帝로 임명해야 했습니다. 하지만 친척을 거의 다 죽인 뒤라 그의 주변에는 어린 율리아누스밖에 없었습니다. '저 사람이 나중에 내 자리를 노릴지도 모른다'는 생각에 눈이 뒤집혀서 친척과 형제를 죽이고 정신을 차려보니, 정작 필요할 때 써먹을 사람이 없는 겁니다. 그렇다고 핏줄이 다른 사람을 부제로 임명할 수도 없었습니다. 거룩한 황제의 핏줄을 받지 않은 사람들에게 '나도 황제가 될 수 있다'고 권력을 향해 달려들 여지를 남겨놓는 거나 마찬가지니까요. 바로 앞에 벌어질 일도 생각 못하고 마구 죽이다니 정말 근시안이죠.

콘스탄티우스 2세는 유일하게 남은 혈육 율리아누스를 밀라노의 황궁으로 불러 자기 여동생 헬레나와 결혼시키고, 부제로 삼아 제국의 서방을 통치하도록 했습니다. 황제의 감시 속에 갇혀 지내던 20대 초반의 청년 율리아누스에게 갑자기 엄청난 임무가 부여된 겁니다. 태어나서 그렇게 먼 곳으로 여행한 것도 처음이었을 율리아누스가 사령관으로 부임한 곳은 지금의 프랑스 부근인 갈리아 지방입니다. 부제랍시고 투구와 갑옷을 입고 병사들 앞에 선 그는 요즘으로 치면 갓 입대한 이등병에게 육군 참모총장 복장을 입혀놓은 모습이었을 겁니다. 당시 야만족의 침입을 받은 서방은 여러 가지 면에서 열악했고, 콘스탄티우스 2세도 전쟁에 필요한 지원에 인색했습니다. 콘스탄티우스 2세는 '이기면 다행이고, 져서 율리아누스가 죽어도 그만'이라고 생각했을 테니까요.

그러나 군대 경험이 전혀 없는 철학도 율리아누스가 게르만 부족과 치른 전투에서 엄청난 군사적 재능을 보여주었습니다. 그는 아리우스파 성직자들에게 교육을 받은지라 고대 그리스·로마의 철학, 문학, 수학, 과학에 심취한 합리적이고 이성적인 사람입니다. 전쟁을 맡은 사령관에게 필요한 능력 역시 어느 한쪽에 치우치지 않은 합리적이고 이성적인 판단력이죠. 율리아누스가 삼위일체파에게 교육을 받았다면 경전과 교리에 빠진 외골수가 될 수도 있었을 겁니다. 그는 모든 면에서 적군에 비해 절대적인 열세였음에도 불구하고, 야만족을 상대로 치른 네 차례 전쟁을 대승리로 이끌었습니다. 야만족의 침략의 두려움에서 해방된 이후 서방의 경제 상황까지 급속히 좋아졌죠. 처음에는 율리아누스를 우습게보던 병사들도 한마음으로 그를 존경하고 따랐습니다. 흔히 기득권층은 '정치든 뭐든 이제껏 해오던 사람이 맡아야지 처음 하는 사람이 맡으면 혼란스럽고 위험해진다'고 하는데, 역사를 보면 그렇지 않은 경우가 많습니다. 이제껏 해오던 사람은 그 박스 안에 갇혀서 누적된 문제를 직시하지 못하고, 본인 역시 나쁜 관행에 엮여 문제를 해결하지 못합니다.

문제는 여기부터 생깁니다. 율리아누스가 성공하자 위협을 느낀 콘스탄티우스 2세가 자금 지원을 끊었습니다. 자금이 없으면 전쟁을 수행할 수 없으니, 율리아누스가 야만족의 손에 죽어도 좋다는 생각이었겠죠. 그러다가 로마제국 동쪽의 사산조페르시아가 공격해오자, 콘스탄티우스 2세는 율리아누스에게 "우수 병력을 차출해 동방의 전선으로 보내라"고 명령했습니다. 이제는 율리아누스 휘하 병사들의 분노가 폭발했습니다. 자기 사령관이 황제에게 부당한 대우를 받는 모습에 동정하고 지지하면서도, 한편으로는 콘스탄티우스 2세에게 강한 반감이 있던 병사들은 가만있지 않았습니다. 율리아누스가 적극 만류하는데도 그를 로마의 정식 황제로 추대했고, 이 소식을 듣고 격노한 콘스탄티우스 2세는 대군을 모아 율리아누스를 향해 진군했습니다. 외적을 막기도 국력이 모자라는 판에 두 황제 사이에 내전이 불가피한 상황이 벌어진 셈이죠. 다행히(?) 콘스탄티우스 2세가 행군 도중에 갑자기 죽어버렸습니다. 쓸데없는 피를 흘리지 않게 되었죠. 젊은 율리아누스는 졸지에 로마제국 전체의 유일한 정식 황제로 등극했습니다.

율리아누스의 개혁 | 젊은 율리아누스는 집권과 동시에 콘스탄티우스 2세의 악정을 바로잡으려고 노력했습니다. 비대해진 황궁의 지출을 대폭 삭감하고, 불필요한 환관과 노예를 황궁에서 몰아냈으며, 황궁의 사치스러움을 제거했습니다. 이에 관한 에피

소드가 하나 있습니다. 율리아누스가 황궁에서 이발사를 불렀는데 고관대작으로 보이는 사람들이 오더랍니다. 이상해서 "너희는 누구냐?"고 물었더니 가장 화려한 옷을 입은 사람이 "제가 바로 이발사입니다"라고 해서 "그럼 같이 온 사람들은 누구냐?" 했더니 "제 수행원들입니다"라고 했답니다. 율리아누스는 즉시 노예와 환관을 줄여서 시민의 혈세로 운영되는 황궁의 비용을 절감했습니다.

그다음에 율리아누스는 결정적인 행보를 시작합니다. 기독교에만 특혜를 주는 법안을 철폐한 겁니다. 이 일로 율리아누스는 '배교자'로 불립니다. 합리적이고 훌륭한 통치자 율리아누스는 '배교자'로 불리고, 잔인하고 자아가 강한 콘스탄티누스 1세는 '대제'로 불리는 이유는 이후의 역사가 '기독교 일색'이었다는 것뿐입니다. 기독교를 찬성하면 무조건 좋은 황제, 기독교를 반대하면 나쁜 황제로 단죄되었습니다. 그렇다고 율리아누스가 특별히 기독교를 반대한 건 아닙니다. 율리아누스도 기독교의 아리우스파 성직자들에게 배운 사람이니까요. 그는 단지 기독교에 몰린 특혜와 그리스·로마의 전통 종교 등에 주어진 박해에 반대한 거죠. 이때 그는 삼위일체파의 리더 격인 아타나시우스를 다시 추방했습니다.

그러나 율리아누스의 과감한 개혁은 수십 년 동안 특혜와 기득권에 길들여진 기독교인을 자극했습니다. 율리아누스는 기독교를 반대했다기보다 로마제국 안의 여러 종교와 민족을 통합해야 하는 위치에서 보편타당하게 행동했을 뿐입니다. 다만 꼼수가 난무하는 구중궁궐의 속성을 모르는 젊고 순수한 사람들이 흔히 그렇듯이, 이런 일을 추진하면 기득권이 자극을 받고 물밑에서 뭔가 일을 벌인다는 걸 눈치 챌 만한 정치 감각이 없었습니다. 반대하는 사람들이 결집해서 극단적인 반응을 보이지 않을 정도로 개혁의 속도를 조절하는 노련함을 요구하기에 율리아누스는 젊고 순수했습니다.

율리아누스의 의문사 | 페르시아의 문제를 해결하기 위해 군대를 끌고 동방 원정에 오른 율리아누스는 전쟁터에서 '의혹의 창'을 맞습니다. 창에 맞을 당시 율리아누스는 갑옷을 입지 않은 상태로 방치되었습니다. 오늘날로 치면 군인이 전쟁 중에 속옷 바람으로 있었던 셈이죠. 무방비 상태에 있을 때 창이 날아온 것으로 보아 내부자들이 꾸민 일이라는 의혹이 있었습니다. 당시 율리아누스 황제가 맞은 창을 본 어느 병사가 그 창이 적국이 아닌 로마의 창이라고 말한 것이 소문으로 돌다가 흐지부지되었습니다. 창을 맞은 율리아누스는 결국 심한 출혈로 죽고 맙니다. 이렇게 배교자 율리아누스 황제의 치세는 19개월로 끝났습니다. 그리고 젊은 나이에 아깝게 죽은 율리아누스는 로마제국에서 유일신교의 폐해를 자각한 마지막 황제입니다. 이 치세가 19개월이 아니라 19년만 되었어도 역사의 물줄기는 많이 달라졌을 겁니다.

율리아누스가 의문의 죽음을 당한 뒤 황제가 된 사람은 전직 황제 호위대장 요비아누스입니다. 두말할 필요도 없이 그는 '독실한' 기독교인이고, 율리아누스의 개혁을 두려워하던 기득권층의 입장을 대변하는 사람입니다. 요비아누스가 황제가 되자마자 그동안 율리아누스가 실시한 정책을 무효화하는 법안이 차례차례 공포되고, 기독교에만 주어지던 특혜가 고스란히 회복됩니다. 기득권층이 역사를 돌려놓은 셈이죠. 율리아누스에 의해 추방된 아타나시우스 역시 알렉산드리아의 주교가 되어 로마제국의 기독교 지도자로 우뚝 섭니다.

전체적인 그림으로 볼 때, 율리아누스의 죽음은 우연한 사건이 아닌 것 같습니다. 어느 시대나 '기득권층'은 음흉한 점이 많죠. 율리아누스는 특히 황궁에서 내쫓은 환관과 노예의 반발을 산 것으로 보입니다. 당시 환관과 노예는 구중궁궐에서 엄청난 지위와 권력을 누렸으니, 그들이 꾸민 음모였을 가능성도 큽니다. 이후의 역사가 '기독교 일색'이 되면서 율리아누스의 업적에 대한 좋은 기록은 조금밖에 남지 않고 율리아누스에게 불리한 기록은 많이 남아, 그는 오늘날까지 '배교자'로 낙인찍힌 상태입니다.

율리아누스의 죽음과 더불어 기독교에 대한 모든 논란은 잠들었습니다. 요비아누스 황제가 죽고 즉위한 테오도시우스 황제는 이교도를 철저히 탄압하는 정책을 추진했습니다. '모든 이교도 신전을 폐쇄하라'는 명령이 내려진 뒤 사람들은 갖가지 방법으로 이교도 신전에 있는 이들을 탄압하고, 이교도라는 이유만으로 강간과 살해를 저질렀으며, 당국은 이 사실을 알면서도 묵인했습니다. 콘스탄티누스 1세가 내린 밀라노칙령은 기독교에 대한 부당한 억압을 없애고 종교의 평등을 주는 것이었지만, 이때 이후 기독교를 제외한 모든 종교는 '사악한 종교'가 되었습니다. 로마제국이 '기독교 판'이 된 것은 당연한 결과입니다.

암브로시우스의 등장 | 이 와중에 암브로시우스라는 사람이 등장합니다. 이 사람은 기독교인이 아니었는데, 밀라노 시민의 추대를 받아 주교에 임명되었습니다. 세례를 받고 일주일 만에 주교로 임명되다니, 오늘날로 치면 교회 '새신자반'에서 교리 공부를 해야 할 사람이 원로 목사가 된 거나 마찬가지죠. 밀라노 시민이 암브로시우스를 주교로 추대한 이유는 그가 유능한 행정 관료였기 때문입니다. '저 사람이 주교를 맡으면 우리 교회가 잘될 것 같다'는 생각이었겠죠. 밀라노 시민의 예측은 옳았습니다. 그는 유능한 정치꾼입니다. 대중에게 어떻게 보여야 하는지, 그러기 위해서 무대를 어떻게 세팅해야 하는지 잘 알았습니다. 처음 주교가 되어서는 엄격한 생활을 했고, 신앙생활을 시작한 지 얼마 되지 않았는데 설교도 무척 잘했습니다. 암브로시우스의 인기는 날로 올라가서, 로마제국의 기독교에서 영향력 있는 사람이 되었습니다.

암브로시우스 주교의 파워는 날로 커져서, 나중에는 테살로니키에서 일어난 반란을 잔인하게 진압한 것에 대해 테오도시우스 황제에게 죄를 묻습니다. 아울러 황제에게 당분간 교회 출입을 금지할 것을 요청했습니다. 황제는 이 요청을 묵살했습니다. 황제 눈에는 암브로시우스가 한낱 주교로 보였을 테니까요. 그러나 암브로시우스의 입장에서 이건 충분히 승산 있는 싸움이었습니다. 암브로시우스는 부활절에 측근을 대동하고 교회로 행차한 황제가 들어오지 못하게 막았습니다. 그의 단호한 태도에 테오도시우스 1세는 하는 수 없이 발길을 돌렸고, 크리스마스에 다시 교회로 찾아왔습니다. 암브로시우스는 이번에도 입구에서 황제를 제지하며 테살로니키 학살에 대한 사죄를 요구했습니다. 오늘날처럼 인권이 발달한 시대에는 '사죄'가 아니라 '사과'가 맞겠지만, 당시에는 학살당한 피해자와 유가족에 대한 사과와 배상보다 주교와 하나님께 고해하고 용서받는 게 중요했나 봅니다. 주교 따위에게 휘둘린 황제는 기가 막혔지만 어쩔 수 없었습니다. 많은 시민이 기독교 신자였으므로, 황제가 교회에 들어가지 못하는 죄인으로 치부되면 지지가 떨어질 게 뻔하니까요.

황제는 결국 울며 겨자 먹기 식으로 죄인 복장을 하고 나타나서 "나의 잘못을 뉘우치고 내 죄를 용서받기 위해 예배에 참석하려고 하니 부디 들어가게 해주시오"라고 간청했습니다. 위엄 있는 복장으로 나타난 암브로시우스 주교는 황제의 자존심은 크게 상하지 않으면서도 지켜보는 시민에게는 주교의 권위를 느끼게 만들기 적당할 정도의 가벼운 의식을 치르며 황제의 죄를 용서하고 교회의 출입을 허가했습니다. 유능한 행정 관료 출신인 암브로시우스는 이런 장면을 연출하는 데 천재적인 면을 보인 모양입니다. 훗날의 유명한 '카노사의 굴욕'을 연상시키는 이 사건으로 교회의 권위가 황제의 권위보다 빛나게 되었습니다. 콘스탄티누스 1세가 죽는 날까지 세례를 받지 않고 미룬 것도 이 때문입니다. 그는 유일한 황제의 권력을 정당화하기 위해 기독교라는 종교를 사용했습니다. '신이 내린 권력'이라는 논리죠. 그런데 이런 방향으로 가면 신의 대리인인 기독교 주교의 입김이 황제보다 세질 수밖에 없습니다. 황제에게는 기독교를 끌어안음으로써 얻은 혜택과 더불어 떠안은 부작용인 셈이죠.

문자주의의 승리 | 종교와 권력을 거머쥐고 정치의 속성까지 꿰뚫어 보던 암브로시우스 주교는 문자주의를 표방하는 삼위일체파입니다. 물론 신앙인이 아닐 때 선택한 것이니, 신앙적인 확신 때문이라기보다 어느 파에 속하는 것이 정치적으로 유리한지 본 결과겠죠. 당시 많은 기독교인은 성부를 황제와, 성자를 주교와, 성령을 백성과 연관시켰습니다. 따라서 삼위일체파의 '예수는 하나님이다'라는 주장은 주교와 황제의 권위가 동등하다는 전제를 달고 있었습니다. 암브로시우스가 삼위일체파를 선택한 것도 무리가 아닙니다.

테오도시우스 황제와 암브로시우스 주교가 영향력을 발휘하던 시대에 본격적으로 영지주의자의 씨를 말리는 정책이 나옵니다. 테오도시우스 황제는 이교도를 억압한 다음 삼위일체파가 아닌 기독교의 모든 사상을 이단으로 규정했고, 더 나아가 이들을 '국가 반역죄'로 몰았습니다. 특히 영지주의에 관련된 문서는 '전부 파괴하고 불태워야 한다'고 선포했습니다. 모든 철학적 토론도 억압했습니다. 아이러니하게도 이단 세력을 없애는 데는 〈요한복음〉의 한 구절이 중요한 근거로 작용했습니다. "사람이 내(예수) 안에 머물러 있지 아니하면, 그는 쓸모없는 가지처럼 버림을 받아서 말라버린다. 사람들이 그것을 모아다가, 불에 던져서 태워버린다."〈요한복음〉 15:6 문자주의자는 이 구절에 따라서 거리낌 없이 화형을 집행했습니다. 그 후 1000년의 역사를 봐도, 중세 기독교는 화형을 무척 좋아했습니다. 이것 역시 성경을 문자 그대로 믿는 문자주의자의 영향입니다.

독자 여러분은 지금까지 이야기에서 하나의 흐름을 보았을 겁니다. 콘스탄티누스 1세나 암브로시우스처럼 권력 지향적인 사람들은 문자주의(삼위일체파)를 지지했고, 그렇지 않은 사람들은 영지주의를 지지했다는 점입니다. 이는 두 파의 근본적인 속성 때문입니다. 영지주의는 영적인 것을 좋아하는 사람들, 진리를 알고 싶어하는 소수에게 지지를 받았습니다. 따라서 그 가르침이 심오하고 깊은 반면, 개인적인 성향이 강할 수밖에 없습니다. 오늘날에도 기독교 안을 잘 들여다보면 순수하게 영적인 것에 흥미를 보이는 기독교인이 꽤 많은데, 이런 사람들이 당시 태어났다면 문자주의보다 영지주의에 끌렸을 겁니다.

이와 대조적으로 문자주의는 '정해진 교리와 신조를 믿기만 하면 천국에 갈 수 있다' '믿기만 하면 하나님에게 복을 받을 수 있다'고 생각하는 사람들의 지지를 받았습니다. 따라서 문자주의는 단순한 교리를 반복적으로 가르칠 수밖에 없고, 영지주의에 비하면 그 깊이가 얕은 대신 집단적이고 조직적입니다. 당연한 귀결이지만, 통일된 교리를 갖춘다거나 국교라는 위상에 맞는 기독교를 세우는 데 관심을 쏟은 사람들은 영지주의자가 아니라 문자주의자입니다. 문자주의자의 미덕은 믿음과 순종이지, 이해나 깨달음이 아닙니다. 예나 지금이나 '이해가 안 돼도 믿고 순종해야 복을 받는다'는 사고방식은 권력자들이 좋아할 만한 사고방식이죠.

이런 이유로 두 파가 싸운 양상을 보면 영적으로 관심 있는 개인이나 민중에게 호소하는 면에서는 영지주의가 승리했지만, 종교가 권력과 결탁할 때는 여지없이 문자주의가 승리했습니다. 문자주의자들이 영지주의자들의 문서를 철저히 폐기하고 남은 문서만 가지고 봐도 이러니, 실제로는 더하면 더했지 덜하지는 않았을 겁니다. 그리고 이때부터 문자주의자인 삼위일체파가 기독교의 모든 신앙을 통제했습니다.

과학과 종교의 분리 | 오늘날 우리는 과학과 종교의 분리를 당연한 현상으로 생각합니다. 과학은 눈에 보이는 객관적인 영역에 대한 것이고, 종교는 눈에 보이지 않는 신비한 영역에 대한 것이라고 봅니다. 하지만 영지주의자들은 이 둘을 구분하지 않았습니다. 눈에 보이는 것 안에서도 신비로움과 신을 발견했고, 눈에 보이지 않는 것 안에서도 과학을 찾으려 했죠. 이들에게 과학과 철학과 신앙은 하나입니다. 이들은 과학 안에서 신비를 보았고, 신비 안에서 과학을 보았습니다. 신을 아는 것이 현상세계인 우주를 아는 것이고, 현상세계를 아는 게 신을 아는 것입니다. 신을 아는 것이 나를 아는 것이고, 나를 아는 게 신을 아는 것입니다. 합리적으로 생각하는 게 신을 아는 것이고, 신을 아는 것이 합리적으로 생각하는 것입니다.

영지주의자 중에 과학자나 철학자가 많은 것도 이 때문입니다. 발렌티누스는 알렉산드리아에서 최고의 교양을 갖춘 철학자이자 시인이고, 마르키온은 많은 사람들에게 진정한 현자라는 칭송을 받았습니다. 이들은 대단한 영적인 스승이면서 철학자, 과학자입니다. 반면에 문자주의자 중에서 학식이 매우 높다고 알려진 유스티누스는 기하학과 수학을 잘 못해서 피타고라스학파와 플라톤학파에 들어가지 못하고 퇴짜를 맞은 뒤 기독교인이 되었습니다.

그런데 문자주의자들이 승리한 뒤 이 구도가 크게 바뀌어 종교가 과학을 지배하기 시작했습니다. 성경의 모든 글자를 진리로 믿는 문자주의적인 경향은 과학을 억압하는 데 톡톡한 역할을 했습니다. 갈릴레이가 태양이 아니라 지구가 돈다고 주장한 것에 대해 문자주의자들이 반박한 증거는 구약성경에서 이스라엘 민족의 지도자 여호수아가 다른 민족과 전투할 때, "적을 완전히 물리칠 때까지 태양을 멈추어달라"고 야훼께 기도했더니, 야훼가 이걸 들어주어 태양이 멈추었다〈여호수아 10:12~13〉는 구절입니다. '성경에 태양이 멈추었다고 나오니, 지구가 도는 게 아니라 태양이 돈다'는 주장이죠. 오늘날 보면 말도 안 되는 논리지만, 당시에는 이런 논리를 부인하면 '감히 성경의 권위를 무시한 사람' '믿음이 없는 사람'이 되어 화형 같은 끔찍한 대가를 치러야 했습니다. 이해는 잘 안 가지만, 기독교의 문자주의적 세계관으로 세뇌된 당시에는 아주 잘 먹히는 논리입니다. 모든 것에서 성경만이 유일한 진리고 정답이니까요.

문자주의자들이 미친 영향은 이것뿐만 아닙니다. 영지주의자들은 종교와 과학과 철학의 원천을 모두 영감으로 보았고, 자신들이 깨달은 바를 나누는 토론 문화가 활발했습니다. 이런 문화에서 과학과 철학과 신학이 꽃피었죠. 하지만 문자주의자들이 득세한 뒤 종교는 다양한 영감을 인정하고 나누는 자리가 아니라, 정해진 교리를 학습 받는 형식적인 자리가 되었습니다. 설교자는 영감 없이도 신과 성직자에 대한 권위와 복종을 강요하는 분위기로 사람들을 통제할 수 있었습니다. 그리고 영감이 사라지면서 과학과 철학과 예술이 모두 퇴보했습니다. 그것도 거의 1000년이라는 긴 시간 동안 말입니다. 많은 사람들이 '기독교가 중세 암흑기를 만들었다'고 생각하지만, 정확히 말해 암흑기를 만든 건 기독교의 문자주의입니다. 아인슈타인은 "중세가 없었다면 인류는 바로 달에 로켓을 쏘아 올리는 시대로 접어들었을 것이다"라고 했습니다. 맞을 겁니다. 르네상스 시대가 중세의 암흑기를 벗어나서 고대 그리스·로마의 합리성과 과학성을 회복하는 시기인데, 회복하는 데만도 오랜 시간이 걸렸고, 얼마 지나지 않아 인류는 달에 로켓을 쏘아 올리는 시대로 접어들었으니까요.

신약 27서 정경이 확립되다 │ 시계를 앞으로 돌려보겠습니다. 율리아누스가 죽고 알렉산드리아의 주교가 되어 로마제국의 기독교 지도자로 우뚝 선 아타나시우스는 모든 정적을 제압한 뒤, 부활절 메시지에서 수많은 기독교 문서 가운데 자신이 주장하는 삼위일체 사상에 부합하는 27권만 정경(올바른 성경)으로 인정한다고 발표했습니다. 나머지는 모두 문제 있는 문서로 치부되었고, 알렉산드리아의 기독교인들이 가지고 있던 방대한 기독교 문서가 모두 폐기되었습니다. 당시 널리 읽히던 예수의 가르침과 기독교의 문서는 이때 거의 다 사라지고 말았죠. 역사가 흐르고 흘러서 결국 아타나시우스가 정한 27권만 오늘날 전 세계 사람들이 읽는 신약성경이 되었고, 그가 주장한 삼위일체 사상이 기독교의 정통 교리가 되었습니다.

다른 종교에서는 이런 일이 별로 없습니다. 설사 중심이 되는 경전과 조금씩 다른 가르침이 있다 해도 그런 가르침 역시 존중받고 정경에 포함되거나, 종교의 중심 가르침과 연결되는 경우가 많습니다. 그런데 문자주의 기독교는 자신들의 주장과 조금이라도 다른 주장이 나오면 이단시하고 핍박하며, 그렇게 가르치는 사람들과 문서까지 제거했죠. 이렇게 된 중요한 이유가 바로 기독교가 로마의 '지배 도구'였기 때문입니다. 지배의 도구이다 보니 권력이 있었고, 권력이 있다 보니 마음만 먹으면 언제라도 자신들과 다른 가르침을 퍼뜨리거나 자신들에게 불이익을 끼칠 것 같은 사람들을 이단으로 정죄하면서 핍박할 수 있었습니다. 마치 우리나라 독재 정권 시절, 정권에 위험한 인물은 전부 다 '빨갱이'로 몰고 자연스럽게 제거할 수 있었던 것처럼 말이죠.

더 불행한 것은 예수와 기독교의 가르침에 손을 댄 경우가 이게 마지막이 아니라는 점입니다. 나중에는 아예 기독교 교리에 맞춰 성경에서 여기저기 떼어내고 붙였습니다. 신약 27서 정경 가운데 저자들이 마치 자기가 바울이나 베드로인 양 쓴 위작이 많은 것으로 밝혀지고 있습니다. 수많은 편집이 있었기에 도대체 어느 성경에서 어떤 부분이 어떻게 바뀌었는지 짐작하기 힘든 지경입니다.

〈요한복음〉도 폐기될 뻔했다 | 흥미로운 것은 오늘날 기독교 신자들이 가장 좋아하는 〈요한복음〉 역시 정경으로 선택되는 데 논란이 많았다는 점입니다. 오늘날 정경의 복음서만 봐도 〈요한복음〉은 다른 복음서와 달리 매우 철학적이고 영적입니다. 〈요한복음〉이 없었다면 기독교는 오늘날처럼 세계적인 종교가 되기 힘들었을지 모릅니다. 그런데 기독교 초기에 발렌티누스 같은 영지주의자들은 〈요한복음〉을 빈번히 인용했지만, 문자주의자들은 별로 좋아하지 않았습니다.

〈요한복음〉을 보면 그럴 법도 합니다. 예컨대 〈요한복음〉 10장 34절에는 "내가 너희를 신들이라고 하였다"라는 구절이 있는데, 이건 삼위일체파보다 영지주의자의 주장에 가까워 보입니다. 한편 이보다 조금 앞에 나오는 "나(예수)와 아버지는 하나이다"〈요한복음〉 10:30라는 구절은

'예수＝하나님'이라고 가르친 삼위일체파의 주장과 가까워 보입니다. 이렇듯 〈요한복음〉은 초기에도 논란이 많았지만, 결국 이레나이우스의 한 마디 때문에 정경에 포함되었습니다.

나그함마디문서의 발견 | "정경 27서를 제외한 나머지 문서는 모두 없 애라"는 아타나시우스의 명령을 받은 수도원 중에는 이집트 나일강 유역 나그함마디 지역에 있던 파코미우스 수도 원도 포함되었습니다. 이 수도원은 아타나시우스가 콘스탄티우스 2세 치하에서 핍박을 당해 쫓길 때 그를 숨겨준 곳입니다. 아타나시우스는 이곳에 숨어 지내면서 수도원 사람들이 다양한 문서를 가지고 자유로 운 영성을 추구하는 걸 보았겠지요. 기독교 최고의 지도자로 등극한 뒤에 이 사실을 기억한 아타나시우스는 그들이 가진 '이단적인' 문서 를 모두 폐기하라고 명령했습니다. 자기를 살려준 수도원에 얄궂은 명 령을 내린 아타나시우스의 기분이 어땠을지 궁금합니다.

파코미우스 수도사들은 이 명령에 따라야 하는 상황이지만, 소중하 게 보고 간직하던 문서를 도저히 태워버릴 수 없었습니다. 그래서 어 디 잘 숨겨놨다가 분위기가 누그러지면 다시 꺼내려고 한 모양입니다. 이들은 그동안 소중하게 보던 기독교 문서를 항아리에 담아 밀봉한 뒤, 사막의 으슥한 곳에 숨겨두었습니다. 그 항아리는 무려 1500년 이 상 묻혀 있었고, 사막의 건조한 기후 덕분에 오랜 세월 별다른 변형 없 이 보관되었습니다. 그렇게 오랜 세월 잠자다가, 1945년 이집트의 한 청년에 의해 발견되었죠.

발견된 시기도 매우 의미심장합니다. 수백 년 전에 발견되었다면 이 문서는 다시 한 번 이단 문서로 취급되어 불살라지는 비극을 맞이했을지도 모릅니다. 이 문서가 발견된 시기가 고고학적인 관심이 높지 않은 때였다 해도 그 가치를 모르는 사람들에 의해 문서 전체가 없어질 수 있었을 겁니다. 이 문서가 사라지는 운명을 겪지 않은 이유는 20세기가 눈부신 고고학적인 업적으로 인해 고고학 자체에 매우 관심이 많은 시기였기 때문입니다. 나그함마디문서에는 값진 기독교 문서가 많았습니다. 그중에는 〈도마복음〉도 포함되는데, 〈도마복음〉의 예수의 가르침에는 "감추어진 것 가운데 드러나지 않을 것이 없다"는 구절이 있습니다. 이 구절은 마치 나그함마디문서의 운명을 예언하는 것 같습니다.

〈도마복음〉에 대한 오해 | 〈도마복음〉을 설명하기에 앞서, 이단 문서에 대한 오해를 풀었으면 합니다. '정통파' 혹은 '근본주의' 신앙을 믿는 사람들이 〈도마복음〉에도 '이단 문서'라는 꼬리표를 붙였기 때문입니다. 기독교에 길들여진(?) 사람 중에는 이단 문서를 조금 알아보기만 해도 무슨 저주를 받는 양 두려움이 앞서는 경우가 많습니다. 하지만 〈도마복음〉은 이단 문서가 아닙니다. 요즘 유럽의 기독교 신학자들이 주로 연구하는 것은 〈요한복음〉이나 〈로마서〉가 아니라 〈도마복음〉입니다. 두려워서 벌벌 떨 만한 이단 문서라면 수많은 신학자들이 연구할 리 없죠. 사실 '이단'이라는 말 자체가 무의미합니다. 이단과 정통을 구분할 근거가 애매하니까요.

유럽만 이런 게 아닙니다. 1980년대 중반부터 북미의 일부 신학자들은 '예수 세미나Jesus Seminar'라는 연구 모임을 시작합니다. 이들은 예수의 어록이 담긴 기원후 300년 이전의 모든 문서를 대상으로 이것이 실제 예수가 한 말인지, 아니면 후대에 삽입된 것인지 이 분야의 전문가들이 모여서 투표해보기로 했습니다. 학자들은 모든 문서를 검토하고 '예수가 실제로 한 말이 확실하다'에서 '확실히 아니다'까지 빨강, 분홍, 회색, 검정 네 가지 색으로 각 문서에 표시했습니다. 이들은 〈도마복음〉과 Q자료가 가장 신뢰할 만한 예수의 어록을 담고 있다고 결론지었습니다. 〈도마복음〉이 그렇게 위험한 문서라면 이런 일은 벌어질수 없죠.

〈도마복음〉을 종전의 복음서와 자세히 비교해보면, 〈도마복음〉이야말로 종전 복음서들이 원전으로 삼은 문서임을 짐작할 수 있습니다. 이 부분에 대해서는 고전 문서 비교의 대가 김용옥 교수가 쓴 《도올의 도마복음 이야기》에 자세히 설명되어 있습니다. 그러니 〈도마복음〉을 보고 이단이니 뭐니 하는 사람들의 주장은 성립되기 어렵죠. 〈도마복음〉이 그들이 정통이라고 확신하는 복음서의 원전, 예수의 원래 가르침일 확률이 높으니까요.

바울도 〈도마복음〉을 알았다?
〈고린도전서〉 2장 9절에 "그러나 성경에 기록한 바 눈으로 보지 못하고 귀로 듣지 못한 것들, 사람의 마음에 떠오르지 않은 것들을, 하나님께서는 자기를 사랑하는 사람들에게 마련해주셨다 한 것과 같습니다"

라는 구절이 있다. 많은 사람들이 여기에서 '성경에 기록한 바'라고 하면서 인용한 부분이 구약성경 〈이사야〉의 구절이다. "이런 일은 예로부터 아무도 들어본 적이 없습니다. 아무도 귀로 듣거나 눈으로 본 적이 없습니다. 주님 말고 어느 신이 자기를 기다리는 자들에게 이렇게 할 수 있었겠습니까?"〈이사야〉 64:4 그런데 바울이 쓴 구절이 〈이사야〉를 인용한 것이라고 보기에는 무리가 있다. '눈으로 보지 못하고 귀로 듣지 못한다'는 건 감각기관(눈과 귀)에 의해 감지되지 않는다는 뜻으로 보통 사람들도 흔히 쓰는 표현이지만, '사람의 마음으로 생각하지도 못하였다'는 건 비범하고 독특한 표현이다. 이 부분이 이 구절의 핵심인데, 〈이사야〉에는 이 부분이 없다.

그런데 〈도마복음〉에 정확히 이런 구절이 있다. "나는 너희에게 눈이 아직 보지 못하고, 귀가 아직 듣지 못하고, 사람의 마음에 생각도 해본 일이 없는 것을 줄 것이다." 예수의 가르침은 마음으로 생각하는 걸 넘어서는 초월적인 가르침이다. 이게 맞다면 바울도 〈도마복음〉을 잘 알았고, 인용했다는 얘기가 된다. 그렇다면 복음서가 바울 시대 이후에 쓰인 것이니 〈도마복음〉은 복음서 이전의 복음, 예수의 원래 가르침에 가장 가까운 복음서라는 얘기다. 어느 모로 봐도 〈도마복음〉이 이단적인 복음서라는 얘기는 별로 설득력이 없다.

■■■■■■■■■■■■■■■■■■■■■■■■■■■■■■■■■■■■

〈요한복음〉 저자는 〈도마복음〉을 일부러 폄하했다 | 〈도마복음〉에 대한 편견은 〈요한복음〉 때문이기도 합니다. 〈요한복음〉을 읽다 보면 저자는 곳곳에서 의도적으로 도마를 폄하합니다. 어느 때는 지나치다는 느낌이 들 정도죠. 특

히 도마가 예수가 부활한 뒤에도 "나는 내 눈으로 그의 손에 있는 못 자국을 보고, 내 손가락을 그 못 자국에 넣어보고, 또 내 손을 그의 옆구리에 넣어보지 않고서는 믿지 못하겠소!"〈요한복음〉20:25라고 했다는 이야기는 유명하죠. 이 이야기는 매우 효과적이어서 오늘날 많은 사람들이 도마 하면 '의심 많은 도마'를 떠올립니다. 〈요한복음〉저자의 도마 색깔 입히기는 매우 성공적이었습니다.

도마 색깔 입히기

〈요한복음〉저자는 나사로를 살리기 위해 유대로 가자는 예수의 말을 도마가 의심하고, "우리도 그와 함께 죽으러 가자"〈요한복음〉11:16고 말했다고 썼다. 이후에는 예수와 제자들이 죽는 게 아니라, 오히려 죽은 나사로가 살아나는 일이 벌어진다. 이 부분은 읽는 이들에게 도마가 예수를 신뢰하지 못하고 뭔가 예수와 어긋나가는 사람이라는 느낌을 준다. 〈요한복음〉14장에서도 예수가 "너희는 내가 어디로 가는지 그 길을 알고 있다"고 말했지만, 도마는 "주님, 우리는 주님께서 어디로 가시는지도 모르는데, 어떻게 그 길을 알겠습니까?"라고 묻는다.〈요한복음〉14:4~5 얄궂게도 바로 뒤에 "내가 곧 길이요, 진리요, 생명이다"라는 유명한 구절이 나온다. 이 대화 역시 잘 읽어보면 도마는 예수의 영적인 말을 전혀 알아듣지 못하는 우둔하고 깨달음이 없는 제자라는 느낌이 든다.

예수는 부활한 뒤에도 유독 도마가 없을 때 나타나서 제자들에게 "아버지께서 나를 보내신 것같이, 나도 너희를 보낸다"며 그들을 정식 사도로 임명하고, 그들에게 숨을 불어넣는다. 이건 〈창세기〉2장 7절에서 야훼가 아담의 코에 생기를 불어넣는 장면을 연상시킨다. 그러면서 예수는 제자들에게 막강한 권력을 부여한다. "성령을 받아라. 너희가 누구의 죄든지 용서해주면, 그 죄가 용서될 것이요, 용서해주지 않으면, 그대로 남아 있을 것이다." 〈요한복음〉 20:21~23 이 구절 바로 뒤에 도마가 등장해서 부활한 예수를 의심하는 이야기가 나온다. 따라서 도마는 예수에게 사도로 임명받은 적도 없고, 예수가 직접 불어넣은 성령을 받은 적도 없고, 죄 사함의 권한을 받은 적도 없는 사람이 된다.

하지만 〈도마복음〉을 읽어보면 예수의 말을 가장 잘 이해하고 깨달은 제자가 도마라는 걸 알 수 있습니다. 〈요한복음〉에 유독 도마를 폄하한 내용이 많은 이유는 〈요한복음〉 저자가 〈도마복음〉에 대한 반발심이 있었기 때문일 겁니다. 〈요한복음〉을 중심으로 삼는 공동체와 〈도마복음〉을 중심으로 삼는 공동체의 예수에 대한 이해가 달랐다고도 볼 수 있습니다. 〈요한복음〉에서 도마를 폄하하려 한 것도 이유가 있겠지요. 이런 측면에서 보면 〈요한복음〉과 쌍벽을 이루는 게 〈도마복음〉이었다는 말도 성립합니다. 아니 〈요한복음〉이야말로 〈도마복음〉의 그늘에서 벗어나려는 의도가 다분했다고 봐도 될 법합니다.

〈요한복음〉의 예수는 하나님의 유일한 아들이고, 인간은 예수를 믿어야 하나님의 아들이 될 수 있습니다. 그러므로 〈요한복음〉은 믿음을 강조합니다. 〈요한복음〉 20:31 반면에 〈도마복음〉은 '각자가 내면의 빛을 발견하면 그리스도가 될 수 있다'고 가르치죠. 〈도마복음〉은 교리가 아닌 깨달음의 책입니다. 〈요한복음〉에서는 예수를 '로고스'로 표현하고 이에 대한 '믿음'을 강조한 데 반해, 〈도마복음〉은 예수를 '먼저 깨우친 스승'으로 그리고 있습니다.

〈도마복음〉과 숫타니파타 | 복음서에는 예수가 동정녀에게서 태어났 다든지, 부활하고 승천했다는 기적이 나 오지만, 〈도마복음〉에는 이런 기적이 하나도 없습니다. 기독교에서 흔 히 쓰는 용어도 별로 없습니다. 예수와 제자들의 자연스러운 대화일 뿐인데, 그 안에 깊은 지혜와 깨달음이 담겨 있습니다.

이런 흐름은 불교에서도 비슷합니다. 불교에서 고타마 붓다의 가르 침을 담은 '최초의 경전'이 숫타니파타인데, 여기에는 붓다가 마야부 인의 옆구리에서 났다는 얘기도 없고 붓다의 가르침만 기록되었습니 다. 붓다를 신화 속의 인물이 아닌, 역사적인 인물로 인식하게 만듭니 다. 또 불교의 교리적인 언어가 아닌, 당시의 평범한 말로 기록되었습 니다. 물론 시대적 상황과 문화가 다르니까 약간의 주변 설명은 필요 하지만, 오늘날의 사람들에게도 많은 공감을 불러일으킵니다. 딱딱한 말이 아니면서도 깊은 가르침을 주어 마치 붓다가 지금 이 자리에서 가르치는 것 같은 느낌이 듭니다. 〈도마복음〉의 예수도 이와 비슷합 니다.

기독교나 불교나 공통점이 있습니다. 처음에 스승은 제자들에게 보 편적이고 깊은 가르침을 주었습니다. 이 가르침은 잘 이해하는 소수에 게 주어졌죠. 그런데 이 가르침을 교리로 확립하고 종교를 세워야 하 는 사람들은 스승을 숭배의 대상으로 높이기 위해 이상하고 황당한 장 치를 달았습니다. 독자들은 이제 성경을 읽으면서 그들이 달아놓은 장 치가 뭔지 파악할 수 있을 겁니다.

〈도마복음〉이 기독교에 문제가 되는 이유 | 이 정도로 〈도마복음〉을 핵

폭탄이라고 하기에는 무리
가 있습니다. 진짜 〈도마복음〉의 위력은 그 가르침의 성격에 있습니다. 〈도마복음〉을 읽어본 사람이라면 누구나 느낄 텐데, 종전 복음서와 달리 난해한 가르침이 있습니다. 그 가르침 중에는 전통적인 기독교나 유대교에도 없는 내용이 많습니다. 하지만 동서고금을 막론하고 '깨달은 자'들이 가르치는 내용을 보면 〈도마복음〉과 비슷한 내용이 많죠. 〈도마복음〉의 가르침은 문자주의 기독교보다 불교나 힌두교와 같은 동양 종교에 가깝습니다. 이는 그동안 기독교인에게 익숙한 신학적인 분위기라기보다 신비주의적이고, 기독교적이라기보다 동양적인 것입니다.

동양 종교는 서양 종교에 비해 내면의 깨달음을 지향하죠. 목회자가 정신 질환이나 우울증에 시달린다는 얘기는 자주 들어도 승려나 수행자들이 정신 질환이나 우울증에 시달린다는 얘기는 듣기 힘든데, 이는 동양의 종교가 내면을 지향하기 때문입니다. 수많은 기독교 신학자들이 〈도마복음〉을 연구하지만, 알쏭달쏭한 내용이라고 생각해서 본문의 내용을 이해하기 힘든 경우도 많습니다. 반면에 '깨달은 자'들은 〈도마복음〉에 나타난 예수의 가르침을 훨씬 잘 이해하며, 오랫동안 〈도마복음〉에 나타난 가르침과 매우 비슷한 내용을 가르쳐왔음을 알 수 있습니다.

제가 주변 사람들과 얘기해보면 기독교인이 아니면서도 진리를 탐구하는 열정이 많거나 영성이 깊은 분들은 성경의 내용 중 일부 독선적인 내용에는 반발감이 있지만, 〈도마복음〉의 가르침에는 공감하는 경우가 많습니다. 본명이 리처드 베이커인 미국인 선사는 젊은 시절

보스턴에서 일본 교토로 건너가, 스즈키 선사 문하에서 선 수행을 하고 샌프란시스코 선원의 주지가 되었습니다. 그가 어느 날 〈도마복음〉 연구의 세계적인 대가인 일레인 페이절스 교수와 이야기하게 되었습니다. 대화를 나누던 그는 어느 순간 "제가 〈도마복음〉을 미리 알았다면 구태여 불자가 될 필요가 없었을 것입니다"라고 고백했습니다.

〈도마복음〉에서 가장 충격적인 사실은 기독교나 유대교에서는 〈도마복음〉의 난해한 가르침과 비슷한 내용을 도저히 찾아볼 수 없지만, 인도의 고대 경전인 베다, 우파니샤드 등에서는 쉽게 찾아볼 수 있다는 점입니다. 이쯤 되면 기독교 입장에서 심각한 문제가 생깁니다. 〈도마복음〉을 읽다 보면 어느 때는 힌두교나 불교의 경전을 읽는 듯한 착각에 빠집니다. 힌두교는 모든 인간의 내면에 신성한 아트만이 깃들어 있으며, 자신의 깊은 속에 있는 진정한 자신을 아는 것이 곧 신을 아는 것이라고 가르칩니다. 불교 역시 깨달음의 종교입니다. 불교와 힌두교 모두 지식이나 깨달음은 외부에서 주어지는 게 아니라, 자기 안에 있는 걸 알아가는 데서 나온다고 가르치죠. 답은 우리 안에 있기 때문에 스승의 역할은 그 사람 안에 있는 답을 알도록 하는 촉매의 역할을 넘어서지 않습니다. 문자주의자들처럼 종교 지도자들만 정답을 가지고 있다고 생각하지도 않습니다. 〈도마복음〉의 몇 구절을 직접 읽고 확인해보기 바랍니다.

너희가 너희 자신을 알 때 너희는 알려지고 너희가 살아 계신 아버지의 자녀임을 알게 될 것이다. 그러나 너희가 너희 자신을 알지 못하면 너희는 빈곤케 되고 너희 자신이 곧 빈곤이 될 것이다.

만일 너희가 너희 안에 있는 것을 낳으면 너희가 낳은 것이 너희를 구원할 것이요. 너희가 너희 안에 있는 것을 낳지 못하면 너희가 낳지 못한 것이 너희를 죽일 것이다.

나는 모든 것 위에 비치는 빛이다. 나는 모든 것이다. 모든 것이 내게서 나왔고, 모든 것은 나에게 이어져 있다. 나무토막을 쪼개보아라. 거기 내가 있다. 돌을 들어 올려라. 너희는 거기서 나를 발견할 것이다.

예수는 젊은 시절에 뭘 했을까?　여기에서 하나 더 생각해보겠습니다. 예수는 젊은 시절에 뭘 했을까요? 우리는 성경에서 성인이 된 이후의 예수만 봅니다. 예수의 어린 시절부터 젊은 시절까지 기록은 이상하리만치 없습니다. 앞서 살펴본 것처럼 젊었을 때 세례자 요한에게서 배웠다는 정도만 추측할 수 있을 뿐입니다. 왜 예수의 젊은 시절 기록은 없을까요? 혹시 누가 의도적으로 없앤 게 아닐까요? 예수를 하나님의 위치로 올리다 보니, 예수의 젊은 시절 기록이 알맞지 않아서 삭제된 건 아닐까요? 그렇다면 삭제된 건 무슨 내용일까요? 독자들이 불경스럽게 생각할지 모르겠지만, 혹시 예수는 젊은 시절에 동양에서 가르침을 받은 게 아닐까요?

이렇게 생각할 만한 근거가 있습니다. 예수의 가르침을 가장 잘 깨달은 도마는 예수 사후에 인도로 갔다고 합니다. 도마는 왜 인도로 갔을까요? 기독교 쪽에서는 '도마가 인도에 선교하러 갔다'고 생각하고 싶어하죠. 인도에는 아직 도마가 세웠다는 교회도 존재합니다. 하지만 도마가 인도에 선교만 하러 갔다고 보기에는 어려운 부분이 많습니다. 도마가 존경하는 스승이 배운 곳, 스승의 가르침의 원조인 곳을 찾아갔다면 지나친 상상일까요? 동양에는 예수에 대해 전해 내려오는 이야기가 많습니다. 젊은 시절 예수에 대한 기록은 기독교 측에는 없는지 몰라도, 동양에는 젊은 시절의 예수라고 추정되는 사람에 대한 이야기가 있습니다(김용환, 《동방의 이사 보살이었던 예수 생애의 증언 : 잃어버린 예수의 생애를 찾아서》 참고). 예수는 젊은 시절에 동양에서 배운 것이 아닐까요? 물론 이건 아무도 답할 수 없는 질문입니다. 이에 대한 판단은 독자 여러분에게 맡기겠습니다.

그리스도와 크리슈나

힌두교의 신 크리슈나는 많은 점에서 그리스도(크라이스트)와 닮았다. 둘 다 동정녀에게서 태어났고, 어릴 때 현직 왕이 위협을 느껴서 죽이려고 했으며, 태어난 남자아이들을 모두 죽인다. 둘 다 병자를 낫게 하고, 비천한 여인이 향유를 부어주며, 직접 제자들의 발을 씻어주었다. 둘 다 부활했고 승천했다. 둘 다 종말 때 돌아와서 악한 권세를 섬멸한다. 그리고 발음까지 비슷하다.

2

왜곡은 이걸로 끝난 게 아니다

나그함마디문서가 핵폭탄이면, 사해사본은 수소폭탄이다 | 진실의 논란
은 여기에서
그치지 않습니다. 나그함마디문서가 종전의 기독교에 핵폭탄이라면,
1947년에 발견된 사해사본은 이보다 강한 수소폭탄입니다. 사해사본
은 나그함마디문서보다 양이 많은데다, 예수 시대의 문서입니다. 진짜
예수의 가르침에 훨씬 가깝게 다가갈 수 있다는 얘기죠.

그런데 문제가 생깁니다. 나그함마디문서는 발굴 이후 객관적인 입
장을 견지하는 학자들에게 넘어가서 빠른 시간 안에 해독 · 번역되어
진실을 알고 싶어하는 전 세계 사람들에게 알려졌지만, 비슷한 시기에
발견된 사해사본은 발굴 당시부터 로마가톨릭교회가 조직적으로 개입
해서 연구를 지연하고 다른 학자들이 자료에 접근할 수 없도록 막아왔
기 때문입니다. 초기 연구자 중 일부는 '이해할 수 없는' 은둔 생활을
하기도 했습니다. 도대체 그 안에 무슨 내용이 있기에 이렇게 쉬쉬하

면서 은폐하는지 모르겠습니다. 마치 움베르토 에코의 소설《장미의 이름》현대판을 보는 듯합니다. 이 소설에서 중세 교회는 모든 지식과 자료를 독점하고 몇몇 사람 외에는 그 자료에 접근하지 못하도록 갖은 방법을 썼습니다. 심지어 책장에 독을 발라서 자료에 접근하는 사람들이 죽도록 만들기도 했죠.

성경에 나타난 바울의 이상한 행보 | 사해사본의 내용은 확증된 것이 별로 없고 논란도 많아 이 책에서는 소개하지 않습니다만, 바울에 대해서는 언급할 필요가 있을 것 같습니다. 사해사본으로 인해 바울의 이상한 행보가 어느 정도 설명 가능해지니까요. 성경을 주의 깊게 보면 바울의 행보에는 이상한 점이 몇 가지 있습니다.

첫째, 〈사도행전〉에 따르면 바울은 국제적인 도시 다소 출신 유대인 인데, 대제사장들에게서 기독교인을 핍박하는 권한을 위임받았습니다.〈사도행전〉 26:12 식민지 출신 유대인 젊은이가, 그것도 외국인 다마스쿠스에 있는 동포들까지 수색하고 핍박하고 체포할 수 있는 권한을 위임받았다는 건 아주 이상한 일이죠. 우리나라 현대사로 치면 새파랗게 젊은 사람에게 재미 교포 중에서 조금이라도 빨갱이로 추정되는 사람을 수색하고 체포할 수 있는 권한을 준 거나 마찬가지입니다. 바울이 인터폴도 아니고 외국까지 통용되는 권한을 위임받기란 쉽지 않은 일이죠.

둘째, 바울은 기독교를 핍박하려고 다마스쿠스로 가던 중에 극적으로 회심하여 기독교인이 됩니다. 당시 기독교인도 이건 믿기 어려웠는지, 바울은 이후에도 기독교인에게 의심을 받습니다.

셋째, 바울은 회심한 뒤에도 유대로 가서 예수의 제자들에게 배우려 하지 않고, 안디옥이나 소아시아 쪽으로 돌아다니며 선교하고 자신의 교회를 세웠습니다.

넷째, 바울은 위험한 순간마다 극적으로 나타난 로마군의 도움을 받아 살아납니다.〈사도행전〉 21:30~32 그리고 바울은 가는 곳마다 총독을 비롯해 그 지방의 유력자와 친분이 있죠. 초기 기독교는 유대인에게 이단으로 인식되었습니다.〈사도행전〉 24:5, 24:14 참고 총독이나 왕은 소수 종교의 포교자가 감히 만나기 힘든 사람인데, 바울은 그들을 잘도 만납니다.

다섯째, 바울은 자신을 '이방인의 사도'라고 불렀습니다.〈로마서〉 11:13, 〈갈라디아서〉 2:8 그렇다면 이방인을 찾아다니면서 선교해야 할 텐데, 바울은 가는 곳마다 유대인의 회당부터 찾아가서 선교 활동을 합니다. 그리고 회당에서 갈등을 일으키는데도 매번 살아남죠.〈사도행전〉에서는 이 부분을 자세히 설명하지 않고, 바울이 로마 시민권자였기 때문이라며 얼버무립니다.

여섯째, 바울이 주장한 '율법이 아닌 믿음' 교리는 오늘날 기독교인에게 익숙한지 모르지만, 그 맥락이 매우 의아스럽습니다. 바울이 유대 교회나 유대인의 회당에서 갈등을 일으킨 이유는 하나, "율법을 지키지 않아도 믿음만 있으면 된다"는 메시지를 전했기 때문입니다. 이는 율법을 지키는 것 역시 중요하게 생각하던 당시 유대 교회의 가르침과 완전히 배치되고, 예수에게 직접 가르침을 받은 제자들과도 다른 애기죠. 요즘 말로 하면 본점과 지점이 완전히 다른 겁니다. 그러니 갈등을 일으킬 수밖에요.

'의인은 믿음으로'는 근거가 희박하다

이런 불합리함을 극복하고자 바울은 '율법이 아닌 믿음'의 근거를 구약성경에서도 찾을 수 있다고 주장했는데, 구약성경을 아무리 읽어봐도 그 메시지를 찾기란 쉽지 않다. 구약성경 전체에 나타나는 메시지가 '율법이 아닌 믿음'이라면, 기독교뿐만 아니라 유대교 역시 믿음을 강조했을 것이다. 바울이 찾고 찾아서 그 근거로 삼은 구약성경 구절은 고작 두 부분이다.〈창세기〉 15:6, 〈하박국〉 2:4

바울은 〈하박국〉 2장 4절에 나오는 "의인은 믿음으로 산다"는 표현을 〈로마서〉 1장 17절과 〈갈라디아서〉 3장 11절에서 인용했고, 이걸 근거로 사람은 예수의 속죄를 믿음으로써 의로워질 수 있다고 주장했다. 오늘날 개신교 신학에서 〈로마서〉와 〈갈라디아서〉의 두 구절은 근본 중의 근본이요, 핵심 중의 핵심이다.

하지만 〈하박국〉의 구절을 읽어보면 그 뜻이 다르다는 걸 알 수 있다. "마음이 한껏 부푼 교만한 자를 보아라. 그는 정직하지 못하다. 그러나 의인은 믿음으로 산다."〈하박국〉 2:4 전후 문맥을 참조해서 아무리 읽어봐도 이 구절에 나오는 '믿음'은 오늘날 개신교 신학에서 가르치는 예수의 속죄를 믿는 종교적인 '믿음'이라기보다 정직하지 못한 것과 대조되는 '신뢰' 혹은 '신실함'에 가깝다. 바울은 이렇게 빈약한 근거를 가지고도 '율법이 아니라 오직 믿음'이라는 교리를 밀어붙였다. 그리고 이 교리가 나중에 복음서 등에도 큰 영향을 미쳤다.

바울은 밀고자다? | 바울의 이상한 행보는 사해사본이 등장하면서 어느 정도 설명이 가능해집니다. 사해사본에는 '거짓말쟁이'로 지목되는 배반자가 나오는데, 우리는 '이 거짓말쟁이가 혹시 바울을 가리키는 건 아닐까?'라는 추정을 해볼 수 있습니다. 바울이 대제사장의 집단인 사두개파와 로마에서 심어놓은 밀고자라는 추정이죠. 사두개파와 로마로서는 그럴 만한 이유가 있었습니다. 당시제사장은 사두개파 사람들이 장악하고 있었습니다. 이들은 온건파로, 대개 로마의 권력자와 친분이 있었죠. 바울은 이들과 친분이 있었던 것으로 보입니다. 이들을 가장 반대하는 사람들이 유대 열심당원이고, 열심당원은 로마에도 적극 대항했습니다. 유대에서 기독교를 믿는 사람들은 바울과 달리 '율법에 열성적인 사람들'입니다.〈사도행전〉 21:20 아이젠만 교수는 '율법에 열성적인 사람들'이 열심당원을 가리키는 것이라고 주장합니다(마이클 베이전트 · 리처드 레이, 《사해사본의 진실 : 초기 교회의 비밀을 담은 쿰란의 문서》 참조).

혹시 바울의 임무는 기독교 내부로 들어가서 그들을 해체하고, 로마제국 전역에 흩어진 유대인 사회에 '율법에 열성적인 기독교' 대신 '율법을 지키지 않아도 되는 종교'를 적극 포교함으로써 유대인이 열심당원이 되지 않도록 하는 게 아니었을까요? 이렇게 해야 로마에 반기를 드는 분위기가 줄어들 수 있으니, 로마 정부 차원에서도 바울을 지원한 게 아닐까요? 물론 이런 의혹은 아직까지 '만일'입니다. 만일이랬다면 〈사도행전〉에 나오는 많은 의문점이 설명됩니다.

젊은이가 대제사장들에게서 기독교인을 핍박할 수 있는 전권을 위임받은 점, 기독교인을 핍박하러 가다가 급작스럽게 회심한 점, 유대의 기독교인이 끊임없이 바울을 의심한 점, 바울이 회심한 뒤 유대로 가서 예수의 제자들에게 배우려 하지 않고 안디옥이나 소아시아 쪽으로 다니며 선교하고 자신의 교회를 세운 점, 위험한 순간마다 로마군의 도움을 받아 살아난 점, 가는 곳마다 총독을 비롯한 그 지방의 유력자와 친분이 있었던 점, 자신을 '이방인의 사도'라고 부르면서도 이방인이 아니라 유대인의 회당에 가서 선교 활동을 한 점, 빈약한 근거에도 '율법이 아니라 오직 믿음'을 강조한 점 등을 말입니다. 혹시 바울은 다마스쿠스 사건 당시 유대교에서 기독교로 회심하는 대신 전략을 바꾼 게 아닐까요? '그들을 핍박할 게 아니라, 그들 안으로 들어가서 그들의 교리를 바꾸는 게 낫다'고 말입니다.

바울은 유대 안에 있는 열심당을 와해시키는 데 성공하지 못했지만, 당시 로마 세계에 흩어져 살던 대다수 유대인이 율법에 열심을 내기보다 바울에 의해 새로이 추가된 '율법이 아닌 믿음'에 관심을 기울여서 최소한 율법에 열성적인 자와 믿음에 열성적인 자로 분열하게 만드는 데 성공했습니다. 이런 상태에서 기원후 66년 발발한 유대 전쟁으로 열심당원을 포함한 유대 지역의 과격분자들이 모두 죽은 뒤에는 유대 지역 밖에서 바울이 세운 교회만 살아남았습니다. 그래서 이후의 역사에서 바울이 전한 '율법을 지키지 않아도 되고, 로마 정부에 협조적인 새로운 종교'가 기독교라는 이름으로 남았다는 추정입니다. 정말 그랬을지는 앞으로 사해사본이 얼마나 진지하게 연구되고, 외부에 공개되느냐에 따라 밝혀질 겁니다.

윤회와 환생 : 잊힌 기독교의 가르침 | 정치적인 이유로 난도질을 당한 성경의 가르침 중에는 윤회

輪廻, transmigration도 있습니다. 놀라는 분들이 있을지 모르지만, 이건 엄연한 역사적 사실이죠. 흔히 윤회라고 하면 불교의 가르침으로 생각하는데, 윤회는 붓다가 가르친 불교의 교리라기보다 당시 인도 전체의 기본적인 사상입니다. 우리는 초기 기독교가 대부분 영지주의 아리우스파라는 걸 알아봤는데, 영지주의자는 물론 일부 문자주의자도 윤회를 믿고 가르쳤습니다. 물론 용어는 달랐죠. 기독교에서는 윤회 대신 선재론先在論, pre-existence이라는 말을 썼습니다. 어떤 사람이 현생 이전에도 존재했다는 뜻이니, 따져보면 윤회나 마찬가지입니다(스티븐 휠러, 《이 것이 영지주의다》 참고).

성경 왜곡의 역사를 알아보기 전에, 지금 정경으로 인정받는 성경에도 윤회에 대한 내용이 있다는 걸 살펴보겠습니다. 〈마태복음〉에서 예수는 고대 유대의 유명한 예언자 엘리야가 환생한 게 세례자 요한이라고 가르칩니다.〈마태복음〉 17:11~13, 〈말라기〉 4:5~6 성경에서도 최소한 엘리야와 세례자 요한의 경우에는 윤회가 인정됩니다. 구약성경 〈욥기〉에서 욥은 자신에게 닥친 고난을 한탄하며 "내가 태어나지 않았더라면"이라고 말합니다. 이어 '그곳'에 대해 구체적으로 말합니다.〈욥기〉 3:11~19 이건 욥이 태어나지 않았다면 살았을, 즉 욥이 태어나기 전의 삶에 대한 이야기입니다. 이걸 어떤 방식으로 해석하더라도 성경에서 욥의 전생에 대해 언급하고 있다는 점은 변함이 없습니다. 선재론이죠.

야훼는 예언자 예레미야에게 "내가 너를 모태에서 짓기도 전에 너를 선택하고, 네가 태어나기도 전에 너를 거룩하게 구별했다"〈예레미야〉 1:4~5

고 합니다. 예레미야가 태어나기 전에 예레미야의 정체성이 존재한다는 말입니다. 역시 선재론이죠. 〈요한복음〉에 가면 예수는 유명한 'I am' 구문을 사용해서 "아브라함이 태어나기 전부터 내가 있다(I am)"고 합니다.〈요한복음〉8:56~58 이것도 예수의 이전 존재에 대한 내용입니다. 삼위일체 교리에 익숙한 사람들은 '예수야 하나님이니까 시간을 초월해서 존재할 수 있겠지'라고 생각할지 모릅니다. 그런 사람들은 이 구절 바로 다음에 나오는 내용을 눈여겨볼 필요가 있습니다.

지나가다가 날 때부터 눈먼 사람을 본 제자들이 예수에게 "선생님, 이 사람이 눈먼 사람으로 태어난 것이, 누구의 죄 때문입니까? 이 사람의 죄입니까? 부모의 죄입니까?"라고 묻습니다.〈요한복음〉9:1~2 그런데 잘 읽어보면 이 질문에 이상한 점이 있습니다. 먼저 이것부터 알아봐야겠네요. 장애와 죄를 연결시키는 건 유대인의 오래된 사고방식 때문입니다. 구약성경에는 '죄를 짓거나 반역한 사람들에게 야훼가 문둥병을 내렸다' '야훼의 저주를 받아서 집안에 장애인들이 많아질 거다'라는 표현이 종종 나옵니다. 요즘 같으면 장애인에게 엄청난 반발을 일으킬 법한 내용입니다. 제자들의 질문 중에서 "이 사람이 장님으로 태어난 것이 부모의 죄입니까?"라는 질문은 이제 이해가 가죠? 부모의 죄가 자식에게 영향을 미쳐서 자식이 장님으로 태어났다는 말이니까요. 그런데 "이 사람의 죄입니까?"라는 질문에는 중요한 의미가 있습니다. 이 사람은 '날 때부터' 눈먼 사람이기 때문입니다. '몇 년 전에 눈이 멀었다'면 장애의 원인이 본인의 죄라고 말할 수도 있죠. 그런데 '날 때부터 눈먼 게 자기 죄 때문'이라는 말은 이번에 태어나기 전, 즉 전생에 지은 죄를 말하는 것입니다. 선재론을 암시하는 부분이죠.

간단하게 몇 구절 살펴보았습니다만, 성경에서 윤회를 암시하는 부분을 철저히 삭제한 뒤 남은 게 이 정도입니다. 그럼에도 윤회를 암시하는 구절이 이렇게 많은 걸 보면 기독교의 가르침에는 기본적으로 윤회가 깔려 있다는 걸 엿볼 수 있습니다. 원래 기독교에서는 윤회를 부정하지 않았습니다.

윤회에 대한 가르침은 정치적인 이유 때문에 삭제되었다 | 이제 역사적인 사실을 살펴보겠습니다. 초기 기독교에서 윤회와 환생은 정식으로 인정되는 가르침이었습니다. 초기 기독교의 영지주의자는 물론 문자주의자도 윤회를 가르쳤고, 이후 마니교를 비롯해 영지주의의 영향을 받은 수많은 기독교 종파에서도 윤회 사상을 가르쳤습니다. 당시 존경 받던 신학자 오리게네스, 기독교인에게 익숙한 순교자 유스티누스, 성 히에로니무스, 성 아우구스티누스, 알렉산드리아의 클레멘스도 윤회를 가르쳤습니다. 초기 기독교 역사의 약 400년간 윤회는 보편적인 가르침이었죠.

그러나 콘스탄티누스 1세 이후 기독교가 권력과 결탁하면서 윤회 사상은 문제시되기 시작합니다. 그럴 만도 하죠. 어떤 사람이 '이번 생에는 네가 황제지만, 다음 생에는 내가 황제가 될 수도 있다'고 생각한다면 교회와 황제의 신적인 권위는 실추될 테니까요. 그들의 생각에 모든 권위는 황제와 교회에서 나와야 하고, 이건 영원불변인 것처럼 보여야 했습니다. 이에 따라 니케아종교회의 이후 성경과 교회의 공식적인 가르침에서 윤회를 암시하는 모든 내용이 삭제되었습니다.

이와 비슷한 일이 6세기경 다시 일어났습니다. 동로마제국의 유스티니아누스 1세와 그의 아내는 윤회 사상이 자신들을 신격화하는 데 방해가 된다고 생각하여 철저히 탄압했습니다. 이들은 기원후 553년 콘스탄티노플 종교회의를 소집하여 윤회 사상을 가르치는 사람과 그 지지자를 이단으로 규정하고 탄압했습니다. 흥미로운 것은 콘스탄티누스 1세가 성경에서 윤회 사상을 삭제했는데도 당시 서로마제국에서는 오리게네스의 윤회 사상이 널리 퍼져 인정받고 있었다는 점입니다. 이렇게 두 번이나 윤회 사상을 탄압할 수밖에 없었던 정황을 보면 윤회의 가르침은 마치 들풀과 같아서 밟히고 밟혀도 또다시 살아났다는 걸 알 수 있습니다. 하지만 6세기 이후에도 윤회 사상을 신봉하던 교파에 대한 학살과 탄압이 조직적이고 지속적으로 자행되면서, 기독교가 지배하던 서양에서는 윤회 사상이 적어도 공식적으로는 자취를 감추었습니다.

윤회는 오늘날에도 보편적인 가르침이다 | 그러나 윤회 사상은 완전히 사라지지 않은 채 소수 기독교 교파의 신앙과 민간의 수많은 신화와 이야기, 예술 작품에서 면면히 이어졌습니다. 이들은 르네상스 시대에 잠깐 지성인의 관심을 끌다가, 19세기 말 신지학神智學, theosophy 운동으로 이어지며 종전의 기독교 교리에 도전했습니다. 신지학자들은 기독교 교리에 갇혀 있지 않고 우주와 인간과 초월적인 세계의 신비를 연구했으며, 불교와 힌두교의 윤

회 사상과 서양의 기독교적 전통을 조화시키는 데도 힘을 기울였습니다. 지두 크리슈나무르티가 공식적으로 이 단체(신지학회 '별의 교단')를 해산한 뒤에도 그 사상은 여러 방면에 스며들어서 막강한 영향력을 발휘합니다.

현대 기독교의 성직자 중에도 초기 기독교 성인처럼 윤회에 긍정적인 사람들이 많습니다. 벨기에 가톨릭 교구의 메르시 추기경은 "개인적으로 윤회 사상을 믿지 않지만, 윤회 사상이 가톨릭교회의 본질적인 가르침과 모순되지는 않는다"고 선언했고, 영국 런던 성바울교회의 잉그 감독은 "윤회 사상과 근대 감리교 교리 사이에는 아무런 모순이 없다"고 말했으며, 감리교 목사 레슬리 웨더헤드도 윤회 사상을 지지했습니다.

서양의 대표적 지성 가운데 자신이 윤회 사상을 믿는다는 사실을 공공연히 밝힌 인물이 의외로 많습니다. 고대에는 플라톤, 피타고라스, 플루타르코스, 베르길리우스, 에니우스를 비롯한 대다수 지성이 윤회 사상을 믿었습니다. 근세에는 쇼펜하우어, 헤겔, 볼테르, 에머슨, 발자크, 위고, 베토벤, 나폴레옹, 톨스토이, 블레이크, 브라우닝, 휘트먼, 벤저민 프랭클린, 헨리 포드 등이 윤회를 믿었다는 사실이 알려져 있습니다. '발도르프 교육학'을 만든 루돌프 슈타이너 역시 그리스도의 가르침에 심취하면서도 윤회를 인정했습니다.

루돌프 슈타이너는 인간에 대한 보편적이고 폭넓은 이해를 추구한 인지학anthroposophy의 창시자입니다. 발도르프 교육학에서 현재의 아동 발달을 중시하면서 아이의 재능을 이전의 생애와 연관하여 폭넓게 이해하려고 하는 것도 이 때문입니다. 윤회를 인정하면서도 기독교나 로마가톨릭교의 기득권 세력과 갈등을 일으키지 않으려고 쉬쉬한 사람들이 많습니다. 잘 보면 근본주의 기독교를 제외한 나머지 세계에 윤회를 인정하는 사람들이 훨씬 많죠.

문자주의 기독교에 익숙한 사람들은 불편할 수도 있지만, 윤회에 대한 직간접적인 증거를 담은 보고서는 전 세계 도처에 널렸습니다. 그중에는 과학자들이 쓴 것도 있고, 윤회를 거론하면 학계에서 불이익을 받는 것까지 감수하고 정신과 의사들이 용기 있게 쓴 보고서도 많습니다. 정신과 의사들이 쓴 보고서에는 환자를 면담하면서 직접 확인한 것을 객관적으로 기술한 내용이 많아 신뢰할 만합니다. 임상 체험 보고서에도 주목할 만한 내용이 있습니다. 전 세계에서 인간의 본질을 깊이 탐구한 영적인 사람 중에는 윤회를 인정하지 않는 사람이 거의 없을 정도입니다. 그 와중에 유독 문자주의 기독교, 특히 우리나라의 기독교에서는 윤회를 절대 인정하지 않습니다.

문자주의 기독교의 교리는 이런 면에서 크나큰 오점이 있습니다. 단 한 번 기회를 주고 그 짧은 시간 안에 자신과 동시대의 사람도 아닌 예수를 믿은 사람만 구원 받아서 죽은 뒤 천국에 가고, 믿지 않은 사람은 영원한 지옥 불에 떨어져 고통을 받는다는 게 과연 합당한 이야기일까요? 그러면 태어나자마자 죽은 아이들은 어떻게 될까요? 기독교가 전파되지 않은 지역에서 살다 죽은 사람들은 모두 지옥에 갈까요? 법정스님이 입적했을 때 "법정은 지옥에 갔다"고 망발하던 기독교 설교자들이 생각납니다. 그들에게 "왜 법정스님이 지옥에 갔다고 생각하느냐?"고 물으면 당연하다는 듯 답변하겠죠. "예수를 믿지 않았으니까!" 이런 게 기독교 문자주의의 한계입니다. 사람 됨됨이와 상관없이 자기

아들을 믿지 않는 사람은 모두 지옥 불에 던지는 하나님, 이런 하나님을 사랑의 하나님으로 믿고 떠받드는 게 과연 맞을까요? 대다수 사람들이 지옥 불에 떨어져서 고통을 받는데도 소수 선택받은 사람들만 모여서 행복하게 잘 먹고 잘 사는 곳이 과연 천국일까요?

남성적인 신만 신일까? 기독교인에게 고정된 신의 이미지가 바로 '아버지 하나님'일 겁니다. 이 말 역시 절대적인 진리가 아닙니다. 이는 가부장적이고 남성 중심적인 사회의 문화에서 형성된 종교에서나 통하는 말이죠. 인류가 남성 중심의 사회로 바뀐 것은 최근의 일입니다. 동물의 세계에서도 종을 보존 · 번성시키기 위해 수컷보다 암컷의 역할이 중요합니다. 남성 위주의 사회로 바뀐 것과 집단적인 종교의 등장은 거의 일치하죠. 당연히 초기 종교는 남성적인 힘과 권력의 속성을 띠었습니다. 이건 세계 어느 곳에서나 볼 수 있는 보편적인 현상입니다. 그러다 보니 많은 종교에서 신은 섬세함과 영성을 갖춘 여성적인 이미지보다 힘과 권력을 쥔 남성적인 이미지가 되었지요.

야훼 역시 남성 이미지가 강한 신인 것 같지만, 구약성경에 신의 여성성을 암시하는 구절이 의외로 많습니다. 〈창세기〉 1장에서 야훼는 "우리가 우리의 형상을 따라서, 우리와 닮은 사람을 만들자"고 말하면서 사람을 창조합니다. '우리'라는 말에서 신이 야훼만 있는 게 아니라는 느낌을 주죠. 여기에서 야훼가 '우리'라고 말한 대상은 누구일까요? 남자가 이런 말을 한다면 이 말을 할 수 있는 대상은 당연히 자기

아내일 겁니다. 구약성경 〈잠언〉 3장 19절에는 "주님(야훼)은 지혜로 땅의 기초를 놓으셨다"는 표현이 나옵니다. 그리스어에서 지혜에 해당하는 단어는 소피아^{sophia}인데, 이는 오늘날 서양의 흔한 여성 이름 중 하나입니다.

영지주의자들은 이런 생각을 기초로 야훼가 유일한 신이라는 생각을 비웃었습니다. 그들은 큰 개념의 신에는 남성적인 면도 있고, 여성적인 면도 있다고 생각했죠. 그들이 야훼를 '하급 신' 중 하나라고 생각한 것도 무리가 아닙니다. 더 넓게 보면 동양의 모든 종교 역시 남녀와 음양을 포함하는 보편적인 신의 개념이 있지, 남성적인 신만 강조하지 않습니다. 서양 사람들도 신에 여성성을 불어넣기 위해 애썼습니다. 심리학자 카를 융도 기독교에 여성성을 불어넣기 위해 애썼고, 일부 내용에 논란이 있는 소설 《다빈치 코드》 역시 기독교에 여성성을 불어넣기 위해 노력한 점을 엿볼 수 있습니다.

구약성경이 정경에 포함된 이유 | 앞서 니케아종교회의와 수많은 성경 가운데 정경을 구분하는 작업에 대해 언급했는데, 그 과정에서 구약성경이 정경에 포함된 것은 의외입니다. 기독교 초기에 바울은 구약성경과 단절하려고 노력했고, 정경화 작업 당시 많은 기독교 공동체에서도 구약성경을 비중 있게 다루지 않았습니다. 마르키온 같은 사람은 아예 구약성경은 성경으로 치지도 않았죠. 그런데 정경과 외경을 분류하면서 〈요한복음〉이 논란이 되었고, 〈도마복음〉까지 제외된 와중에 유독 구약성경은 살아남았습니다. 하기

야 설교자에게 구약성경만큼 좋은 책도 드물죠. 재미있는 이야기와 신화, 비유들이 기독교에서 상징적으로 쓰이고 있었으니까요. 요즘 설교자들도 구약성경을 빼면 설교할 내용을 찾기가 힘들 겁니다. 하지만 이렇게 웃어넘기기에는 구약성경의 폐해가 심각했습니다. 그걸 신화나 상징으로 받아들이지 않고 문자 그대로 받아들이는 문자주의자에게는 더 그렇죠.

구약성경에서 유대인은 유목민문화였습니다. 〈창세기〉에 나오는 가인(카인)과 아벨 이야기에서 가인은 농부고, 아벨은 목축업자입니다. 그런데 야훼는 아벨이 제물로 바친 양만 받고, 가인의 제물인 농산물은 받지 않습니다. 이 신화를 '하나님이 선한 아벨을 인정하셨다'거나, 예수를 끌어들여서 '하나님은 어린 양 되신 예수를 기뻐하신다'고 이해하면 억지스러운 생각입니다. 이 신화는 아벨로 상징되는 목축업을 기반으로 한 세력이 가인으로 상징되는 농업을 기반으로 한 세력을 이기고, 그 땅을 차지했다는 뜻으로 봐야 맞습니다. 야훼가 아벨을 인정했다는 것 자체가 유목민으로서 자신들의 정당성을 강화하기 위한 얘기죠. 이런 의도가 시간이 흐르면서 신화로 정착된 겁니다.

농업 문화와 유목민문화 | 여기에서 농업 문화와 유목민문화를 비교해보겠습니다. 농업을 기반으로 하는 삶은 집을 짓고 정착합니다. 이들에게 땅은 생활 기반이므로, 한곳에 머물러 주변 환경과 조화를 이루며 평화롭게 공존하는 삶을 지향합니다. 농업의 특성상 이웃과도 협동하는 관계죠.

반면에 목축을 하는 유목민은 가축이 한 지역에서 풀을 다 먹으면 다른 곳으로 이동할 수밖에 없습니다. 정착하기 힘들죠. 집도 천막처럼 언제든지 설치했다가 이동할 수 있는 형태입니다. 목축업의 특성상 어릴 적부터 칼로 짐승을 죽이면서 피를 보는 데 익숙해진 이들은 사람을 죽이는 일에 무덤덤했습니다. 한 지역에 살다가 다른 지역으로 갈 때 그 지역 사람들과 마찰이 생기면 전부 죽이고, 모든 자원을 써버린 다음 마을을 불태우고 떠나는 일도 잦았습니다. 어차피 한곳에 정착하지 않으니까 이렇게 해도 상관없습니다. 구약성경을 읽어보면 이런 일이 비일비재합니다. 이들에게 땅은 생활 기반이라기보다 쟁취해서 그 안에 있는 자원을 다 쓰고 버리는 대상이죠.

이들은 농업처럼 이웃과 협동해야 할 일이 많지 않았지만, 가축이 한 지역에서 풀을 다 먹고 다른 지역으로 이동해야 할 때나 전투가 벌어졌을 때 부족을 강력하게 이끌 수 있는 남성적인 리더십이 필요했습니다. 리더가 "천막을 걷고 이동하라"고 명령하면 복종했고, 리더에게 복종하지 않으면 가차 없이 처벌을 받았습니다. 주거와 의복, 식량 등 모든 것이 언제든 걷어치우고 이동하기 편한 형태죠. 이들은 전쟁에도 강했습니다. 삶의 형태가 군인과 그리 다르지 않으니까요. 칭기즈칸 시대에 몽골이 아시아는 물론 동유럽까지 단시간에 정복할 수 있었던 것도 이 때문입니다.

여기에서 우리는 구약성경의 야훼가 왜 그토록 강력하게 처벌하고, 다른 민족을 잔인하게 정벌하고, 자기 민족이라도 말을 듣지 않으면 철저히 응징했는지 알 수 있습니다. 야훼는 유목민문화에서 만들어진 신이기 때문입니다. 모든 민족이 자기가 믿는 신은 우주적이고 보편적인 것처럼 생각하는 경향이 있는데, 신의 개념 역시 자신의 문화와 환경에서 만들어집니다.

유대인이 정립한 야훼의 이미지는 '내 백성'과 '남의 백성'을 구분하는 배타적인 신입니다. 자기 백성이 당한 일에 철저히 복수하는 신이자 두려움의 신이고, 사랑하기보다 질투하는 신, 포용하기보다 배척하는 신, 하나로 만들기보다 구분하고 편을 가르는 신입니다. 어떤 장면을 보면 '고귀한 인간의 생명'이라는 말을 떠올리기 힘들 정도로 수많은 사람들을 죽음으로 몰고 가죠. 야훼는 자기 민족만 사랑하고, 다른 민족은 적으로 보고 죽이고 정복하는 무서운 신입니다.

문자주의 기독교적 세계관의 폐해 | 더 큰 문제는 이런 구약성경의 신화를 '거룩한 하나님이 하신 일'로 받아들인 기독교 문자주의입니다. 이런 신화와 이야기와 신이 절대적인 진리라고 믿고, 다른 건 틀렸다고 생각한 기독교는 수많은 사람을 죽음으로 몰고 갔습니다. 이런 일은 유럽과 아시아, 북미, 중남미 대륙까지 기독교가 포교된 모든 곳에서 비일비재했죠. 사람들은 물론, 인류의 소중한 문화재 역시 '이교적이고 악마적'이라는 말 한 마디에 처참하게 무너지고 불태워졌습니다. 자기들이 믿는 바는 옳고, 다른 사람들이 믿는 바는 잘못된 것으로 보는 신앙은 이들을 잔인하게 만들었습니다.

원래 성품이 잔인한 사람은 자신이 무슨 짓을 하는지 잘 알고, 잘못하고 있다는 생각이라도 하는데, 종교의 영향으로 잔인해진 사람들은 자신이 옳고 정당하다고 생각한다는 게 더 큰 문제입니다. 기독교 지도자들은 자기 손에 피를 묻힐 필요가 없었으므로, 이런 일을 벌이기도 쉬웠습니다. 전쟁을 가리켜 '사회 지도층이 결정하고, 하층민이 죽어나가는 일'이라고 하지만, 이건 좀 심했죠. 오늘날 우리나라도 고위 공직자나 국회위원의 병역 면제율이 일반인의 5배에 이른다고 합니다.

문자주의 신앙을 유지하는 나라가 살인율, 자살률, 낙태율이 높다

저널리스트 그레고리 폴은 문자주의 기독교가 유독 많은 미국의 살인율이 다른 선진국보다 평균 4배 높고, 청소년 자살률이 영국에 비해 2배 정도 높고, 성병에 감염된 비율과 청소년 낙태율이 다른 선진국에 비해 훨씬 높고, 감옥에 갇힌 사람의 비율도 다른 선진국에 비해 12배나 높다는 점을 지적한다. 종교의 순기능 가운데 사회에 도덕적인 기준을 제공하고 범죄를 예방하는 것도 있는데, 오늘날처럼 복잡 다양한 사회에서 획일적인 문자주의 종교는 이런 기능도 제대로 하지 못하는 것 같다.

이는 미국뿐만 아니라 국제사회에서도 마찬가지다. 오늘날 세계에서 가장 많은 긴장 상태를 만드는 세력은 기독교 근본주의자와 이슬람 원리주의자다. 둘 다 유일신 종교의 문자주의 세력이다.

유일신 사상은 다양성을 인정하지 않기 때문에, 필연적으로 획일화된 문화를 낳습니다. 기독교의 신, 특히 구약성경의 야훼는 정복의 신입니다. 다른 지역으로 가서 그곳 사람들을 죽이고 몰아내는 신의 이야기에 익숙해진 기독교 문화는 어디를 가나 정복했습니다. 그것도 거룩한 신의 이름으로 말입니다. 기독교 문화에 물든 문명이 어떤 결과를 만들었는지는 최근 수백 년 동안 벌어진 세계사가 명백하게 보여줍니다.

'서양 문명'으로 통칭되는 이들은 동양 문명에 대한 정복을 시도했습니다. 동양 문명에 비하면 서양 문명은 주변 환경과 조화를 이루면서 사람들과 평화롭게 공존하는 데 익숙지 않은 모양입니다. 야훼는 "땅을 정복하여라. 바다의 고기와 공중의 새와 땅 위에서 살아 움직이는 모든 생물을 다스려라"〈창세기〉 1:28라고 명령합니다. 정복하는 세계관에 물든 이들은 자기의 이익을 위해 아무 데나 가서 정복을 일삼고, 자연환경을 파괴하고, 필요하면 원주민도 무자비하게 학살했습니다. 흔히 이슬람을 가리켜서 '한 손에는 코란, 한 손에는 칼을 들고 자신의 종교를 받아들이지 않는 사람들을 죽인다'고 하는데, 이건 십자군 전쟁 당시 십자군이 지어낸 얘기일 뿐입니다. 이슬람이 종교적 이유로 사람을 박해하는 일은 거의 없었고, 오히려 기독교가 많았죠.

종말론적인 세계관은 오늘날 환경문제를 일으키는 데도 일조했습니다. 어차피 지구는 신이 정한 바에 따라 종말로 치닫고 있는데, 환경문제를 해결해봤자 무슨 유익이 있겠습니까? 지구에 일어나는 재앙은 신이 정해주었거나 종말이 정해졌기 때문이 아니라 인간이 환경을 망쳤기 때문인데, 이런 세계관에 휘말리면 자신이 책임을 지고 뭔가 개선하려는 노력을 덜하게 마련입니다. 어차피 온 세상이 종말로 가는데 이산화탄소를 줄여봐야 무슨 유익이 있겠습니까? 바다에 가라앉고 있는 타이타닉 호를 여기저기 수리해봐야 무슨 소용이 있겠습니까? 이런 세계관에 물든 이들이 가는 곳마다 사람이 죽고, 자원이 고갈되고, 환경오염이 심해지고 있습니다. 환경문제는 인류의 큰 숙제입니다. 기독교 문자주의의 잘못된 문화도 환경문제에 크게 일조했습니다. 이 구도가 바뀔 수는 없을까요?

슈바이처와 톨스토이 | 이름은 누구나 아는데 그가 실제로 어떤 사람이고, 무슨 일을 했는지 제대로 알려지지 않은 사람들이 많습니다. 그중에 슈바이처와 톨스토이가 있습니다.

슈바이처 박사 하면 사람들은 아프리카에 가서 불쌍한 사람들을 도와준 위대한 의사를 떠올립니다. 그러나 슈바이처가 위대한 신학자라는 사실은 별로 알려지지 않았습니다. 슈바이처는 일생 동안 예수가 누군지 진지하게 알아간 사람입니다. 그는 《역사적 예수의 탐구》라는 책에서 "독일 신학의 가장 큰 업적은 예수의 생애에 대한 비판적 연구다"라고 단언합니다. 당시에 그는 이 책을 읽은 독자들과 비슷하게 역사적인 예수의 실체에 가까이 다가섰던 것 같습니다. 그는 아프리카로 가서 소외된 사람들을 돕습니다. 나중에 그는 〈생명에 대한 경외〉라는 글을 쓰죠.

그는 저 하늘 위에 있는 막연한 신보다 자기 눈앞에 있는 모든 생명을 신비롭게 보고 경외한 사람인 것 같습니다. 기독교인에게는 잘 알려지지 않았지만, 슈바이처는 동양 종교, 특히 인도 자이나교의 사상에서 많은 영향을 받았습니다.

러시아의 대문호 톨스토이는 백작 집안에서 태어났습니다. 그는 어릴 적부터 성경을 많이 읽었고, 특히 산상수훈을 좋아했습니다. 톨스토이 역시 예수를 '신의 아들'로 숭배하기보다 '따라가야 할 삶의 모범'으로 생각하고, 예수처럼 살려고 애썼습니다. 그가 생각한 신앙인은 가난한 사람과 죄인을 모두 사랑하며, 폭력을 사용하지 말라는 산상수훈의 가르침을 철저히 따르는 사람입니다. 그는 사회문제에도 관심을 기울였습니다. 당시 차르(황제) 치하의 러시아 귀족은 재산이 아주 많았는데, 대다수 민중은 너무나 가난해서 고통에 시달렸습니다. 톨스토이는 이런 상황을 비판하는 작품을 썼습니다. 잘 알려진 단편 〈바보 이반〉〈사람은 무엇으로 사는가〉 등은 이런 맥락에서 쓰였죠. 그보다 급진적인 《참회록》《그렇다면 우리는 무엇을 할 것인가》는 러시아 귀족의 전 방위 압력으로 출판이 금지되어 오늘날 우리에게 생소한 작품입니다. 그는 사리사욕에 집착하고 민중에게 무관심한 러시아정교회를 강도 높게 비판하여 급기야 파문당했습니다.

톨스토이는 행동하는 지식인입니다. 1860년 고향 툴라에서 농민학교를 운영하여, 부모의 강요로 어릴 적부터 노동에 시달리던 농민의 자녀들도 학교에서 공부하고 재미있게 놀 수 있게 해주었습니다. 부모들은 처음에는 일할 사람이 없어질 것을 걱정하여 자녀들이 학교에 가는 것을 싫어했지만, 톨스토이가 진심으로 농민을 사랑한다는 것을 알고 아이들을 기꺼이 학교에 보냈습니다. 그가 세운 농민학교는 매우 자유로웠는데, 이는 자유로운 교육을 통해서 아이들이 바르게 생각하고 판단할 줄 아는 인간으로 성장할 수 있다고 믿었기 때문입니다. 이런 생각은 오늘날에도 실천하기 힘든데, 톨스토이가 실천하려고 했다니 놀라울 뿐이죠. 그는 직접 교과서를 쓰기도 했습니다.

그러나 이 학교는 농민과 귀족이 평등하게 교육받도록 한 내용 때문에 귀족의 거센 반발을 사서 결국 폐교되고 맙니다. 귀족이 반발한 이유는 농민이 똑똑해지는 것을 원치 않았기 때문입니다. 그러면 자신들의 기득권에 위협이 되니까요. 게다가 이 학교는 권력자에게 순종적인 인간 대신 자유롭게 사고할 줄 아는 인간을 길러내는 학교니 반대가 더욱 심했겠죠.

'죽은 뒤 저 너머'에서 '지금 여기'로 | 슈바이처와 본회퍼, 틸리히, 톨스토이는 모두 저 먼 곳에 있는 하늘나라, 죽은 다음에 가는 하늘나라, 관념적인 하늘나라를 바라보며 살지 않았습니다. 이들은 결연한 의지로 지금 여기here and now에서 하늘나라를 만들고자 했습니다. 이들이야말로 진정 예수와 닮은 사람입니다.

〈마태복음〉 25장에는 한 비유가 나옵니다. 마지막 날 심판에서 임금이 의인들에게 "너희는, 내가 주릴 때에 내게 먹을 것을 주었고, 목마를 때에 마실 것을 주었으며, 나그네로 있을 때에 영접하였고, 헐벗을 때에 입을 것을 주었고, 병들어 있을 때에 돌보아주었고, 감옥에 갇혀 있을 때에 찾아주었다"라고 합니다. 의인들이 의아해하면서 "우리가 언제 그랬나요?"라고 묻자, 임금은 "너희가 여기 내 형제자매 가운데, 지극히 보잘것없는 사람 하나에게 한 것이 곧 내게 한 것이다"라고 답합니다.〈마태복음〉 25:34~40 이 가르침은 이 땅에 살면서 보잘것없는 사람에게 한 일이 하나님께 한 것이라는 생각을 일깨웁니다.

하늘나라는 저기 멀리 떨어진 게 아닙니다. 날마다 접하는 생생한 삶의 현장이 하늘나라와 맞닿아 있습니다. 그리고 하나님 역시 이 땅의 사람들과 자신을 분리하지 않습니다. 우리가 이 구절을 믿는다면, 하나님은 이 땅에서 가장 보잘것없는 사람들과 하나의 생명으로 연결된 존재입니다. 저 너머의 관념적인 차원이 아니라 지금 여기와 연결되었다는 뜻이죠.

오늘날 대다수 기독교인은 매주 일요일 예배 때 "나라에 임하옵시며 뜻이 하늘에서 이룬 것같이 땅에서도 이루어지이다"라고 주기도문을 외웁니다. '하늘나라가 이 땅에 임하게 해달라'는 뜻이죠. 하지만 그들이 생각하는 하늘나라는 대개 '죽은 뒤의 하늘나라' '저 먼 하늘에 있는 관념적인 하늘나라'지, '이 땅에 임하는 하늘나라'가 아닙니다. 기독교인이 매주 읊조리는 주기도문대로만 살아도 이 세상은 완전히 바뀔 겁니다.

Imagine | 학창 시절에 저는 유달리 비틀스를 좋아했습니다. 그들의 천재성, 숨이 멎을 듯 아름다운 멜로디, 솔직한 외침이 젊은 날·제 마음을 자극했습니다. 존 레넌이 암살된 걸 알고 암살에 대한 동경심까지 들었을 정도로 그들은 젊은 날 저의 영웅이었죠. 그래서 용돈을 아끼고 아껴서 오리지널 앨범을 샀고, 테이프가 늘어질 때까지 들었습니다.

그러다가 기독교인이 되어 열렬히 예수를 믿은 뒤, 비틀스에 대한 얘기를 하면 기독교 선배들이 탐탁지 않게 여긴다는 걸 느꼈습니다. 어떤 사람은 제게 비틀스가 영적으로 매우 좋지 않다고 얘기하더군요. "비틀스를 많이 듣는 사람은 지옥에 간다"는 말도 들었습니다. 그런 말에는 코웃음을 쳤지만, 비틀스가 "우리는 예수보다 유명하다"는 말을 했다는 걸 나중에 알았습니다. 저는 집에 와서 그동안 애지중지하던 비틀스 음반, 테이프와 CD, 비틀스 관련 책을 모두 쓰레기통에 처넣었습니다. 지금 생각하면 어리석어 보이지만, 당시 제 마음에는 예수와 비틀스가 함께 있을 자리가 없었거든요.

이 책을 쓰던 어느 저녁, 길거리를 지나다가 우연히 존 레넌의

'Imagine'이 흘러나오는 걸 들었습니다. 저는 오랜만에 그 가사를 듣고 걸음을 멈췄고, 왠지 모르게 눈물이 났습니다. 그 순간 존 레넌을 암살한 청년이 미국 남부 텍사스 출신의 기독교 근본주의자로, 선교사까지 한 사람이라는 사실이 떠오르더군요. 귀에 들려오는 'Imagine'의 가사는 존 레넌이 직접 쓴 것인데, 마치 예수가 2000년 전에 가르쳤을 법한 내용입니다.

Imagine there's no heaven,

It's easy if you try,

No hell below us,

Above us only sky,

Imagine all the people

living for today...

Imagine there's no country,

It isn't hard to do,

Nothing to kill or die for,

And no religion too,

Imagine all the people

living life in peace...

You may say I'm a dreamer,

But I'm not the only one,

I hope some day you'll join us,

And the world will live as one.

Imagine no possessions,

I wonder if you can,

No need for greed or hunger,

A brotherhood of man,

Imagine all the people

Sharing all the world...

You may say I'm a dreamer,

but I'm not the only one,

I hope some day you'll join us,

and the world will live as one.

천국이 없다고 상상해보세요.

마음만 먹으면 어려운 일이 아네요.

우리 발밑에 지옥도 없고,

우리 머리 위에는 하늘만 있을 뿐이라고요.

모든 사람이 오늘 하루에 충실히 산다고 생각해보세요.

나라가 없다고 상상해보세요.

어려운 일이 아녜요.

죽여야 할 일도, 뭘 위해 목숨을 바쳐야 할 일도 없다고 상상해보세요.

물론 종교도 없고요.

모든 사람들이 함께 평화롭게 살아간다고 상상해보세요.

날 몽상가라고 말할지도 몰라요.

하지만 이런 사람이 저뿐만은 아니랍니다.

언젠가는 당신도 동참하길 바랍니다.

그러면 세상은 하나가 되어 살아갈 거예요.

소유가 없다고 상상해보세요.

당신이 그럴 수 있을지 모르겠네요.

욕심부릴 필요도, 굶주릴 필요도 없고,

모두 다 형제인 세상 말이에요.

온 세상이 모든 사람의 것이라고,

모든 사람이 온 세상을 함께 누린다고 상상해보세요.

날 몽상가라고 말할지도 몰라요.

하지만 이런 사람이 저뿐만은 아니랍니다.

언젠가는 당신도 동참하길 바랍니다.

그러면 세상은 하나가 되어 살아갈 거예요.

제대로 믿어라

이 책은 제가 처음 예수를 믿고 나서 기독교와 예수에 대해 진지하게 알아본 노력의 결과물입니다. 책을 읽는 분들이야 간단히 알 수 있었겠지만, 지금까지 저는 수많은 길을 가야 했고 수많은 아픔과 시행착오를 거쳤습니다. 제가 어떻게 이 먼 길을 갈 수 있었을까요? 아이러니하게 생각할지 모르지만, 그건 제가 기독교를 제대로 믿어보려고 발버둥 쳤기 때문입니다. 진리에 올인 할 줄 아는 사람이 거기에서 빠져나올 수도 있습니다. 예수는 자신에 반대하는 유대인에게 "너희가 모세를 믿었더라면 나를 믿었을 것이다. ……그러나 너희가 모세의 글을 믿지 않으니, 어떻게 내 말을 믿겠느냐?"〈요한복음〉 5:46~47라고 했습니다. 유대인이 왜 예수를 제대로 믿지 않았습니까? 모세도 제대로 믿지 않았기 때문입니다. 모세(가 준 율법), 즉 유대교라도 제대로 믿어야 예수를 제대로 믿을 수 있다는 이야기죠. 모세를 진지하게 믿는 사람이 예수도 제대로 믿을 수 있는 겁니다.

저는 이 책의 독자 중 기독교에 몸담고 있는 이들에게 강력한 도전을 제기하고 싶습니다. 여러분은 기독교를 제대로 믿습니까? 제대로 알아본 적이 있습니까? 여러분이 기독교를 제대로 알아보고 있다면, 기독교에 올인 했다면, 기독교를 진지하게 탐구하고 알아갔다면, 그래서 내용물이 꽉 찬다면 여러분은 그 박스를 찢고 그 박스에서 나올 겁니다. 그다음에는 박스 안이 아니라 밖에서 기독교를 볼 겁니다. 그리고 박스로 돌아와서 그 박스를 볼 때는 좌우로 치우치지 않고 제대로 볼 수 있을 겁니다. 이렇게 박스 밖으로 나가보지 않으면 그 박스조차 제대로 알 수 없습니다.

기독교라는 박스는 많이 오염되었습니다. 구정물을 가득 담은 통이 있다고 생각해봅시다. 구정물도 하루 종일 흔들지 않고 가만히 두면 더러운 찌꺼기는 가라앉고, 위에는 맑은 물이 떠오릅니다. 모르는 사람 눈에는 깨끗하게 보일 수도 있겠지요. 하지만 누가 조금이라도 흔들거나 막대기로 휘저으면 금방 더러운 찌꺼기가 올라와서 흉해집니다. 그 속에 뭐가 들어 있는지 조금이라도 본 사람은 그 물의 실체를 알지요. "괜히 건드려서 흉한 것이 떠오르게 하지 말라"며 다시 하루 종일 구정물을 가만히 두고 지나가는 사람들에게 윗부분만 보여주어 맑은 물처럼 보이려고 애쓰면서 "문제없다, 괜찮다!"고 하는 사람을 상상해보십시오. 우스운 장면입니다.

구약성경의 예언자 예레미야의 외침을 들어보십시오. "힘 있는 자든 힘없는 자든, 모두가 자기 잇속만을 채우며, 사기를 쳐서 재산을 모았다. 예언자와 제사장까지도 모두 한결같이 백성을 속였다. 백성이 상처를 입어 앓고 있을 때에, '괜찮다! 괜찮다!' 하고 말하지만, 괜찮기는 어디가 괜찮으냐? 그들이 그렇게 역겨운 일들을 하고도, 부끄러워하기라도 하였느냐? 천만에! 그들은 부끄러워하지도 않았고, 얼굴을 붉히지도 않았다. 그러므로 그들이 쓰러져서 시체더미를 이룰 것이다. 내가 그들에게 벌을 내릴 때에, 그들이 모두 쓰러져 죽을 것이다. 나 주의 말이다. 나 주가 말한다. 나는 너희에게 일렀다. 가던 길을 멈추어서 살펴보고, 옛길이 어딘지, 가장 좋은 길이 어딘지 물어보고, 그 길로 가라고 하였다. 그러면 너희의 영혼이 평안히 쉴 곳을 찾을 것이라고 하였다. 그런데도 너희는 여전히 그 길로는 가지 않겠다고 하였다."〈예레미야〉 6:13~16

이제 '괜찮다!'고 말할 때가 아닙니다. "더러운 것들이 표면에 떠오르지 않도록 통을 흔들지 말라"고 말할 시점은 지났습니다. 보기 싫어도 문제가 되는 것들을 밑바닥부터 끄집어내서 씻고, 새롭고 깨끗한 물로 갈아 치워야 할 때입니다. 예수의 말처럼 '새 포도주는 새 부대에' 담아야 합니다. 오늘날 기독교는 낡은 부대가 되었습니다. 예수의 원래 가르침에 대한 새로운 발견이나, 수많은 영성 있는 사람들이 추구하고 알아낸 것들이나, 새롭게 쏟아져 나오는 학문적 성과조차 감당하기 벅차서 곧 터져버릴 지경입니다. 그 문제의 핵심에는 기독교의 문자주의가 있습니다.

저는 대안 없이 무작정 문제를 지적하려고 한 게 아닙니다. 많은 길을 걸어왔습니다. 이 책의 속편에서는 이번에 제기한 문제의 대안을 구체적으로 밝힐 생각입니다. 그 대안에서 저는 기독교 신앙의 표층을 모두 벗고 심층으로 들어갈 것입니다. 그러면서도 보편타당하고 인간의 궁극을 추구하는 대안 신앙을 제시할 겁니다. 또 이 책에서 잠깐 소개한 〈도마복음〉에 대해 더 자세히 살펴볼 생각입니다.

끝으로 이 책을 쓰기까지 무엇에 영향을 받았는지 밝히겠다. 가장 큰 영향을 준 건 기독교에 정통하면서도 올곧고 양심 있게 자기 길을 간 김백기 목사님의 깊은 영성과 폭넓고 통찰력 있는 가르침이다. 그 외에 참고한 책을 정리해보았다. 한두 번 언급되고 마는 내용에 일일이 주석을 달 수 없어서, 중요하게 참고한 책만 정리했다. 이 책에서 주장한 핵심적이고 본질적인 내용은 거의 대부분 아래 책에서 나왔다고 보면 된다. 독자 여러분이 더 연구하고 싶다면 이 책들을 읽어보기 바란다.

기독교 관련 문헌

1. 김용옥(2007),《기독교 성서의 이해》, 통나무

2. 김용옥(2008),《도올의 도마복음 이야기 1》, 통나무

3. 김용옥(2010), 《도올의 도마복음 한글역주 2·3》, 통나무

4. 김용옥(2007), 《요한복음 강해》, 통나무

   도올 김용옥 교수의 역작이다. 책상에서 펜대 잡고 쓴 게 아니라 직접 현장에 다니면서 쓴 현장감 있는 책이고, 기독교 안에 갇혀서 '박스 안의' 얘기만 쓴 게 아니라 '박스 안과 밖에서' 본 책이다. 저자는 기독교 집안에서 자라 정통 기독교에 익숙하고, 동서양의 사상에도 능통하다. 한국 사람이 이런 책을 썼다는 것이 자랑스럽다. 읽어본 사람은 금방 알겠지만, 이 책의 많은 부분은 김용옥 교수의 책에서 나온 것이다. 내가 쓴 책은 이 책들을 좀더 쉽고 재미있게 버전을 바꾼 거라고 봐도 반은 맞는 말이다. 단 김용옥 교수는 기독교인의 거센 반발을 의식해서 방대한 자료를 토대로 자신이 주장하는 바를 은근하고 신중하고 조심스럽게 펼쳤는데, 난 김용옥 교수가 증거 자료로 든 방대한 이야기와 사료를 과감하게 줄이는 대신 주장하는 바를 노골적으로 썼다. 그래도 된다. 난 학자가 아니니까.

5. 일레인 페이절스(2006), 《믿음을 넘어서 : 도마의 비밀 복음서》, 권영주 옮김, 루비박스

6. 일레인 페이절스(2006), 《숨겨진 복음서 영지주의》, 하연희 옮김, 루비박스

7. 일레인 페이절스(2006), 《사탄의 탄생》, 권영주 옮김, 루비박스

   유명한 일레인 페이절스의 책들이다. 권위 있는 성서학자답게 방대한 사실을 객관적으로 정리했다. 하지만 수많은 사실에 비해 저자가 주장하는 바를 강력하게 제기하지 않아서 읽는 맛은 조금 떨어진다. 미국 종전 기독교의 반감을 사지 않으려고 신중을 기했으리라. 물론 기독교 문화가 오래되고, 우리나라보다는 영지주의 문서와 〈도마복음〉에 대해 많이 접한 서양 사람들은 이 얘기가 뭔지 금방 알아듣겠지만 말이다. 우리나라 사람이라도 기독교 신앙

에 대해 고민이 많았던 사람은 재미있어할 거다.

8. 이재철(2009), 《영원에서 영원으로 1·2》, 대장간

전통적인 기독교 안에서 최대한 합리성을 찾아볼 수 있다. '선악과와 창조' 부터 '예수를 믿는다는 게 과연 무엇인가?'라는 질문까지 기독교의 신앙에 대해 이렇게 선명하고 실제적으로 다룬 책은 그리 많지 않은 것 같다. 주변의 기독교인 중 여러분이 손에 든 이 책이 너무 과격해서 부담스러운 사람이 있다면 대신 이 책을 권해보는 것도 좋을 듯.

9. 프랭크 비올라(2003), 《교회가 없다》, 이영목 옮김, 대장간

오늘날 기독교 관행의 원류가 뭔지 밝혀놓은 책이다. 교회사를 어느 정도 알면 재미있게 읽을 수 있다. 1부 '꼼꼼하게 보는 기독교의 관행'을 집필하는 데 많은 도움을 받았다.

10. 루돌프 불트만(2002), 《공관복음서 전승사》, 허혁 옮김, 대한기독교서회

11. 루돌프 불트만(1994), 《예수 그리스도와 신화》, 이동영 옮김, 한국로고스연구원

12. 루돌프 불트만(1990), 《요한복음서 연구》, 허혁 옮김, 성광문화사

13. 루돌프 불트만(1993), 《기독교 초대교회 형성사》, 허혁 옮김, 이화여자대학교출판부

불트만의 역작들이다. 단 기독교 신앙에 깊은 관심이 없으면 지루하고 어려울 수 있다. 이 책들이 어려운 사람은 처음 추천한 김용옥 교수의 책을 읽어라. 군데군데 불트만의 사상을 알기 쉽게 설명했다.

14. 조철수(2000), 《메소포타미아와 히브리 신화》, 길

15. 민희식(2008), 《성서의 뿌리》, 블루리본

구약성경이 하늘에서 떨어진 책이 아니라는 걸 객관적으로 알 수 있다.

16. E. H. 브로우드벤트(1990), 《순례하는 교회》, 편집부 옮김, 전도출판사

17. 윌리엄 에스텝(1985),《재침례교도의 역사》, 정수영 옮김, 요단출판사

'정통' 교회사를 다룬 책이 대부분 왜곡이 있거나 재미가 없어서 실망을 금할 수 없던 나에게 도움이 된 책들이다. 이 밖에도 교회사를 알고 싶으면 교회사 대신 일반 역사를 읽는 게 좋을 것이다. 일반 역사에는 왜곡이 별로 없다.

18. 스티븐 메이슨(2002),《요세푸스와 신약성서》, 유태엽 옮김, 대한기독교서회

신구약을 막론하고 기독교 성경을 이해하는 데 요세푸스를 모르면 곤란하다. 이 책은 특히 〈누가복음〉과 〈사도행전〉을 이해하는 데 도움이 된다.

19. 고든 D. 피 · 더글라스 스튜어트(2008),《성경을 어떻게 읽을 것인가》, 오광만 옮김, 성서유니온선교회

성경을 읽는 데 오류는 어느 정도 해결된다. 속편도 있다.

20. 스티븐 휠러(2006),《이것이 영지주의다》, 이재길 옮김, 샨티

영지주의자가 영지주의에 대해 쓴 책이다. 이 책 한 권으로 영지주의가 뭔지 개략적으로 알 수 있다.

21. 길희성(2003),《마이스터 엑카르트의 영성 사상》, 분도출판사

22. 십자가의 성요한(2001),《어둔 밤》, 최민순 옮김, 바오로딸

23. 마이클 몰리노스(2000),《영성 깊은 그리스도인》, 김미혜 옮김, 요단출판사

24. 윌리엄 랄프 잉에(2010),《독일 신비주의 선집 : 에크하르트, 타울러, 수소, 루이스브뤼크》, 안소근 옮김, 누멘

대표적인 기독교 신비주의자들의 책이다. 네 권 모두 표면적으로는 종교가 다른 것 같지만, 심층적인 신앙이 있는 사람에게는 하나로 통한다는 사실을 알게 해준다.

25. 길희성 외(2009),《종교 간의 대화 : 불교와 그리스도교의 만남》, 현암사

26. 오강남(2011),《종교, 심층을 보다 : 오강남 교수가 만난 영성의 거인들》, 현암사

27. 오강남 · 성해영(2011),《종교, 이제는 깨달음이다 : 오강남 · 성해영 대담집》, 북성재

28. 오강남(2001),《예수는 없다》, 현암사

29. 로이 아모르(2003),《성서 속의 붓다》, 류시화 옮김, 정신세계사

30. 민희식(2007),《예수와 붓다》, 블루리본

31. 민희식(2012),《법화경과 신약성서》, 블루리본

길희성 교수, 오강남 교수, 로이 아모르, 민희식 교수 역시 비슷한 연구를 했다. 모든 종교가 깊숙한 어딘가에서는 만난다.

32. 티모시 프리크 · 피터 갠디(2009),《예수는 신화다 : 기독교의 신은 이교도의 신인가》, 승영조 옮김, 미지북스

전 세계를 뒤흔든 유명한 책인데, 우리나라에서는 나오자마자 기독교가 반발해 판매가 금지되었다가 한참 뒤 다시 발간되었다. 창피한 일이 아닐 수 없다. 개인적으로 저자들의 주장에 모두 동의하진 않지만, 대부분 근거 있다고 본다. 영지주의, 신비주의, 교회사, 예수 신앙에 대한 통찰력 역시 뛰어나다.

33. 오쇼(2008),《도마복음 강의》, 류시화 옮김, 청아출판사

〈도마복음〉에 관심 있는 사람은 읽어보길 권한다. 〈도마복음〉의 가르침을 명쾌하게 풀어놓았다. 나도 앞으로 〈도마복음〉을 명쾌하고 재미있게 풀어 쓸 예정이다.

34. 스캇 펙(2011),《아직도 가야 할 길 1~3》, 최미양 옮김, 율리시즈

정신과 의사가 쓴 책으로, 기독교 신앙뿐만 아니라 인생에 도움이 된다. 선불교와 기독교 사이, 프로이트와 카를 융의 신비주의 사이에서 저자의 갈등과 나름의 해법도 엿볼 수 있다. 저자가 〈도마복음〉을 알았다면 굳이 이런 고민을 하지 않았을 것이라 생각한다.

35. 디트리히 본회퍼(2010),《나를 따르라 : 그리스도의 제자직》, 손규태・이신건 옮김, 대한기독교서회

미국식 기독교의 얄팍한 책에 길들여진 우리나라 기독교인에게 권한다. 본회퍼의 진지한 신앙관을 접할 수 있다.

36. 조철수(2010),《예수 평전》, 김영사

37. 마이클 베이전트・리처드 레이(2007),《사해사본의 진실 : 초기 교회의 비밀을 담은 쿰란의 문서》, 김문호 옮김, 예담

두 책 저자들의 핵심 주장은 사해사본을 근거로 한 것이다. 두 책이 서로 보완되는 면이 있다. 조철수 교수는 예수에 초점을 두었고, 마이클 베이전트와 리처드 레이는 바울에 초점을 둔 듯하다. 이들의 주장은 가히 충격적이다. 이 책에서는 일부분만 언급했으니 더 관심 있는 사람은 읽어보라.

38. 에르나 반 드 빙켈(2010),《융의 심리학과 기독교 영성 : 신과 무의식》, 김성민 옮김, 한국심리치료연구소

39. 이부영(2011),《분석심리학 : C. G. Jung의 인간심성론》, 일조각

카를 융이야말로 우리나라의 기독교인이 관심을 기울여볼 만하다. 융이 쓴 책은 길고 어려워서 소개하지 않았다. 빙켈의 책은 카를 융의 연구를 기독교에 맞춰보려고 애쓴 것이라, 기독교인이 접근하기 쉽다.

40. 김용환(2011),《동방의 이사 보살이었던 예수 생애의 증언 : 잃어버린 예수의 생애를 찾아서》, 동방의빛

예수가 동방의 이사 보살이었다는 저자의 주장에 완벽하게 동의하지 않아도 최소한 예수가 직간접적으로 동방의 영향을 받았다는 사실은 무시할 수 없을 것이다.

41. 로버트 뱅크스(1999),《바울의 그리스도인 공동체 사상》, 장동수 옮김, 여수룬

42. 로버트 뱅크스(1999),《교회, 또 하나의 가족》, 장동수 옮김, 한국기독학생회출판부

43. 프랭크 비올라(2006),《1세기 관계적 교회》, 박영은 옮김, 미션월드라이브러리

44. 볼프강 짐존(2004),《가정 교회》, 황진기 옮김, 국제제자훈련원

오늘날 제도권 기독교의 형식을 깨는 데 도움이 되는 책들이다.

45. 바트 어만(2006),《성경 왜곡의 역사 : 누가, 왜 성경을 왜곡했는가》, 민경식 옮김, 청림출판

46. 바트 어만(2010),《성서비평학자 바트 어만이 추적한 예수 왜곡의 역사》, 강주헌 옮김, 청림출판

47. 크레이그 에반스(2011),《만들어진 예수 : 누가 예수를 왜곡하는가》, 성기문 옮김, 새물결플러스

48. 존 드레인(2011),《성경의 탄생 : 성경은 어떻게 인류 문명을 지배했는가?》, 서희연 옮김, 옥당

제목을 보면 과격한 듯해도 막상 읽어보면 별다른 내용도 없고 싱겁다. 김용옥 교수의 책이 역작이라는 게 개인적인 생각이다. 저자들이 모두 정통 기독교 신학을 전공한 학자들이라 그런지 기독교 신학의 테두리를 벗어난 통찰력도 보여주지 못했고, 크게 보면 불트만의 그늘을 벗어나지도 못했다는 생각이다. 단 모범생의 노트처럼 깔끔하게 정리한 부분도 있다.

기독교 외의 문헌

1. 시오노 나나미, 《로마인 이야기 1~15》, 김석희 옮김, 한길사

2. 시오노 나나미(2002), 《신의 대리인》, 김석희 옮김, 한길사

3. 시오노 나나미(2001), 《체사레 보르자 혹은 우아한 냉혹》, 오정환 옮김, 한길사

4. 시오노 나나미, 《십자군 이야기 1~3》, 송태욱 옮김, 문학동네

   시오노 나나미의 통찰력은 알아줄 만하다. 《로마인 이야기》는 15권이나 되어 엄두가 나지 않을지 모르지만, 재미있고 통찰력이 번뜩인다. 이 책에서도 많이 인용했다. 나머지 책도 추천.

5. 에드워드. H. 카(2009), 《역사란 무엇인가?》, 이화승 옮김, 베이직북스

   "역사를 알려면 역사가부터 연구하라" 는 말이 가장 기억에 남는다.

6. 박원순(1999), 《내 목은 매우 짧으니 조심해서 자르게 : 세기의 재판 이야기》, 한겨레신문사

   소크라테스의 재판, 마녀사냥, 드레퓌스사건은 대부분 이 책에서 인용했다.

7. 에드워드 기번(2012), 《로마제국 쇠망사》, 이종인 옮김, 책과함께

   번역본만 읽어도 기번이 문장의 달인이라는 걸 알 수 있다. 《로마인 이야기》와 함께 읽고 비교해보는 것도 좋다.

8. 김운회 · 서동훈 · 장정일(2003), 《삼국지 해제》, 김영사

   내가 책에서 성경을 설명하기 위해 《삼국지》를 갖다 붙인 게 이 책에 있는 내용이다.

9. 요세푸스(1987), 《요세푸스 1 · 2 : 유대 고대사》, 김지찬 옮김, 생명의말씀사

10. 요세푸스(1987), 《요세푸스 3 : 유대 전쟁사》, 김지찬 옮김, 생명의말씀사

    요세푸스가 진실을 다 기록한 것도 아니고, 창작해서 추가한 내용도 많다는

건 알고 읽어야 한다.

11. 브라이언 와이스(1994), 《나는 환생을 믿지 않았다》, 김철호 옮김, 정신세계사

12. 김영우(2009), 《김영우와 함께하는 전생 여행》, 정신세계사

두 권은 윤회에 대한 책이다. 기독교인이 무조건 쉬쉬하지 말고 이런 책을 읽어봤으면 좋겠다.

기독교의 거짓말

교회가 가르쳐주지 않는 기독교의 불편한 진실

초판 1쇄 인쇄 2012년 10월 15일
초판 1쇄 발행 2012년 10월 20일

지은이 지윤민
펴낸이 우좌명
펴낸곳 출판회사 유리창
출판등록 제406-2011-000075호(2011.3.16)
주소 413-756 경기도 파주시 문발동 파주출판도시 535-7
　　　　　세종출판타운 402호
전화 031)955-1621
팩스 0505)925-1621
이메일 yurichangpub@gmail.com

ISBN 978-89-97918-03-4 03230